谨以此书献给

热爱湖北、致力于湖北与中俄万里茶道
（一带一路）研究和申遗工作的人们

本专著得到国家社会科学基金重大招标项目"'一带一路'相关国家贸易竞争与互补关系研究"（项目号：16ZDA039）和
2018 年山西省文物局重大招标课题"晋商在万里茶道和一带一路中的地位与作用研究"的资助

刘再起◎著

湖北与中俄万里茶道

熊召平

人民出版社

目　录

全球化视野下的《湖北与万里茶道》

刘晓航

兴盛于清末民初的中俄万里茶道创造了近代经济全球化茶叶贸易的辉煌。在 20 世纪初，由于政治时局的变迁，世界茶叶市场中心的转移，这条古老的商道淡出历史舞台，在以后的大半个世纪里几乎被人们遗忘。但是，万里茶道沿线的相关物质遗迹与非物质文化遗存并没有消失，在各地还得到一定的保护。长达 200 多年的万里茶道的历史文献资料大多数还保存在海内外的历史博物馆、档案馆、图书馆和私人收藏中。对万里茶道历史文化的研究一直没有中断，承担这种研究的主要是近代经济与历史研究的学者们，其研究成果主要刊发在专业性的理论刊物和高等学校的学报上，作为专著出版却很少见。海外学者们对万里茶道研究的专著也很少被翻译介绍到国内来。

从 20 世纪 90 年代中期开始，在万里茶道的沿线城市出现一批专家学者和民间文物保护志愿者，他们出于一种文化自觉和文化自信自发地对万里茶道的历史文化遗存进行抢救性的田野调查，对各种馆藏中关于万里茶道的历史文献进行深入的研究，形成一批具有学术价值的研究成果，开启了近 20 年来对万里茶道的历史文化的热潮，推动了万里茶道沿线的各级政府对当地万里茶道历史文化遗存的保护。特别是 2013 年 3 月国家主席习近平访问俄罗斯时，在国际关系学院的讲话中，提出"从 17 世纪开始中俄两国开辟的万里茶道到当下的石油、天然气管道是推动中俄两国经济文化发展的世界动脉"，提出"一带一路"的发展框架,而万里茶道就是"一带一路"的今世前身。从国家层面到沿线各地政府都抓住这个发展机遇,近几年来万里茶道申遗的呼声日益高涨,终于从民间学者的自发呼吁变成国家行动。这使得万里茶道的研究形成一个空前的高潮。一大批万里茶道研究的专著出版问世,为万里茶道申遗和各地对万里茶道遗存的保护提供了理论与学术的支撑,为经济与文化的发展以及中外文化交流提供了丰富的学术文化资源。

近期将出版的以武汉大学俄罗斯乌克兰研究中心主任、博士生导师刘再起教授领衔的《湖北省与万里茶道》就是一本非常有价值的具有全球化视野的专著。这本书从"世纪动脉万里茶道"切入,论述了"从东方刮来的饮茶之风"和"恰克图的茶叶贸易发展",详细介绍"伟大的茶叶之路"的始末,进而论述地处长江中游的产茶大省和具有"九省通衢"地理优势的湖北与万里茶道的关系。众所周知,湖北省是万里茶道中国段重要的组成部分。鄂南羊楼洞是万里茶道的三大源头之一(与福建武夷山、湖南安化并列),五峰是万里茶道茶源区之一,汉口是万里茶道最大的集散地,并有"东方茶叶港"之称,襄阳是万里茶道水运的枢纽。这四处将被列入万里茶道45处遗址之中。这本专著立足湖北省,从19世纪到20世纪初全球政治经济文化的大背景下审视中俄万里茶道从发展到衰落的演变过程,中俄两国长达两个多世纪的茶叶贸易,对中俄两国政治经济文化发展起着巨大的推动作用。万里茶道是东方农业文明与西方工业文明的融合,万里茶道形成的产业链,促进了中国江南茶区,大宗茶叶长途运输所经过的中原地区,蒙古草原和西伯利亚地区沿线城乡的经济与社会发展,形成不同民族地区文明的融合。本书介绍了湖北省这几处万里茶道上的重要节点形成演变的漫长过程,它们所具有的历史文化价值,阐述了湖北省在万里茶道上的历史地位与影响,并提出万里茶道的当代价值与湖北省的角色定位。

本书所具有的与众不同的学术价值在于大量引用了俄罗斯各种馆藏历史文献和俄罗斯学者们对万里茶道研究成果的许多学术观点与论据,特别是对湖北省以及汉口东方茶港多方位的研究视角与方法,促使我们对海外学者们关于湖北省与万里茶道关系与定位有了全新的认知。长期以来，由于中国与苏联的文化交流，受两国外交关系的一度疏远的影响，被翻译介绍到中国来的俄国历史文献非常少，国内研究万里茶道的学者们由于无法获得大量的俄国历史文献，他们的研究范围大多数仅限于国内部分，对万里茶道的俄罗斯部分基本状况，只能语焉不详，对俄国政府和俄国茶商在中国的活动经历也知之甚少。这成为一个莫大的缺憾。包括美国历史学家罗威廉的代表作《汉口：一个中国城市的商业与社会（1796—1889）》，他引用的大多数是英国政府、议会、外交部的档案文献，基本上没有俄国的文献资料作为佐证，对1861年汉口茶市开放后，俄国茶商在汉口的活动以及英国和俄国茶商在汉口茶市的竞争，我们似乎只看到一面之词。武汉大学的刘再起教授精通俄语，在21世纪之初，作为中俄两国互访的学者到莫斯科访学，并且获得俄罗斯国际关系学的博士学位，成为研究中俄战略关系的著名学者，他广泛地接触了俄罗斯学术界，在俄罗斯的博物馆、档案馆、图书馆阅读了大量的文献资料，与俄罗斯研究万里茶道的学者有了深入的学术交流，对曾经存在两个多世纪的万里茶道在俄罗斯部分的历史演变与发展现状有了全面了解，从而形成本书的基本观点，这使我们比较详细地了解了万里茶道俄罗斯部分的丰富史料，弥补了国内学者万里茶道研究对俄罗斯部分语焉不详的不足，从某种意义来说，这本书成为我们研究万里茶道历史的一本重要参考书。

本书的第三章"俄国史料中的湖北省与中俄万里茶道"的"茶叶贸易的恰克图时代"阐述了从清代雍正五年（1727年）中俄签订的《中俄政治经济关系恰克图条约》（以下简称《恰克图条约》）始，两国开始恰克图的边境茶叶贸易，18世纪末19世纪初，茶叶贸易成为中俄两国贸易的主要货物，两国从茶叶贸易中获得巨大利润，茶叶成为俄罗斯中产阶级的消费品，也成为西伯利亚农牧民的日常饮品，形成一个巨大的市场。俄国政府利用茶叶贸易的税收保证了国家的财政收入，茶叶贸易成为西伯利亚地区商人最初资本积累的主要来源，推动了西伯利亚地区的经济与社会发展。茶叶贸易成为俄国制造业的引擎，它迫使商家增加采购商品，促使资本家开设新的工厂，茶叶使得新的工业部门出现。根据科尔萨克的统计，19 世纪中叶，俄国运到中国的商品价值 400 万卢布。茶叶贸易使中国成为俄国工业产品最大的销售市场。到了 19 世纪中叶，恰克图的茶叶贸易陷入危机，由于中国国内的太平天国起义，战乱中断了武夷山的茶路，向俄国恰克图出口的茶叶大量减少，晋商改采买两湖茶。汉口取代武夷山成为茶叶的最大集散地。1861 年汉口茶市开放，俄国茶商的运茶路线不再走汉江，改走长江的黄金水道北上天津，再从大运河的通州上岸，运到张家口，走张库大道，再到恰克图，1870 年以后，从汉口出口的茶叶几乎有一半是走海路运到俄国南部的敖德萨，恰克图的茶叶贸易从此衰落。

这一章的"海上的中俄茶叶贸易"较为详细地向读者介绍了以前鲜为人知的，以汉口为主、九江和福州次之的海运茶叶到俄国的基本情况。1869 年苏伊士运河通航，从汉口到敖德萨的轮船航行时间由 50—60 天缩短到 35—40 天，资本周转时间也随之缩短。1871 年 2 月中旬第一艘俄罗斯航运贸易委员会的运茶轮船"奇哈乔夫号"从敖德萨出发，同年 8 月 9 日，该船从汉口运回来的茶叶已经在下诺夫哥罗德市场出售。1878 年，"推进俄罗斯海运贸易皇家协会"董事会的倡议下，自愿捐建"志愿者舰队"，中国港口与敖德萨之间建立起牢固的海运航线。1880 年"志愿者舰队"的第一艘船"莫斯科号"从汉口运往敖德萨 2800 吨茶叶。1881 年，共有 11 艘外国轮船来到汉口参加茶叶拍卖，其中就有俄国船"俄罗斯号"和"圣彼得堡号"，1881 年从汉口运往敖德萨的茶叶 82 万俄担，价值 4700 万卢布。海运的费用低廉而且安全，到了 1890 年从汉口、福州、九江运往敖德萨的茶叶 64 万俄担，常年有 5—8 艘轮船在这条航线上运茶。汉口的 4 家俄国茶厂基本上依靠海运运输茶叶到俄国。一直到 1905 年西伯利亚铁路通车，这条通往敖德萨的海上运茶路线才淡出，改为直达大连港，通过中东铁路连接海参崴的西伯利亚铁路。

从 18 世纪末开始，随着中俄茶叶贸易的繁盛，俄国的一些汉学家、历史学家、旅行家和来中国的东正教的传教士就开始关注中国政治经济文化的调查和研究。俄国汉学家奥尔洛夫 1820 年在他的著作《最新最详尽的中国历史、地理描写》中首次向外界介绍中国的茶叶，他也是第一位介绍武汉和湖北的俄国学者。康斯坦丁·斯卡契科夫是一位东正教传教士首次将陆羽的《茶经》翻译成俄语,介绍到俄罗斯。1857 年,在喀山出版了著名的经济学家科尔萨克的《俄中贸易关系的历史数据》不仅介绍了从中国进口的茶叶的种类,还介绍了它们的产区以及从中国到恰克图的运茶路线。俄国驻汉口领事馆一直在收集湖北茶叶生产、汉口茶叶贸易的信息,并且在俄国出版了以这些信息汇总的书籍,如领事瓦哈维奇的工作报告。1870 年,在俄国出版了历史随笔《茶叶历史》,其中有一章"在汉口的俄国商人"。1874 年俄国政府组织学者到中国进行茶叶贸易的考察,考察团的目的就是研究茶叶商队的道路,为俄国开发在中国的新市场服务。考察队 1874 年 3 月离开圣彼得堡在 6 月到达恰克图,然后经库伦、张家口、北京、天津、上海,最终于 10 月到达汉口,考察了汉口茶叶港、湖北的茶区。考察队摄影师博雅尔斯基拍摄了 200 多张茶叶加工生产的照片,如今还陈列在圣彼得堡的国家科学院历史档案馆里。1870 年,俄国茶商波波夫出版了《中国茶叶及其制作》,详细介绍了茶叶的选择、加工和贸易,特别介绍了俄国商人与汉口的茶叶工业。俄国学者的这些著作对于我们了解万里茶道历史和俄国从官方到民间对两国茶叶贸易的关注是非常珍贵的文献资料。

本书的第四章"东方茶叶港——汉口"以极为详尽的史料,阐述了"茶到汉口盛,汉口因茶兴"的发端演变的历史过程。向读者披露了因为 1861 年汉口茶市开放,为了征收茶税,清廷批准开设江汉关的历史以及汉口茶业公所在维护汉口茶市交易的公平、公正,维护茶叶生产的秩序和华商的利益所发挥的不可替代的作用。还以一定的篇幅详细介绍了在汉口的俄国侨民的基本状况、侨民的结构、汉口青岛路亚历山大·列夫斯基东正教堂、俄国驻汉口领事馆设立的始末,俄国租界划定引起的俄国与英国领事馆之间曾经发生的对峙,这些都是外界鲜未知晓的往事。这些信息都是帮助我们了解清末民初湖北省和汉口社会历史状况的宝贵史料。

《湖北省与万里茶道》是一本站在全球化视角高度上论述湖北省在两个多世纪中万里茶道嬗变的动态历史,论述中俄两国的茶叶贸易、万里茶道的兴起与盛衰如何推动湖北乃至中国中部省份的工商业的近代化发展，湖北省作为万里茶道的茶源区，汉口作为最大的集散地，汉江作为运茶的水路干线如何发挥了不可替代的作用。从这个意义上而言，本书是我们多视角了解认识湖北省与万里茶道历史文化极其难得的读本，也是研究万里茶道历史的具有较高参考价值的资料选本。

刘晓航

2017 年 12 月 29 日

Введение

Дацышен

Важнейшей страницей истории человечества, оказавшей большое влияние на формирование современной геополитической картины мира, было функционирование Великого чайного пути. Рубежным событием истории международных отношений последних лет стало провозглашение Си Цзинпином инициативы «Один пояс-один путь». Эта инициатива направлена на возрождение «Великого шелкового пути». Но реализация этой инициативы возможна лишь в условиях глубокого и всестороннего изучения истории транзитных евразийских торговых путей, названных «с легкой руки» Фердинандом Рихтгофеном «Великим шелковым путем». Здесь необходимо отметить, что, и исторические реалии XIX века, и содержание инициативы «Один пояс-один путь», указывают на то, что транзитные евразийские торговые пути не ограничиваются мифическим «шелковым путем». В частности, в XVII-XX вв. основной сухопутный транс-евразийский торговый путь проходил через Сибирь, а его расцвет был связан с Кяхтинской чайной торговлей в XVIII-XIX вв.

Направление Великого чайного пути, как главной транс-евразийской коммуникации, связавшей Китай с Европой, сформировался в XVII в. В основе

1

его лежала «русская составляющая» европейских Великих географических открытий, прошедшая в форме завоевания Сибири. Именно в русскую Сибирь среднеазиатские тюрко-мусульманские торговцы, сохранявшие традиции транс-евразийской сухопутной торговли, перенесли свои торговые пути. Затем, при поддержке русского государства, сибирская торговля перешла под контроль российских купцов. Позднее по этому пути двинулись на запад за пределы Китая и китайские торговцы.

Ключевым событием Русских Великих Географических открытий стало прибытие в Пекин сухопутным путем первой русской экспедиции в 1618 г. Традиционно, с этим событием связывают и первое знакомство русских с чаем. Чаеторговцы утверждали, правда без ссылок на документы, что: «В 1618 году Китайское посольство впервые принесло в дар Царю Михаилу Федоровичу несколько фунтов чая...»[1]. В дальнейшем знакомство русских с чаем , несомненно, было связано с русскими посольствами в Китай. В «статейном списке» посольства в Китай 1654-1657 гг. говорилось, что на встрече при въезде в город Пекин: «подносили чай, варен с маслом и с молоком коровьим... И Федор Исакович Байков чаю не пил, а отговаривался от них: ныне де по нашей христианской вере пост»[2]. Чаем в Китае угощали выдающегося российского дипломата Николая Спафария (Милеску), который отметил: «А чай роздавали в чашках жолтых деревянных больших. А чай был варен с маслом и с молоком, а чай приносили татарский, а не китайский»[3]. Таким образом, в XVII в. русских представителей в

---

[1] Чай. Производство чая. Торговля чаем в России и в других странах. – М.: Издание Т-ва Караван. С.5.

[2] Демин Э.В. «Золотая россыпь» Селенгинска: 1. Историко-краеведческие очерки. – Улан-Удэ, 2009. С.115-116.

[3] Линский К.А. Торговые сношения Сибири с Монголией // Сибирский торгово-промышленный календарь (СТПК) -. 1911. С.53.

Китайской империи угощали кирпичным чаем с молоком. Это является доказательством существования уже в XVII в. китайского отрезка Великого Чайного пути от провинции Хубэй на север, в сторону Сибири.

Новое направление «Великого шелкового пути» через Сибирь сначала не было собственно чайной дорогой, на нем преобладали другие товары. Но и чай стал перевозиться по этому пути с первых дней его функционирования. Например, чай был зафиксирован в таможенных книгах города Томска уже в 1654 гг. В 1657 г. чай отмечен в тобольских таможенных книгах. В «Краткой летописи Енисейского уезда» говорилось: «в 1672 г. гость (купец) Чирьев, заведовавший соболиной казной при сибирском приказе, допрашивал служилых людей, почем стоит чай в Сибири. Служилые люди сказали, что в Иркутск покупают банку чая в 4–6 денег»①. Первыми чай в Сибирь привозили те торговцы, что раньше обеспечивали торговые связи Китая с Западом через Центральную Азию. Известный славянско-католический общественный деятель Крижанич, отбывавший в 1661-1676 гг. в Сибири ссылку, писал: «Впрочем, те же бухарские купцы привозят и чай, который употребляется также, как и кофе, но растение это иное»②. В Иркутск чай привез первый бухарский торговый караван, прибывший вместе с ойратским посольством в 1684 г. Объемы провоза чая тюрко-мусульманскими купцами через Сибирь в XVII в. были большими. Например, в 1686 г. на юге Сибири разбойники из местных национальных меньшинств ограбили у торговцев несколько тонн чая.

Торговые караваны ходили из центрального Китая через монгольские земли. Самым безопасным и удобным путем в конце XVII в. стала дорога

---

① Трусевич Х. Посольские и торговые сношения России с Китаем до XIX в. – М., 1882.

② Русско-китайские отношения в XIX веке. Документы и материалы. Т. 1. 1803-1807. - М., 1995. С.482.

от Пекина через Хулуньбуэр и Забайкалье, по которой и стали ходить первые русские караваны. В начале XVIII в. русские освоили дорогу через Халху (Внешнюю Монголию). Массовый ввоз чая в Россию был связан с развитием Кяхтинской торговли между Россией и Китаем. В 1727 г. на только что установленной границе между Российской и Цинской империями был подписан русско-китайский договор - «Кяхтинский трактат с условиями политических и экономических взаимоотношений между Россией и Китаем».

Развитие чайной торговли по транс-евразийскому торговому пути в XVIII в. было обусловлено несколькими факторами: 1) чай был очень важным и полезным продуктом для населения Сибири с это суровыми природно-климатическими условиями; 2) Россия успешно экспортировала свои разные товары в Китай, и полученные доходы могла потратить на дорогие китайские товары; 3) русское правительство, как и китайское, были заинтересованы в поддержании постоянных торговых отношений, помогавших поддерживать политическую стабильность в межгосударственных отношениях; 4) торговля чаем стала важным источником первоначального накопления капитала для сибирских купцов, бывших основными инвесторами и меценатами в бедных сибирских городах; 5) перевозка товаров обеспечивала поддержание в исправном состоянии протяженной дороги между Пекином и Москвой, проходящей через малонаселенные и труднодоступные места Монголии и Сибири, а также работой живущего вдоль дороги населения.

В XVII в. транс-евразийский сибирский торговый путь был еще в большей мере водной дорогой. От границы Китая до Москвы товары везли по рекам и озерам, на всем этом пути было лишь два кратких сухопутных переезда (недалеко от Енисейска и на Урале). В первой половине XVIII в. была обустроена прямая сплошная сухопутная дорога через Иркутск, Красноярск, Томск, Тобольск. И Великий Чайный путь функционировал одновременно в двух вариантах-сухопутном и водном. В «Краткой летописи Енисейского уезда» за 1818 г. говорилось, что в одном селе на Ангаре: «останавливались 4 судна Третьякова, каждое с грузом 5100 пуд. чая»[1]. Но основной поток чайных грузов шел по сухопутной дороге. Судьба чайной торговли через Кяхту была не очень простой. И не сразу чай из провинции Хубэй стал главным на русском рынке. Можно сказать, что увеличение доли хубэйского чая в русско-китайской чайной торговле и определило превращение транс-евразийского сибирского торгового пути в Великий Чайный путь.

Способствовали развитию Великого Чайного пути в XVIII в. переход русско-китайской торговли от государственной монополии в частные руки. Тогда же торговля от караванной, когда русские купцы ездили в Пекин, перешла в пограничную. Все торговые и транспортные операции на территории Цинской империи осуществляли китайские торговые фирмы, а на территории России-русские купцы. В первой половине XVIII в. чай стали доставлять через Сибирь и для царского двора. В указе императрицы Анны Иоанновны за 1738 г. о том, какие из товаров, привезенных в караване из Пекина, необходимо передать царскому Двору, чай не упоминался. Но в указе за 1739 г. подобного содержания, уже назывались: «чаю манихвалу 2 пуд. 21 фунт; джулану 1 пуд 29 фунт»[2].

Не раз Великий Чайный путь вставал перед угрозой деградации. Русский исследователь отмечал: «В 1775 году правительство Екатерины II даже

---

[1] Семивский Н. Новейшие, любопытные и достоверные повествования о Восточной Сибири, из чего многое доныне не было всем известно. – СПб., 1817. С.166.

[2] Корсак А. Историко-статистическое обозрение торговых сношений России с Китаем. - Казань, 1857. С.292.

намеревалось убить повышением пошлины Сибирскую чайную торговлю... отвести направление к нам чая с пути Кяхта... - Москва на путь в обход Южной Азии и Африки к пристаням Одессы и Таганрога... Затея... однако не удалась. И в 1792 году, когда с Китаем заключили удачный торговый договор, - морские пошлины на чай опять подняли покровительствования, между прочим, товарообмену Кяхты»[1]. Препятствием для развития чайной торговли была политика Цинского правительства использования торговли для решения политических вопросов. Во второй половине XVIII в. китайские власти по причине политических споров несколько раз останавливали русско-китайскую торговлю. С 1762 по 1792 гг. перерывы в торговле в общей сложности составили 14 лет. Однако подписанное иркутским губернатором соглашение 1792 г. не нарушалось до 1853 г., кяхтинская торговля в этот период действовала без перерывов.

Сначала объемы чайного ввоза в Россию были относительно небольшими, но во второй половине XVIII в. объемы ввоза чая через Кяхту стали быстро возрастать. Известный исследователь чайной торговли Трусевич писал, что в 1759-1761 гг. ввозилось по 12 тыс. пудов чая в год, в 1792 г. было уже ввезено 25 тыс. пудов чая, а через пять лет – более 40 тыс. пудов[2]. И 1800 г. именно чай стал меновой единицей во всей русско-китайской торговле. В 1806 г. российский посланник в Китай Головкин писал русскому царю: «чай, рассматриваемый как предмет потребления, ставший необходимым, особенно кирпичный, составляющий пищу кочевников и бедных людей в Сибири... уже одни сии предметы, говорю я, суть первой необходимости»[3].

---

[1] Степанов А.П. Енисейская губерния. – Красноярск: Издательство «Горница», 1997. С.178.

[2] Трусевич Х. Посольские и торговые сношения России с Китаем до XIX в. – М., 1882.

[3] Русско-китайские отношения в XIX веке. Документы и материалы. Т. 1. 1803-1807. – М., 1995. С.482.

По данным Иркутского вице-губернатора в 1813 г. из общей стоимости китайского ввоза в Кяхту товаров почти на 5,5 млн. руб. -3,9 млн. руб. пришлось на чай[1]. И в это время среди всех видов чая, перевозимых по Великому Чайному пути, главное место занимал хубэйский кирпичный чай. Правда, в тот период, кирпичный чай был самым главным по общим объемам и по ценности для потребителей в России. По стоимости же ввоза преобладал чай из Фуцзяна, так как он был дорогой, и играл роль престижного потребления.

К середине XIX в. чай занял собою почти весь ввоз из Китая в Россию. Исследователь чайной торговли Корсак писал, что с 1847 по 1851 г. чай составил 95% всего ввоза китайских товаров по сибирскому торговому пути. Таким образом, транс-евразийский торговый путь стал во всех отношениях Великим Чайным путем. Объемы торговли между Китаем и Европой были большими, они оказывали решающее влияние на всю геополитическую систему в Азии. При этом почти весь товар, возимый из Китая в Европу сухопутным путем-это чай.

Значение же Кяхтинской чайной для развития всей русской промышленности отметил исследователь А Корсак: «Так как торговля на Кяхте производится меною и китайцы привозят туда чай не по заказам русских купцов и не для продажи на деньги, но для промена на товары же; то из этого следует, что если китайцы увеличивают доставку чаев на Кяхту, значит-наши товары находят у них успешный сбыт, в чем мы могли убедиться. Чайная торговля была двигателем нашей мануфактурной промышленности; она, заставив купцов увеличить заготовку товаров,

---

[1]   *Семивский Н. Новейшие, любопытные и достоверные повествования о Восточной Сибири, из чего многое доныне не было всем известно. – СПб., 1817. С.166.*

вместе с тем побудила капиталистов заводить новыя фабрики для выработки их. Таким образом, чай вызвал многия совершенно новыя отрасли промышленности и пробудил к деятельности многие капиталы»[1].

На Китай приходилось почти половина всего российского экспорта промышленных и ремесленных товаров. Таким образом, благодаря чайной торговле Китай стал главным и крупнейшим рынком сбыта русской промышленности, и, таким образом, важнейшим фактором начавшегося в России промышленного переворота. При благоприятном развитии сложившихся тенденций, емкость китайского рынка русских товаров имела перспективы многократного роста, так как русский рынок чая так же имел перспективы многократного роста. В конечном итоге, о большой роли русско-китайской чайной торговли в мировой экономической системе говорит факт упоминания Кяхты в работе К. Маркса «Критика политической экономии».

Современные русские исследователи пишут: «Многие известнейшие в России и в мире фирмы начала XX в. выросли именно из кяхтинской чайной торговли. В частности, с Кяхтой в первой половине – середине XIX в. имели дело Савва Морозов (Товарищество Никольской мануфактуры «Саввы Морозова сын и Компания») , Захар Морозов (Богородско-Глуховская мануфактура) , Лука Лосев (Товарищество Собинской мануфактуры бумажных изделий) , Дмитрий Лепешкин (Товарищество Вознесенской мануфактуры) , Семен Алексеев (Товарищество «Владимир Алексеев», одним из руководителей и хозяев которого являлся К. С. Станиславский) , Андрей и Иван Карзинкины (Товарищество Ярославской Большой

---

[1] Корсак А. Историко-статистическое обозрение торговых сношений России с Китаем. - Казань, 1857. С.292.

мануфактуры) , Алексей Губкин (торгово-промышленное товарищество «Преемник А. Губкина А.Г. Кузнецов и Компания») , Филипп Вогау (торговый дом «Вогау и Компания») , общество «Петра Боткина сыновья», томский первой гильдии купец Гаврило Елисеев и целый ряд других, перечисление которых заняло бы слишком много места»①.

В первой половине XIX в. для русских крестьян, живших вдоль сибирского пути, чай стал повседневным напитком. В опубликованном в Санкт-Петербурге в 1835 г. исследовании «Енисейская губерния» говорилось: «Во всякой почти деревне можно отыскать самовары. Большая часть крестьян пьет чай через сахар (с прикуской) »②. Таким образом, в Сибири потреблялся в основном недорогой черный чай. В середине XIX в. дорогие сорта чая из провинции Фуцзянь почти исчезли из Кяхтинской торговли, почти весь чай, шедший по Великому чайному пути, и кирпичный, и байховый (рассыпной)теперь был из Хубэя.

Исчезновение фуцзяньских чаев с Великого Чайного пути сразу же отметили русские китаеведы в Пекине. В ноябре 1850 г. глава Российской духовной миссии в Пекине архимандрит Палладий (Кафаров) писал генерал-губернатору Восточной Сибири: «По известиям с Юга, на многих чайных плантациях в фуцзяньской губернии, чайные деревья пострадали от червя, который объел на них листья; оттого сбор чайных листьев в нынешнем году был значительно меньше… чаи куплены были в меньшем количестве и дороже прежних годов. Другое обстоятельство, на которое жалуются чайные купцы, есть учреждение билетного сбора в уездном городе фуцзяньской губернии-Чунъ-аньсяне, расположенном по северную сторону

① Коваль М.В. Пограничная русско-китайская торговля в XIX в. //Вестник РУДН, серия История России. – 2013. - №3. С. 24-25.

② Степанов А.П. Енисейская губерния. – Красноярск: Издательство «Горница», 1997. С.178.

Вуишаньских гор, где собираются байховые чаи для Кяхтинской торговли; в нынешнею разторжку в деревне Синьцунь, первом рынке, куда сносятся все чаи с окрестных плантаций и где совершаются гуртовые закупки чаев, местное уездное начальство объявило закупателям, что они в проезде через Чуанъаньсянь должны с сих пор вносить в казну обычную плату за каждую партию 300 ящиков, т.е. сумму каждую вносят в Пекине за билет на 300 ящиков чая»[1].

Основным фактором, осложнившим в 1850-х гг. поставки дорогих чаев в Кяхту, стало массовое антиправительственное восстание в Китае. Архимандрит Палладий (Кафаров) сообщал: «В глубине южного Китая, в тех местах, откуда ежегодно отправляются караваны с кирпичным чаем для Сибири, Хунаньские пролетарии, теснимые крайней нищетой, соединились в шайку для известного промысла; к ним мало по малу начали присоединяться не одни бедняки, но все недовольные настоящим порядком вещей… вскоре из них организовалось целое полчище в несколько тысяч человек»[2]. Во время восстания тайпинов традиционнее торговые пути были перерезаны, и китайские торговцы вынуждены были изменить не только пути транспортировки, но и районы закупок чая. Драгоман Российской дипломатической миссии в Пекине А.Ф. Попов посетил в 1869 г. Ханькоу и изучил историю чайной торговли. Он писал: «Маймаченцы попробовали ввозить… Ху-бэйские и Ху-наньские, так называемые красненькие, разом приобретшие себе репутацию в России, к немалому удивлению и удовольствию Маймаченцов, Хань-коу мало по малу заменил собою Фу-цзянь»[3].

---

[1] Государственный архив Иркутской области (ГАИО). Ф.24. Оп.11/1. Д.1. Л.13об.

[2] ГАИО. Ф.24. Оп.11/1. Д.1. Л.24.

[3] Попов А.Ф. Путевые заметки о Хань-Коу и русских чайных фабриках // Записки ИРГО по отделению статистики. Т.II. - СПб., 1871. С.292.

Главным мировым центром закупок чая для России стал город Ханькоу. А.Ф. Попов писал, что сначала русские в Ханькоу покупали только кирпичный чай. Затем туда пошли капиталы Иркутские, Кунгурские, Казанские и Московские, стали вывозить и байховые чаи. Эти самые «красненькие хубэйские» чаи, которые назывались в России китайским черным байховым чаем, стали основой «русской чайной культуры». В случае дороговизны ил недостатка байховых чаев, они заменялись или «сдабривались» более дешевыми кирпичными или плиточными чаями. Относительно недорогие и простые чаи, годные для употребления, как в чистом виде, так и с различными добавками (сахар, мед, молоко, варенье, лимон и проч.), эти чаи получили повсеместное распространение среди различных слоев русского народа.

В середине XIX в. Кяхтинская торговля переживала кризис. Кяхтинский градоначальник Н. Ребиндер 18 февраля 1853 г. докладывал генерал-губернатору Восточной Сибири: «Имею честь довести до сведения Вашего Высокопревосходительства, что сведения, получаемые из Китая, подтверждают более… Кяхтинские купцы, по-видимому, не решатся ныне выписывать новые чаи. Русских товаров в Кяхте больше, чем у китайцев чая»①. В России вновь стали связывать планы развития чайной торговли через увеличение морских перевозок. С начала 1850-х гг. свою чайную торговлю развивала Российско-Американская компания. Но свои коррективы в развитие Кяхтинской торговли внесла Крымская война 1853-1856 гг., и доля Кяхты в общем внешнеторговом обороте России увеличилась в несколько раз, а объемы Кяхтинской торговли увеличивались почти в два раза, достигнув своего максимума в 1857 г. Тяньцзиньский договор 1858 г.

---

① Архив востоковедов Института восточных рукописей РАН. Разряд I (Китай). Оп.1. Д.11. Л.1.

разрешил русскою торговлю в открытых для морской иностранной торговли портах. В третьей статье Тяньцзиньского договора говорилось: «Торговля России с Китаем отныне может производиться не только сухим путем в прежних пограничных местах, но и морем. В это время появились планы восстановить чайный путь через Центральную Азию. Был даже подписан Кульджинский торговый договор 1851 г., легализовавший русско-китайскую торговлю на границе с Синьцзяном. Пошлина на новых таможнях была установлена такая же, как в Кяхте, со среднеазиатских купцов, которые не проживали в России, пошлина с чая была на 20% выше, чем в Кяхте.

Но Кяхтинскую чайную торговля спас новый, а точнее уже давно действовавший, но не очень известный, транспортный путь. А.Ф. Попов писал: «Самый чайный путь, лежавший прежде по Императорскому каналу и морем через Тянь-цзинь, с тех пор изменился: он пошел западнее, а именно от Хань-коу вверх по р. Хань, и потом сухопутно через провинцию Шань-си (восточную) до Калгана». Центром закупок чая для Кяхтинской торговли стал город Ханькоу. Однако чайная торговля в Хубэ не сразу стала безопасной и обрела стабильность. В 1861 г. сибирский купец И.А. Нерпин писал из Китая в Кяхту: «по полученным известиям выдают за достоверное, что инсургентами в местечке Шичжичжены; в губерниях Хубеи и Хунань, известной под общим названием Хыгу-ань, сожжено на складе чаев байховых фучанских и хыгуанских до 5000 мест и кирпичных разных сортов до 40000 шт. Вследствие известий сих за кирпичные чаи просят: за обыкновенные по 7 лан за место, пекинские черные по 8 лан, байховые доставленные из Фучана под названием «Сансинских» по 23 лана за место...»[①]. Этот купец указывал

[①] [Казаков] Донесение И.А. Нерпина (Из истории торговли с Китаем) . Сообщил Г.П. Казаков. // Труды Иркутской Ученой Архивной Комиссии. – Иркутск, 1913. С.57.

на ту проблему, что европейцы: «приобрели весьма важное право - право свободного плавания по Янцзыцзяну, где ими уже открыты три торговых фактории в Чжэньцзяне, Цзюцзяне и Ханькоу, в которых ... они будут покупать чаи, собираемые в губерниях Хубэй и Хунань, имея более, чем китайцы средств к доставке их водою, в особенности тех чаев, которые ныне следуют сухопутно в Россию и которые, вероятно, будут доставляться нам уже через руки европейцев. Шаньсийские же торговцы наши, покупающие чаи для Кяхты в означенных выше губерниях, боятся морской доставки и тянутся со своими чаями большею частью сухопутно... встречая на каждом шагу города, взимающие с них пошлины»[1].

В 1861 г. впервые русские торговцы и дипломаты прибыли в Ухань. Пионер русского дела в Ханькоу А.И. Иванов в письме от 2 января 1862 года сообщал посланнику в Пекине Л.Ф. Баллюзеку: «Прожив здесь два месяца и наблюдая за ходом торговли, я имел возможность совершенно убедиться, что Ханькоу не только важный пункт для нашей торговли, но и по громадности производимого торга он принадлежит к важнейшим рынкам Китая. Все произведения провинций Хубэй, Хунань и других, примыкающих к Янцзыцзяну выше Ханькоу, отправляются через него. В самом Ханькоу - 600 тыс. жителей, и главное место из вывозимых товаров занимают чаи... Все эти чаи идут в значительном количестве в Кяхту...»[2]. С начала 1860-х и на многие десятилетия центром русских экономических интересов в Китае стал открытый для иностранной торговли город Ханькоу, расположенный в среднем течении самой большой китайской реки Янцзы.

Во исполнение русско-китайского Пекинского договора 1860 г. в феврале

① Советская Сибирь. – 1929. - 2 августа.

② Хохлов А.Н. Михаил Шевелев и начало морского судоходства России с Китаем // Вопросы истории. – 2007. - №7. С.117.

1862 г. посланник Л. Баллюзек подписал с китайскими уполномоченными в Пекине «Правила сухопутной торговли между Россией и Китаем», установленные «в виде опыта на три года» и состоявшие из 22 пунктов. Вскоре, в апреле 1869 г., были приняты новые «Правила сухопутной торговли между Россией и Китаем», подписанные посланником в Пекине А.Е. Влангали. Этими документами устанавливалась единственная дорога для транспортировки русскими чая в Кяхту - через Калган, Тунчжоу, Тяньцзинь.

Великий Чайный путь через Сибирь не выдерживал прямой конкуренции с морской торговлей. Для защиты Кяхтинской торговли, были понижены таможенные сборы на ввоз чая через Кяхту. Для удешевления чая, отправляемого по Великому Чайному пути русские торговцы организовали собственное производство чая.

Чайная торговля во второй половине XIX в. продолжала оставаться одной из основ всей системы русско-китайских отношений. Не случайно в одной из «записок министра иностранных дел» говорилось: «значение представителя нашего в Пекине поддерживается главнейше вековыми торговыми сношениями России с Китаем через Кяхту... упадок Кяхтинской торговли может повлечь за собой отчуждение от нас Китая»[1].

В конце XIX в. доля чая в общем объеме русско-китайской торговли стала снижаться. После завершения строительства Транссибирской и Китайской Восточной железных дорог торговый путь через Монголию и Кяхту потерял значение. Предложения сибирских купцов построить в первую очередь железную дорогу из Пекина в Кяхту через Халху не было поддержано царским правительством. Хубэйский чай поступал в Россию

---

[1] По пересмотру тарифа 1868. Сб. документов /Министерство финансов Российской империи. – СПб., 1868.

через разные участки сухопутной границы, но его объемы удовлетворяли лишь местные потребности. Великий Чайный путь через Сибирь не только не исчез, но и не утратил своего важнейшего значения. Чай по-прежнему шел через Сибирь, сначала поступая в Забайкалье, только основные объемы теперь шли не через Кяхту, а через станцию Маньчжурия.

В начале XX в. чай по-прежнему оставался главным товаром в русско-китайской торговле. Революция в России 1917 г. лишь на некоторое время прервала работу Великого Чайного пути, в его железнодорожном варианте. В 1925 г. 75% всего китайского ввоза в СССР через Восточную Сибирь пришлось на чай. За 7 месяцев 1929 г. импорт из Китая в СССР составил 10,5 млн. руб., в т.ч. на 9 млн. руб. было ввезено чая[1]. Японская агрессия и разруха в Китае привели к тому, что при отсутствии прямого железнодорожного пути из Хубэя в СССР Великий Чайный путь прекратил свое существование. Но Транссибирская железнодорожная магистраль, как наследие Великого Чайного пути, до начала XXI в. оставалась главным транс-евразийской коммуникацией.

В современных условиях реализации инициативы «Один пояс — один путь» исторический опыт Великого Чайного пути остается очень актуальным. Не случайно, и в России и в Китае в последние годы не просто возродился интерес к истории Кяхтинской чайной торговли, но вышло уже немало обобщающих работ. Однако глубина и широта вопроса требует все новых исследований, перевода их на качественно новый более высокий уровень. Необходимо изучать архивные документы не только центральных архивохранилищ, но и на всем пути, диною 10 тыс. километров. Нужно изучить все музейные коллекции, по возможности привлечь личные и

---

[1]   *Советская Сибирь. – 1929. - 2 августа.*

семейные архивы. В процессе работы выявляются редкие публикации, следы Великого пути на местности, влияние той эпохи на современный быт, язык, культуру, народов, проживающих вдоль Чайного пути.

Русская и китайская культура отличны друг от друга, и это отличие затрагивает и культуру исторического исследования и написания исторических работ. Трудности могут возникнуть в любой ситуации, например, когда в китайском архиве не выдают документы на русском языке потому, что в штате нет работника, знающего русский языки, без чего нельзя подготовить архивное дело к выдаче. Поэтому исследование Великого Чайного пути является глобальным проектом, способствующим сближению народов во всех сферах, заставляющим решать непростые политические и юридические вопросы.

Особенно важным и плодотворным в деле изучения Великого Чайного пути является сотрудничество между учеными Хубэя, Шаньси, Монголии и Сибири. Население этих регионов хранит традиции той славной эпохи. Будущее же этих регионов зависит от возрождения, сохранения и развития исторического опыта Великого Чайного пути.

Исследователи-русисты Уханьского университета во главе с профессором Лю Цзайци проделали большую работу и накопили большой опыт в деле изучения Великого Чайного пути. Уже на протяжении многих лет работа ведется в тесном сотрудничестве с российскими историками-китаеведами. Результатом этих работ и сотрудничества явилась новая монографическое исследование, представляемое на суд китайского читателя. Остается надеяться, что в ближайшее время эта книга будет доступна широкому кругу и русских читателей.

前　言

弗·达旗升

田园　陈佳　译

　　万里茶道堪称人类历史上最重要的一页，它对现代世界地缘政治格局的形成产生了重大的影响。中国国家主席习近平提出的"一带一路"倡议已成为近年来国际关系史上的一项划时代事件。这一倡议旨在复兴丝绸之路经济带和海上丝绸之路。要实现这一倡议，就必须对"丝绸之路"的历史进行全面深入的研究。"丝绸之路"这一名称是费迪南·李希霍芬对横跨亚欧大陆的商路的简称。19世纪的历史和"一带一路"倡议的内容都表明，跨欧亚贸易路线并不限于通常所说的"丝绸之路"本身。例如17—20世纪，跨亚欧大陆的一条主要商道途经西伯利亚，其繁荣发展的历史与18—19世纪的中俄恰克图茶叶贸易密切相关。

　　万里茶道作为连接中国和欧洲的主要跨欧亚交流通道，形成于17世纪。其路线形成的基础是俄罗斯人为了征服西伯利亚而获得的地理成就，这也是欧洲地理大发现的组成部分。沿着万里茶道，具有欧亚陆上贸易传统的中亚土耳其穆斯林商人将贸易路线扩展到了俄罗斯西伯利亚。随后，在俄罗斯政府的支持下，西伯利亚贸易开始由俄罗斯商人主掌。再后来，中国商人也沿着这条路线翻越国境，向西进发，开展贸易活动。

　　俄罗斯地理大发现的最关键事件当属1618年，第一支俄罗斯考察团经陆路抵达北京。传统认为，这也是俄罗斯人认识茶叶的开端。茶商们声称，毫无疑问："1618 年，中国使团首次赠给沙皇米哈伊尔·费奥多罗维奇几俄磅茶叶……"① 之后，俄罗斯人对茶叶有了进一步的了解，这有赖于俄罗斯驻华使团的活动。1654—1657 年驻华使团在专题文件中记载，中方在迎接使团进入北京城时："上茶，与黄油、牛乳同烹……但费奥多尔·伊萨科维奇婉拒道：此乃我基督教斋期。"② 中国官员还用茶款待了杰出的俄罗斯外交官尼古拉·斯帕法里（密列斯库）。他的记录如下："茶叶分装在黄色的木制茶罐里。茶叶同黄油和牛奶一起煮，上的是鞑靼茶，而不是中国茶。"③ 由此可见，在 17 世纪，中国人是用加奶的砖茶来招待俄罗斯人的。这也证明了早在 17 世纪，万里茶道的中国段就已经存在，该路线从湖北省北上，向西伯利亚方向延伸。

起初，经由西伯利亚的"丝绸之路"新路线并不是一条真正的茶道，主要进行其他商品的贸易。但茶叶也是最早开始运输的商品之一。例如，早在 1654 年，托木斯克市的海关文件中就记载了茶叶的贸易情况。1657 年，托博尔斯克海关文件中也出现了茶叶字样。《叶尼塞县年史简编》中记载："1672 年，西伯利辖区负责管理貂皮收购的商人齐里耶夫，向官吏们详细打听西伯利亚的茶叶价格。他们回答说，在伊尔库茨克买一罐茶要花 4—6 卢布。"④ 西伯利亚的中国茶最早是由那些经由中亚进行中西方贸易的商人带来的。著名的斯拉夫天主教社会活动家克里扎尼奇在 1661—1676 年发配西伯利亚期间写道，"不过，那些布哈拉商人也运来茶叶，茶叶和咖啡用途相同，只是植物种类不同。"⑤ 最早把茶叶运到伊尔库茨克的是一支布哈拉商队，于 1684 年与卫拉特使团一同抵达。17 世纪，土耳其的穆斯林商人通过西伯利亚运输的茶叶量很大。例如，1686 年在西伯利亚南部，来自当地少数民族的劫匪抢劫了商人们数吨茶叶。

① 《茶、茶叶生产、俄罗斯及其他国家的茶叶贸易》，商队公司出版，第 5 页。
② 《17 世纪俄罗斯与中国的关系·材料和文件》卷 1（1608—1683 年），1969 年版，第 176 页。
③ 《17 世纪俄罗斯与中国的关系·材料和文件》卷 1（1608—1683 年），1969 年版，第 399 页。
④ 科特马诺夫：《叶尼塞省叶尼塞县和图鲁汉地区年史简编》（1594—1893 年），克拉斯诺亚尔斯克，西伯利亚联邦大学，2016 年版，第 75 页。
⑤ 季托夫：《西伯利亚史：17 世纪的西伯利亚》，1890 年版，第 187 页。

来自中原的商人驼队则是经过蒙古地区到达俄罗斯边境。17世纪末，最安全和便捷的路线是从北京出发，途经呼伦贝尔和外贝加尔。其中外贝加尔是俄罗斯驼队最早行走的路线。18世纪初，俄罗斯人又开发了经由喀尔喀蒙古的路线。茶叶大量输入俄罗斯，与中俄的恰克图边境贸易密切相关。1727年，俄国与大清帝国在刚刚划定的边界上签署了《恰克图条约》。

18世纪跨欧亚商路上茶叶贸易的发展基于以下几个因素：（1）在自然气候条件严酷的西伯利亚，茶叶对于人们来说是一种非常重要而有益的饮料；（2）俄罗斯向中国出口各种商品，获得的收入可用于购买昂贵的中国商品；（3）中俄政府都有意保持长期贸易关系，这有助于维护两国间政治关系的稳定；（4）茶叶贸易已成为西伯利亚商人，即西伯利亚贫困城市的主要投资者和赞助人积累原始资本重要来源；（5）商品的运输使北京至莫斯科的漫长道路（途经蒙古和西伯利亚人口稀少、人迹罕至的地区）保持了良好的路况，为茶道沿线居民创造了工作机会。

在17世纪，跨欧亚西伯利亚商道主要是一条水路。从中国边境至莫斯科，商品通过河流和湖泊运输，整条路线上只有两节很短的陆路通道（叶尼塞斯克附近商道和乌拉尔山商道）。18世纪上半叶，建成了一条途经伊尔库茨克、克拉斯诺亚尔斯克、托木斯克和托博尔斯克的陆路通道。万里茶道就形成了两条路线——陆上通道和水上通道。1818年的《叶尼塞县年史简编》中记载，在安加拉河的一个村庄里："特列季亚科夫的4艘船在此停泊，每艘船装载有5100普特的茶叶"①。但大部分茶叶是通过陆路运输的。恰克图的茶叶贸易命运多舛，湖北茶叶占领俄罗斯市场也并非一蹴而就。可以说，湖北茶叶在中俄茶叶贸易中份额的增长促成了跨欧亚西伯利亚商路向万里茶道的转变。

18世纪，中俄贸易由国家垄断转向私人贸易，这促进了万里茶道的发展。过去是俄罗斯商队去北京贸易，后来转变为边境贸易。清帝国境内的贸易和运

---

① 科特马诺夫：《叶尼塞省叶尼塞县和图鲁汉地区年史简编》（1594—1893年），克拉斯诺亚尔斯克，西伯利亚联邦大学，2016年版，第189页。

输业务由中国商号经营，俄罗斯境内的业务由俄罗斯商人经营。18世纪上半叶，开始通过西伯利亚为沙俄皇室输送茶叶。1738年，安娜·约安诺夫娜女沙皇颁布的北京商队向沙俄皇室进贡的命令中，茶叶还不是必需的商品。但在1739年的命令中已经记载："茶叶2普特21俄磅；珠兰茶1普特29俄磅。"①

万里茶道曾多次面临衰落的威胁。俄罗斯专家指出："1775年，叶卡捷琳娜二世时期的俄国政府希望通过提高关税来遏制西伯利亚的茶叶贸易……避免从恰克图进口茶叶到莫斯科……而是走海路绕行南亚和非洲，到达敖德萨和塔甘罗格港口，至莫斯科……但是，设想失败了。1792年，俄国同中国成功签订贸易协议后，茶叶的海运关税又提高了，而恰克图商品贸易的优惠也增加了。"②清政府利用贸易解决政治问题的政策也阻碍了茶叶贸易的发展。18世纪下半叶，清政府因为政治纠纷多次中断中俄贸易。从1762年至1792年30年间，商品贸易中断了14年之久。然而，自1792年开始，由伊尔库茨克州长与中方签署的协议一直执行到1853年，在此期间，恰克图贸易就再也没有中断过。

起初，进口到俄罗斯的茶叶量相对较小，到18世纪下半叶，经由恰克图进口的茶叶量开始迅速增长。著名的茶叶贸易研究专家特鲁谢维奇指出，1759年至1761年间，茶叶年进口量为1.2万普特，1792年的茶叶进口量达到2.5万普特，五年后……就已经超过4万普特了。③1800年，茶叶已经成为所有俄中贸易的换算单位。1806年，俄国驻中国公使戈洛夫金在给沙皇的信中写道："茶，是必需消费品，尤其是砖茶，已经成为西伯利亚游牧民族和穷人饮食的一部分……这宗商品，是重中之重。"④据伊尔库茨克副省长公布的数据，1813年从中国进口到恰克图总值近550万卢布的货物中，茶叶占390万卢布。⑤当

---

① 杰明：《金色宝藏——谢棱津斯卡：历史和民族志研究》，乌兰乌德，2009年版，第115—116页。
② 林斯基：《西伯利亚与蒙古的贸易关系·西伯利亚工商业日历》，1911年版，第53页。
③ 特鲁谢维奇：《19世纪前俄罗斯与中国的大使和贸易关系》，1882年版。
④ 《19世纪俄罗斯与中国关系·文件和材料》卷1（1803—1807年），1995年版，第482页。
⑤ 谢米弗斯基：《有关东西伯利亚的新颖、奇妙的、可信的、大多不为人所知的叙述》，圣彼得堡，1817年版，第166页。

时，万里茶道运输的所有茶叶种类中，湖北砖茶居主流地位。当时俄罗斯主要进口砖茶，其运量最大，总价也最高。就商品单价而言，福建茶叶最高，因为其价格昂贵，堪比奢侈品。

到 19 世纪中叶，从中国出口到俄罗斯的商品几乎仅有茶叶一项。茶贸易研究专家科尔萨克指出，从 1847 年到 1851 年，西伯利亚商路运输的中国商品，茶叶占比 95%。跨亚欧大陆的商路已经成为真正意义上的茶路。中国和欧洲之间的巨大贸易额对亚洲整个地缘政治体系产生了决定性的影响。与此同时，几乎所有从中国经陆路运到欧洲的商品都是茶叶。

学者科尔萨克指出了恰克图茶叶贸易对于整个俄罗斯工业发展的意义："因为在恰克图是易货贸易，中国商人贩茶既不是为了完成俄罗斯商家的订单，也不是为了得到货币，而是换取其他商品。"由此可见，如果中国人增加了恰克图的茶叶供应量，也就意味着中国的产品在销量很好，这是毫无疑问的。茶叶贸易也是中国纺织业发展的助推器；它促使商人们增加商品生产，相应地也促使资本家开设新工厂来生产这些商品。茶叶促进了许多新兴工业部门的产生，并刺激了大量资本流向实业。[①]

出口中国的工业品和手工业品约占俄罗斯总出口额的一半。因此，得益于茶叶贸易，中国成为俄罗斯工业产品的主要市场以及最大的市场，也成为俄罗斯完成工业革命的最重要的因素。随着形势的发展，俄罗斯对中国的工业品出口得以成倍增长，因为中国出口到俄罗斯的茶叶也呈现成倍的增长势头。马克思在《政治经济学批判》一书中以恰克图为例，说明了俄中茶叶贸易在世界经济体系中的重要作用。

当代俄罗斯学者认为："许多俄罗斯乃至全世界最著名的公司都是 20 世纪初在恰克图茶叶贸易中成长起来的。例如，19 世纪上半叶至中期，与恰克图有贸易往来的商人包括：萨瓦·莫罗佐夫（尼科尔作坊合作社《萨瓦·莫罗佐夫之子与公司》）、扎哈尔·莫罗佐夫（博戈罗茨克—格鲁霍夫斯基纺织厂）、

[①]　科尔萨克：《俄罗斯与中国贸易关系的历史——统计回顾》，喀山，1857 年版，第 292 页。

卢卡·洛谢夫（索宾斯克纸品制造厂）、德米特里·列别什金（沃兹涅先斯基纺织厂）、谢苗·阿列克谢耶夫（'阿列克谢耶夫'公司，该公司的管理人与股东之一就是 К.С.斯坦尼斯拉夫斯基）、安德烈·卡尔辛金和伊万·卡尔辛金（雅罗斯拉夫大型纺织厂）、阿列克谢·古博金（'А.古博金的继承人 А.Г.库茨涅佐夫和公司'工商合作社）、菲利普·博拉伊（'博拉伊和公司'商行）、'彼得·博特金之子'公司、托木斯克一等商人加夫里洛·叶利谢耶夫等等，不胜枚举。"①

19 世纪上半叶，茶叶已经成为居住在西伯利亚商道沿线俄国农民的日常饮品。1835 年，圣彼得堡出版的研究资料《叶尼塞省》中提道："几乎在每个村庄，都可以看到茶炊。大多数农民喝茶要加糖（或者点心）。"② 西伯利亚地区主要引用廉价的红茶。19 世纪中期，来自福建的高档茶叶几乎从恰克图市场消失了，此时，经万里茶道运输的茶叶，无论砖茶还是白毫茶（散茶），都来自湖北。

在京俄罗斯汉学家也注意到了福建茶叶减少的问题。1850 年 11 月，驻北京俄罗斯宗教使团团长——修士大司祭巴拉第（卡法罗夫）写信给东西伯利亚总督称："据南方传来的消息，福建省许多茶园的茶树遭受虫害，树上的叶子被蛀光；因此今年产量很少……买到的茶叶数量更少，价格比前几年更贵。茶商们还抱怨，位于武夷山北侧，为恰克图贸易提供散茶的福建省崇安县有一个收取茶票的机构。该县的星村乡汇集了周边茶场的茶叶，批发数量大。当地县衙宣布，经过崇安贩茶的商人从今往后必须向官府缴纳茶税，每 300 箱茶叶缴纳一次，税额相当于商人们在北京购买茶票的价格，每张茶票可收购 300 箱茶叶。"③

19 世纪 50 年代，高档武夷山茶无法运往恰克图，主要原因是中国发生了太平天国运动。修士大司祭巴拉第记载："在中国南方内地，每年有驼队向西

---

① 科瓦利：《19 世纪俄中边境贸易》，《俄罗斯人民友谊大学学报·俄罗斯史系列》2013 年第 3 期。
② 斯捷潘诺夫：《叶尼塞省》，克拉斯诺亚尔斯克，1997 年版，第 178 页。
③ 伊尔库茨克州国家档案馆，2 月 24 日，目录 11，文件 1，第 13 页反面。

伯利亚运送砖茶的地方，湖南省的无产者们因为生活贫困而紧密结合起来，形成了团伙；团伙逐渐扩大，加入的不仅有穷人，还有那些对现存秩序不满的人……这些人很快组成了数万人的大军。"[1] 太平天国起义后，传统的商路被阻断，中国商人被迫改变了运输路线，并从其他地区采购茶叶。俄罗斯驻京使团翻译员波波夫于1869年访问汉口，研究茶叶贸易的历史。他写道："买卖城商人进行了尝试……进口了湖北和湖南红茶，在俄罗斯受到好评，让他们大为惊喜的是，汉口逐渐取代福建成为新的产茶区。"[2]

汉口成为俄罗斯采购茶叶的世界中心。波波夫记载，起初汉口的俄罗斯人只买砖茶。随后，伊尔库茨克、昆古尔、喀山和莫斯科的资本流入汉口，汉口开始出口白毫茶（散茶）。湖北红茶在俄罗斯被称为中国红散茶，成为"俄罗斯茶文化"的基础。如果价格偏高或者供给不足，人们就不喝散茶，改喝更便宜的砖茶，或者在散茶里掺入碎砖茶。这种价廉物美的茶叶，无论清茶还是加入各种调味品（糖、蜂蜜、牛奶、果酱、柠檬等）都非常适口，为俄罗斯各阶层普遍喜爱和饮用。

19世纪中叶，恰克图贸易经历了危机。恰克图市市长列平杰于1853年2月18日向东西伯利亚总督汇报："谨向阁下报告，来自中国的消息，证实了……恰克图商人还未订购新的茶叶。恰克图的俄罗斯商品多于中国茶叶。"[3] 俄罗斯计划重新增强海运，以发展茶叶贸易。19世纪50年代初发展茶叶贸易的是俄美公司。但是，1853—1856年的克里米亚战争促进了恰克图贸易的发展，恰克图在俄罗斯对外贸易总额中所占比重成倍增长，几乎翻了一番，并在1857年达到最高峰。1858年签订的《天津条约》允许俄罗斯在对外开放的通商口岸进行贸易。《天津条约》第三条提到："此后，不仅可以通过陆路进行已有的边境贸易，还可以通过海路开展俄中贸易。"当时，计划恢复经过中亚的

---

① 伊尔库茨克州国家档案馆，2月24日，目录11，文件1，第24页。

② 波波夫：《关于汉口和俄罗斯茶叶工厂的旅行笔记·俄罗斯帝国地理学会关于统计分工的记录》卷Ⅱ，圣彼得堡，1871年版，第292页。

③ 《俄罗斯科学院东方手稿研究所东方学者档案》类Ⅰ（中国），目录1，文件11，第1页。

茶道，并于 1851 年签署了《伊宁条约》，该条约使新疆边界的俄中贸易合法化。新口岸关税与恰克图的关税相同，对于来自中亚，且不居住在俄罗斯的商人，征收的茶税比恰克图多出 20%。

最终对恰克图贸易的繁荣产生重大影响的仍然是汉口至恰克图的万里茶道。这条线路相对较新，但其实在历史上早已存在，一直不为人所知。波波夫指出："沿（京杭）大运河、渤海至天津的茶路向西迁移，即从汉口出发，沿汉水溯流而上，然后经陆路穿过山西省（东部）到达张家口。"[1] 恰克图贸易的茶叶采购中心变成了汉口。然而，湖北的茶叶贸易最初还不是那么安全、稳定。1861 年，西伯利亚商人涅尔平从中国写信至恰克图称："根据收到的消息，统称为'湖广'的湖北和湖南省的叛乱分子烧掉了茶叶仓库，损失了福建和湖广白毫茶 5000 件，各式砖茶 4000 块。因此导致砖茶价格上涨：普通砖茶每件 7 两白银，北京红茶每件 8 两，福建'散新茶'每件 23 两……"他还提到，欧洲人"获得了最重要的权利——在长江流域自由航运的权利，已经在长江流域的镇江、九江和汉口开设了三个洋行……洋行将收购湖北、湖南的茶叶走海运（他们的船比中国人多）。这样不仅能保证茶叶经欧洲人之手输入俄罗斯，还可以与陆路茶竞争。在当地为恰克图商号采购茶叶的晋商不敢走海运，主要通过陆路运输……每经过一座城市，都要缴纳关税"[2]。

1861 年，俄罗斯商人和外交官首次抵达武汉。最早在汉口经商的伊万诺夫于 1862 年 1 月 2 日写信告知驻京特使巴柳泽克："我在这里住了两个月，同时观察贸易进展，我完全确信，汉口不仅是中俄贸易的重要口岸，而且商业繁荣，是中国的商业重镇。湖北、湖南以及长江上游省份的所有产品都通过汉口集散。汉口有 60 万居民，而茶叶是主要出口商品……大部分茶叶都运往恰克

---

① 波波夫：《关于汉口和俄罗斯茶叶工厂的旅行笔记·俄罗斯帝国地理学会关于统计分工的记录》卷 II，圣彼得堡，1871 年版，第 292 页。

② 卡扎科夫·涅尔平：《卡扎科夫报告（摘自与中国的贸易史）·伊尔库茨克科学档案委员会作品》，伊尔库茨克，1913 年版，第 57 页。

图……"①19 世纪 60 年代初开始，几十年间，位于中国最大河流——长江的中游，并作为对外通商口岸的汉口，是俄罗斯在中国的经济利益中心。

根据 1860 年《中俄北京条约》的约定，驻京特使巴柳泽克于 1862 年 2 月在北京与清政府签署《中俄陆路通商章程》，该章程"试行 3 年"，共包括 22 项条款。1869 年 4 月，特使弗兰加利在北京签订新的《中俄陆路通商章程》。这些条约确定了俄罗斯人向恰克图运输茶叶的唯一途径：经过张家口、通州或天津至恰克图。

西伯利亚的万里茶道最终难以抵抗海路运输的竞争。为保护恰克图贸易，降低了恰克图茶叶进口税率。为了降低经由万里茶道运输的茶叶价格，俄罗斯商人还自己组织茶叶生产。

19 世纪下半叶茶叶贸易仍是整个俄中关系体系的基础之一。《外交部部长笔记》中记载："中国驻京代表的最主要使命，就是维持几个世纪以来经恰克图的俄中贸易往来……恰克图贸易的衰落可能导致中国对我们的疏远。"②

19 世纪末，茶叶在俄中贸易总量中的份额开始下降。西伯利亚大铁路和中东铁路竣工后，蒙古和恰克图段的商路失去了意义。西伯利亚商人曾主张首先建造从北京经喀尔喀蒙古至恰克图的铁路，但这一建议并未得到沙皇政府的支持。湖北茶叶仍然经过各个陆上口岸进入俄罗斯，但其数量仅能满足当地需求。可以说，西伯利亚段的万里茶道不仅没有消失，而且也没有失去其最重要意义。西伯利亚的外贝加尔仍然是茶叶运输的必经之路，只不过大部分茶叶现在不经过恰克图，而是从满洲里入境。

20 世纪初，茶叶仍然是俄中贸易的主要商品。十月革命只是偶尔影响了万里茶道铁路段的运行。1925 年，通过东西伯利亚进口到苏联的中国商品中，茶叶占 75%。1929 年的 7 个月内，苏联从中国进口商品总值为 1050 万卢布，其中 900 万卢布是茶叶。由于日本入侵中国以及对各地的掠夺破坏，同时由于

①　霍赫洛夫·米哈伊尔：《谢韦列夫和俄罗斯与中国的海上航运开端》，2007 年版，第 117 页。
②　俄罗斯帝国财政部：《关于 1868 年修订关税·文件汇编》，圣彼得堡，1868 年版。

从湖北到苏联没有直达铁路，万里茶道最终不复存在。而西伯利亚大铁路仍作为万里茶道的遗存之一，直到 21 世纪初，仍然是欧亚交流的主要通道。

要想在当今形势下实现"一带一路"的倡议，就必须研究万里茶道的历史经验。近几年在俄罗斯和中国，研究者不仅重新开始关注恰克图茶叶贸易史，而且还出版了不少综述性的著作。然而，我们还需要扩大研究的深度和广度，也需要更高质量、更高水平的翻译。我们必须研究档案资料，不仅是中央档案库资料，而且还要研究整条万里茶道上的档案资料。需要研究所有博物馆的收藏，如有可能，还应包括个人和家庭收藏。在研究过程中，可能还会发现珍稀的出版物、各地遗留的万里茶道的古迹，并会探索万里茶道对当今社会的生活习惯、语言、文化和对沿线民族的影响。

俄罗斯文化和中国文化各不相同，这种差异也影响到历史研究和历史著作的写作。困难无处不在，例如，中国档案馆无法查阅俄语资料，可能是因为缺少懂俄语的工作人员，无法整理和归档。可见，万里茶道研究是一项综合工程，可以促进两国人民在各领域的理解合作，帮助两国解决复杂的政治和法律问题。

万里茶道研究领域广泛，湖北、山西、内外蒙古和西伯利亚的学者之间的合作尤其重要并且富有成效。这些地方的学者都保留了那个光荣时代的传统。我们如何复兴、传承和发展万里茶道的传统，将为本地方的未来发展起到决定性的作用。

在刘再起教授的带领下，武汉大学俄罗斯学研究团队对万里茶道进行了深入研究，做了大量工作，积累了丰富的研究经验。多年来，他们还与俄罗斯历史学家和汉学家开展了密切合作。厚积薄发，最终形成了一部新的学术著作，以飨中国读者。希望在不久的将来，这部著作也能为广大俄罗斯读者了解和借鉴。

第一章 "世纪动脉"万里茶道

从东方刮来的饮茶之风

中国是茶叶的原产国。《茶经》有载:"茶之为饮,发乎神农氏,闻于鲁周公。"公元前 2 世纪,茶树开始被人工种植。但这种风靡欧洲的饮品,直到 16 世纪中叶才为西方大范围的所知和接受。1559 年,威尼斯商人 Giambattista Ramusio 在《航海记》中首次提到茶叶。[①]1638—1640 年,俄国使臣到达中国西北地区,阿尔坦汗将茶叶作为礼物送给俄国沙皇,中国茶叶开始直接传入俄国。

事实上,中国茶叶最早对外输出的记载是于 5 世纪中叶的南北朝,土耳其商人到蒙古边境,以物易茶(见于《茶叶全书》)。唐宋时期,茶叶已成为中国通过海上丝绸之路出口南洋列国的主要商品之一。到了明清,从大西洋绕过非洲好望角、经印度洋、马六甲海峡到达广州的"黄金水道",沿线货物往来频繁,成为中国茶叶输往欧洲、北美的主要海上通道。1869 年,苏伊士运河开通后,中国茶叶改经苏伊士运河,漂行在印度洋和大西洋之间。相对低廉的海

---

① 郭蕴深:《中俄茶叶贸易初探》,《社会科学战线》1985 年第 2 期。

运极大地推动了中国茶叶的外销，繁忙的"海上茶路"促使英国一度成为中国最大的茶叶出口市场。然而，随着中俄"万里茶道"的兴起和发展，俄国最终取代英国成为中国茶叶"最大的买家"。

1689 年《尼布楚条约》的签订，标志着中俄长期贸易的开始。条约不但确认了两国东段的边界及其走向，也正式开启了两国之间官方的商贸往来。中俄贸易素有"彼以皮来，我以茶往"之说，自此，由张家口经著名的"张库大道"到蒙古、西伯利亚至俄国欧洲部分乃至欧洲大陆其他地区，贩运以茶、丝为主要商品的俄国商队日趋活跃起来，中国的茶叶输出量不断增加。

湖北武汉早在明代就成为茶市兴旺之地。《明史·列传》卷七十六中"楚府征税，茶商重困"的记载反映出，茶叶成为明代武昌楚王府征税的重要商货之一，当时武汉就有不少以贩运经销茶叶为生的商人。康熙皇帝亲征噶尔丹后，废除政府所设经管内地茶叶与西北游牧民族马匹交换的茶马司，开放内地与蒙古等西北地区少数民族之间的贸易，这促进了中国茶叶向西北地区运销，地处江汉交汇的武汉则成为南茶北运的重要通道。

恰克图茶叶贸易的发展

17—18 世纪，"海上茶路"受阻，陆上"丝绸之路"淡出，中俄茶叶贸易因新开辟的陆上茶路得以不断发展。清雍正五年，即 1727 年，中俄《恰克图条约》签订，确定了两国在这一地区的边界线，更是丰富了清朝与俄国的贸易形式。从此，两国商业贸易的局面一步步打开，从单纯的商队贸易逐步过渡到商队与边境互市贸易并存。

恰克图这个昔日的边境沙丘小镇，由于中俄茶叶贸易的蓬勃发展，逐渐演变成大漠以北的商业"都会"，盛极一时，被俄罗斯和欧洲的商人称为"西伯利亚汉堡"和"沙漠上的威尼斯"。当时，茶叶是中俄两个大国主要的进出口商品。中国茶叶输入俄国后，开始还只是俄国王公贵族、富商和文化名流的时尚饮品。到了 18 世纪末，茶叶开始在普通民众中盛行，更是成了西伯利亚人民的生活必需品。茶叶具有消脂利水之功效，对于西伯利亚以肉奶为食的游牧民族来说，甚至到了"宁可一日不食，不可一日无茶"的地步。在俄土战争和俄法战争中，沙皇俄国还为军队配备了中国茶叶（主要是从中国进口的砖茶）。

在 1762—1785 年间，每年约 4607 担红茶、3387 担绿茶从中国输往俄国。1792 年，出口俄国的中国茶叶货值达 54 万卢布，首次超过中国棉花，占当年出口到俄国的货物总值的 22%。1802 年，出口俄国的中国茶叶货值达到 187 万卢布，占出口俄国的货值的 40%。①1811 年，中国茶叶出口俄国达 8 万普特，1820 年超过 10 万普特，茶叶已占当时两国贸易额的 88%。19 世纪 30 年代增加到 93%，恰克图的茶叶贸易也进入黄金阶段，到 19 世纪中叶，茶叶贸易额已高达中俄总贸易额的 95%。实际上，中俄贸易在很大程度上就是中国向俄国输出茶叶。以中国茶叶的出口数额为例，1847 年俄国从恰克图进口茶叶 349652 普特，1848 年达到 369995 普特，为 19 世纪上半叶中俄茶叶贸易的最高峰。1857 年，马克思在《俄国对华贸易》中提到："在恰克图，中国提供的主要商品是茶叶。俄国人提供的是棉织品和皮毛。以前，在恰克图卖给俄国人的茶叶，平均每年不超过 100 万箱，但在 1852 年却达到了 175 万箱，买卖货物的总价值达到 1500 万美元之巨……由于这种贸易的增长，位于俄国境内的恰克图就由一个普通的集市发展成为一个相当大的城市。"②

当时，来往中俄两国的商队用骆驼满载着用来交换茶叶的毛皮，穿行在边境线上。返回莫斯科时，每头骆驼须装载 4 箱茶叶（大约 270 千克），行程非常缓慢。茶叶从中国南方茶源地的种植者到达俄罗斯消费者手中，一般需要历时 16—18 个月。漫长的运输过程决定了最早输入俄国的茶叶是砖茶。

---

① 郭蕴深：《论中俄恰克图茶叶贸易》，《历史档案》1989 年第 2 期。

② 刘再起：《从近代中俄茶叶之路说起》，《俄罗斯中亚东欧研究》2007 年第 5 期。

西伯利亚人习惯将砖茶混以肉末、奶油和盐饮用。中国茶广为西伯利亚人喜爱，甚至被视为通货："砖茶在外贝加尔湖边区一带的居民当中饮用极广，极端必要，以致往往可以当银用。在西伯利亚的布里雅特人等土著民中，在出卖货物时，宁愿要砖茶不要银，因为他们确信，在任何地点都能以砖茶代替银用。"①

18世纪中叶以后，茶叶成为输俄的大宗商品，茶叶品种主要是砖茶状的红茶和绿茶，叶状的绿茶在18世纪末以后数量已微不足道。砖茶是由晒干的碎茶叶经过发酵蒸压制成，体积较小而且不易受潮。茶叶的砖块大小不一，重量为二又四分之一磅至四磅。在泡冲之前，先剥去砖块之边缘，再捣碎至适当大小，经三星期之干燥，即告完成。茶叶均包于纸，并装竹篓中，每篓80块，净重200磅。

砖茶均来自中国的南方，当时从事茶叶贸易的却是非产茶之省的山西商人。这与山西的地理环境有关。山西地处中原农业地区与北方游牧民族地区的中间地带，清咸丰《汾阳县志》记载："晋省天寒地瘠，生物鲜少，人稠地狭，岁岁年人，不过秫麦谷豆。此外一切家常需要之物，皆从远省贩运而至。"在这种艰苦环境下，晋商以南北物资交流为主业，"贩运绸缎于杭州，贩茶糖于汉口，贩葛布于四川，贩棉布于直隶"。转而再将这些货物"售于新疆，内外蒙及俄罗斯等地"。晋商作为明清时期中国国内最具实力的"三大商帮"之一，以通往蒙古各地的商道、驿道、兵道为依托，以长城沿途集镇为驻点，从漠南进入蒙古各地，开拓出一条经张库大道深入漠北蒙古草原的旅蒙商道；以集团式的经营谋略和"执牛耳"的竞争实力，进入中国北部当时唯一的边境贸易城（买卖城）——恰克图，并控制了西北地区、漠北蒙古草原和西伯利亚的茶叶市场，甚至在俄罗斯内陆腹地和西欧市场也占有一席之地。

晋商每年深入江南产茶区收购茶叶，并在当地投资设厂，用木架平压机和

---

① 庄国土：《从闽北到莫斯科的陆上茶叶之路——19世纪中叶前中俄茶叶贸易研究》，《厦门大学学报（哲学社会科学版）》2001年第2期。

铁质轮旋手摇压机加工制作砖茶，每年雇用成千上万农民从事采茶及砖茶的加工，砖茶作坊成为兴盛江南的手工业。晋商起初主要采买福建武夷山的茶叶，茶市设在福建崇安的下梅镇，运至铅山的河口镇，再水运经信江、鄱阳湖、九江至汉口集中，然后北运。清咸丰年间，受太平天国战火影响，茶路中断数年。精明的晋商改为采运两湖茶。以湖南的安化，临湘的聂家市，湖北蒲圻羊楼洞、崇阳、咸宁的茶，就地加工成茶砖，由陆水湖运至汉口集中，溯汉水（襄河）至樊城，然后舍舟登陆，改用畜驮车运，经河南唐河、社旗，从洛阳渡黄河，过晋城、长治、太原、大同至张家口，或从晋北的玉右杀虎口进入内蒙古的归化（今呼和浩特），再由旅蒙晋商换作驼队，在荒原沙漠中跋涉1000多公里，至中俄边境口岸恰克图交易。俄商们再贩运至伊尔库茨克、乌拉尔、秋明，一直通向遥远的莫斯科和当时的沙俄首都圣彼得堡。

图 1　中俄万里茶道路线

注：《重走中俄万里茶道》活动组人员绘制。

俄国对茶叶的巨量需求,催生了多条自中国南方茶叶产地至俄内陆腹地的茶叶贸易线路,其中就包括我们今天所说的中俄"万里茶道"。① 根据 2014 年湖北省"重走中俄万里茶道"活动组调研,中俄万里茶道有两条最古老的主线,一条起于福建武夷山,由江西河口走水路,西北向穿越赣鄂两省,汇集汉口;另一条起于湖南安化,沿资江过洞庭湖,经湖南、至湖北,经赤壁羊楼洞,汇集汉口。之后由汉口一路北穿豫晋冀,跨越蒙古草原,经乌兰巴托(库伦)抵达中俄边境恰克图,又延伸到俄罗斯境内,经乌兰乌德、伊尔库茨克、图伦、克拉斯诺亚斯克、新西伯利亚、鄂木茨克、秋明、叶卡捷琳堡、昆古尔、喀山、下诺夫哥罗镇,最终到达莫斯科和圣彼得堡乃至欧洲各国。

"伟大的茶叶之路"的始末

进入 19 世纪 60 年代,整个中俄茶叶贸易持续发展,茶叶贸易的重心则由俄国边境的恰克图逐渐转移到了中国内陆的汉口。19 世纪中叶以前,中俄贸易主要在恰克图进行。自 1861 年《北京条约》签订后,汉口被辟为通商口岸,并逐渐发展成中俄乃至世界茶叶贸易的中心。

1861 年 3 月,俄国颁布新法令,茶叶进口税大幅度下降,在恰克图,根据茶叶的质量,每磅缴纳 1 先令 1 便士、$5\frac{1}{2}$ 便士或 $1\frac{1}{2}$ 便士;在俄国的欧洲部分,南方各港的税率是 2 先令和 1 先令 3 便士,在北方各港则是 1 先令 10 便士和 11 便士。与此同时,俄国利用单方最惠国待遇,开始享用第二次鸦片战争后的侵略果实。《中俄天津条约》规定:上海、宁波、福州、厦门、广州、台湾、琼州对俄开放。1862 年中俄《陆路通商章程》规定:俄商在其他口岸贩买土货运至天津回国,除在其他口岸按照各国总例缴纳税饷外,其

---

① 蒋太旭:《"中俄万里茶道"的前世今生》,《武汉文史资料》2015 年第 1 期。

赴天津应纳一复进口税（即正税之半）。1866年，在俄国政府的一再要求下，清政府同意取消复进口税即子口税。1881年中俄《改订陆路通商章程》又规定：于未定税则以前，应将现照上等茶纳税之各种下等茶出口之税，先行分别酌减。①

在此有利条件下，俄商开始在鄂南羊楼洞设立砖茶厂（后搬到汉口），改进砖茶压制方法，所制砖茶销往蒙古等地。1870年，俄商开始在福州压制砖茶。1891年，在福州的俄商又转移贸易于汉口及九江，在九江设厂压制砖茶。1895年在汉口的俄商有新泰、柏昌、源泰、阜昌、顺丰等，总产量达872933磅。从19世纪60年代开始，华茶输俄的路线增加。原来只有汉口到樊城、经山西到张家口的陆路运输，现在又增辟了汉口转上海到天津、经张家口到恰克图的道路，或由海路直达沙皇俄国的敖德萨和巴统。水路的启用，大大降低了运费，再加上茶税的降低，使茶叶输俄的数额大大增加。从1861年到1867年，平均每年输入华茶达10万多担，中俄茶叶贸易从19世纪60年代末到90年代中期得到了长足的发展，整体呈不断上升的趋势，出口数额由1868年的13251担提高到1894年的834165担。

中国近代由于受西方殖民者的入侵，再加上政局不稳，兵连祸结，对中国陆路茶叶运输产生了重大影响。1851年伊犁、塔城的开放，造成了茶叶商队有了西路与北路之分，北路走恰克图，西路走向伊犁、塔城。两路商人均为山西商人，但运输的茶叶品类却不相同，西路商人一贯在安徽建德采办千两朱兰茶，北路商人采办的是福建武夷茶或白毫茶，太平天国战乱后则改为两湖茶。这两路本互不打扰，然而到19世纪60年代中期，新疆发生农民反清运动，西路茶商为其所阻，被迫转归北路，北路的"万里茶道"成为中俄之间运茶的主线。

在这个时期的中俄茶叶贸易中，砖茶仍是最重要的品类。它分为两种：第一种砖茶是用茶末制成的，销往俄国的西伯利亚，第二种砖茶是用茶叶、茶

---

① 苏全有：《论清代中俄茶叶贸易》，《北京商学院学报》1997年第1期。

梗和第一种砖茶用剩下来的茶末做的，销往蒙古。砖茶在华茶出口数额中所占的比例很大，且逐年上升。1874 年以前，砖茶出口额在 5 万—10 万担波动，1875 年到 1878 年在 15 万—20 万担波动，1879 年后突破 20 万担大关，1886 年超过 30 万担，此后，除了 1888 年突破 40 万担以外，其他年份大多在 30 万—40 万担波动。值得一提的是，1889 年后砖茶中的新品类——小京砖茶开始出口。小京砖茶与普遍砖茶不同，它用质量最好的茶末制造，由在汉口、九江等地的俄商控制的砖茶厂生产，除运销俄国外，甚而还销往德法等欧洲国家。

此时期的中俄茶叶贸易，中国茶叶的出口销量处于不断上升的趋势之中，同时期的传统华茶消费国英美等国，华茶销量却处于不断下滑的趋势中，俄国逐渐成为中国茶叶最大的海外消费市场。

进入 20 世纪，这条历经辉煌的横跨亚欧大陆的"万里茶道"命运再次被改变。1905 年，俄国西伯利亚大铁路全面建成通车，万里茶叶之路的走向就此改变，铁路运输通道迅速取代了之前绵延万里的陆上茶路。

茶叶运输路线的改变对东方地区的移民和经济的发展产生了革命性的作用，恰克图茶叶贸易的衰亡就是明证。从海参崴到莫斯科，每磅茶叶的铁路运费仅为 9 美分，传统的运茶商队从天津至恰克图就需 49 天到 90 天，费用较高，风险极大。由于差价太大，驼马茶运就失去了存在的根基，热闹了近 200 年的恰克图作为历史上的贸易重镇，逐渐销声匿迹。

集聚汉口的茶叶也有了新的运输方式，走长江水路到上海，再由上海的定期海轮运到海参崴，或经西伯利亚大铁路输送至俄国各地。"这条路线非常重要，它使茶叶的供货周期大幅缩小，俄罗斯茶叶的价格大幅下降，饮茶得到普及。但这也是一条短命的路线。"[1]随着辛亥革命和俄国十月革命的爆发，国内汉口成为反清政府的主战场，国际主要消费市场俄罗斯又炮火连天，中俄茶叶贸易日益衰败，汉口的几家主要俄商茶厂随之关闭或转让，这结束了俄商在汉

---

① 刘晓航：《东方茶叶港——汉口在万里茶路的地位与影响》，《农业考古》2013 年第 5 期。

口茶市超过半个世纪的垄断局面，持续两个多世纪的、以著名的东方茶港——汉口为中心的中俄茶叶之路也最终退出历史舞台。20世纪世界茶叶贸易的重心移至印度，到1880年前后，印度成功地在喜马拉雅山南麓的大吉岭和中印边境的阿萨姆邦开辟了大面积的茶园，开始了工业化制茶，亚洲茶叶贸易的格局就此改变。此后，汉口（武汉）虽然偶有对俄茶叶贸易，但与以前完全不能相比，茶叶的输出量也长期聊胜于无。

第二章　湖北省在万里茶道的特殊地位

源远流长的湖北茶文化

湖北省地处长江中上游，覆盖东经 108°30′ 至 116°10′，北纬 28°38′ 至 33°20′ 的大部分区域。境内崇山峻岭，沟壑纵横，垂直高差显著，从而造就了多种多样的生物小气候。年平均温度为 15℃—17℃，年平均降水量为 800—1600 毫米。土壤以微酸性的砂质壤土为主。优越的自然生态环境，非常适合茶树生长。境内的茶树大都分布在神农架、荆山、齐岳山、幕阜山、大别山等海拔 1200 米以下的山谷两侧坡面，如鄂西宣恩县的"老茶溪"，建始县的"茶河"，利川县的"野茶坝"，兴山县的"大茶垭""小茶垭"等。

湖北是中国茶树原产地之一。"茶圣"陆羽就出生在唐朝的竟陵（今湖北天门），后游历到江西上饶、浙江湖州等地，致力于茶叶研究，其所著的《茶经》是中国乃至世界现存最早、最完整、最全面介绍茶的专著，被誉为"茶叶百科全书"，他本人也被尊称为"茶圣"。

据《茶经》记载，南方有嘉木，"巴山峡川有两人合抱者"。据考证，"巴山峡川"即现在的四川东部和湖北西部。学术界判定中国的西南地区为茶树原产地的重要依据就是原始大茶树，大体上包括指云、贵、川等省。湖北西部在地理上毗邻这一地区，而且气候及地势地貌也与之相仿。根据陆羽的这段描述，可以认定在唐朝的湖北境内也生长着原始茶树。又据庄晚芳研究："照唐代度量衡标准，每尺等于现在的 30 厘米。数十尺一般是 20 尺以上到 90 尺之间，即几十尺。起码按照 3 尺为 1 米计算，树高当在 10—30 米之间，可见径围粗有 2—3 米。大茶树生长较缓慢，这样粗的大茶树按年轮估计，树龄当在千年左右。据此推算，这样的大茶树可能在公元前 200—300 年，也就是说起码在秦朝或之前已经在此地生长了。"[1]

据《广雅》记载，三国时期，"荆巴间，采茶作饼，叶老者饼成，以米膏出之，欲煮茗饮，先炙令赤色，捣末，置瓷器中，以汤浇覆之。用葱、姜、橘子芼之，其饮醒酒，令人不眠"。这种制茶方法在今天依然可以寻到踪迹。在鄂西咸丰、宣恩、巴东等土家族聚居的地方，人们用油炸茶叶、阴米、苞谷子、豆腐干、花生、芝麻等，加生姜、葱、蒜等调料，配制成油茶汤，品之清香爽口，具有提神解渴的功效。今天的油茶汤可能就是古人"茗饮"的遗存。由此可见，咸丰、宣恩、巴东等地的饮茶历史悠久。

两晋之际，茶业生产继续得到发展。根据《湖北通志》卷二十二引，刘琨任并州刺史时，与兄子南兖州刺史演书云："前得安州干（原作乾）茶二斤，皆所需也，汝可信致之。"这是当前已发现的可见产茶中最早的历史记载。当时的安州，就是今天的安陆、应山、大悟、孝感、云梦、应城等地。这表明，安州在两晋时期已是茶产地。[2]

《茶经·七之事》引《桐君录》中记载，在南北朝时，"西阳、武昌、晋陵，皆出好茗，巴东别有真香茗"。据考证，当时的西阳即今天的黄冈、麻城、红安、罗田、英山、浠水等地，武昌郡则为今天的江夏、咸宁、蒲圻、阳新、大冶、通山等地。《述异记》又记载："巴东有真香茗，其花白色如蔷薇，煎服，令人不眠，能诵无忘。"在《巴东县志》（清·光绪六年重刊本）得到印证："真

---

① 牛达兴、雷友山、黄祖生：《湖北茶文化大观》，湖北科学技术出版社 1995 年版，第 2 页。
② 冯祖祥、陈谦、姜元珍：《湖北茶史简述》，《农业考古》1999 年第 4 期。

香茶旧名"，同时还提到："海内今自变乱之后，荒为榛莽，间有采而售者，皆大叶粗梗，兼之烘焙失宜，色味俱恶……按今长丰里及在市里之羊乳山，里人于谷雨前采之，色味颇佳，长丰产者尤胜，惜难多得。"根据《夷陵图经》，"黄牛、荆门、女观、望州等山，茶茗出焉"。黄牛山位于宜昌以西，又称作黄牛峡。荆门山位于宜昌以东，与虎牙南北相对。女观山位于宜都县西北部。望州山位于宜昌县西北部，位于宜昌、宜都二地交界处。这表明，鄂东、鄂西、鄂南在南北朝时期都是茶产地，且安州干茶、巴东真香茗已经小有名气。

唐宋时期，经济繁荣，国富民强，无论是帝王将相，还是布衣百姓，饮茶之风盛行。茶叶需求的增加，导致茶叶价格不断攀升，茶业生产得到快速发展，茶叶种植面积扩大，制茶技术水平提高，一些名茶脱颖而出。

唐代，在鄂西荆巴的山地分布着成片的天然茶树林。陆羽《茶经》有记载："山南以峡州上，生远安、宜都、宜陵三县山谷。襄州、荆州次。襄州，生南漳县山谷。荆州，生江陵县山谷。圻州，生黄梅县山谷。黄州，生麻城县山谷。品与荆州、梁州同。"李肇《唐国史补》也提及："峡州有碧涧、明月、芳蕊、茱萸。江陵有南木，圻州有圻门团黄。"根据《膳夫经手录》，唐建中时期，"圻州茶、鄂州茶、至德茶，已上三处出外者，并方厚片，自陈（河南淮阳）、蔡（河南上蔡）已北，幽（河北北部和辽宁南部）、并（山西太原）以南，人皆尚之，其济生收藏榷税，又倍于浮梁矣"，"圻水团黄、团饼薄，每片至百余斤，率不甚麁弱，其有露消者，片尤小，而味甚美"。这表明，当时的圻州茶、鄂州茶、至德茶已经畅销河南、山西、河北、辽宁等地，尤以圻水团黄、团饼质量最好。圻门茶甚至曾是西蕃赞普所珍藏的六种地方名茶之一。当时，佛教兴起，饮茶清思也是寺僧修行的一种。诗人李白就曾对仙人掌茶的缘起、生态环境、采摘制造、功能等进行描述。《李太白集·答族侄僧中孚赠玉泉仙人掌茶诗叙》记载："余闻荆州玉泉寺近清溪诸山……其水边处处有茗草罗生，枝叶如碧玉，惟玉泉真公常采而饮之，年八十余岁，颜色如桃李，而此茗清香滑熟，异于他者，所以能还童振枯，扶人寿也。余游金陵，见宗僧中孚，示余茶数十片，拳然重叠，其状如手，号为'仙人掌茶'。盖新出乎玉泉之山，旷古未觐。"

五代时，毛文锡《茶谱》记载："鄂州之东山，蒲圻、唐年县（今崇阳），产大茶，黑色如韭，叶极软，可治头痛。"《新五代史》中也提及："自京师至襄、唐、郢、复等州，置茶务以卖茶，其利十倍。"由此可知，当时赤壁、咸宁、襄阳、随州、江陵、钟祥、天门等皆产茶。《元和志》、《唐书·地理志》都记载有圻州圻春郡土贡茶、黄州齐安郡贡松萝茶、归州土贡白茶，反映出这些地区茶叶产量丰、质量佳。

在宋朝，湖北已成为中国主要的产茶地区之一。根据《太平寰宇记》，在江南西道，"鄂州土产茶，兴国军土产茶"。在淮南道，"圻州土产茶，出圻春、圻水二县北山。圻水县，茶山在县北深川，每年采造贡茶之所，黄州麻城县山原出茶，安州土产茶，荆州土产，松滋县出碧涧茶"。根据《文献通考》，"宋制，榷货务六，其中有江陵府、汉阳军，圻州之圻口"。江陵府掌管本府及峡州茶贸事宜，汉阳军掌管鄂州茶贸事宜，圻口掌管兴国军茶贸事宜。高宗建炎年初，取消辖区内十七处榷茶合同场，在兴国军与江州军仍分别配备一名场监官，由此可见兴国军茶叶产量之多。当时的兴国军就是今天的阳新、大冶、通山三县。《宋史·食货志》记载，崇宁元年（1102年），定诸路措置茶事官，复置司于荆南。这表明江陵府也是重要的产茶区。在崇阳县，根据《湖北通志》，山民"畬粟种茶，拙以治生"。在襄阳，王洙在《王氏谈录》中记录，"春初取新茶芽，轻炙，杂而烹之，气味自复，在襄阳试作甚佳"。在罗田县，唐宋"产茶极盛，宋仁宗嘉祐六年（1061年），石桥茶场，买卖归官，官岁计二万四千八十贯，应入岁赋"。

明清时期，茶书增多尤为突出。一些守土官吏具有远见卓识，认识到"牧民之职，兴利除害而已。害不除，则民难以安枕，利不兴，则又无以资生"。他们虽然是站在统治阶级的立场上考虑，但客观上也促进了茶业的生产。明代，何彬然仿照陆羽《茶经》，编著了《茶约》，王启茂著有《茶铛》。清代有瞿文灿所著的《种茶炙焙法》、宗景藩所著的《种茶说十条》、龙赓言所著的《劝农小识》、王庭桢所著的《树桑植茶说》、曹南英所著的《制茶条议》等。这些茶叶书籍对茶树的生长、栽培、采摘、制造等方面进行了比较详细的描写。茶书的增多，也是中国茶业生产科技取得重大发展的表现。这些具有极强的实用价值的茶书，在茶业生产科技的传播，劳动人民的技能和素质的提高上扮演着重要的角色。

《明史·食货志》记载，湖北茶叶产地以武昌为首，兴国最知名。又有，产茶之所湖广曰，荆州是江陵产茶，自唐至明皆著称，今无闻矣。《明一统志》道：崇阳县西南"龙泉山产茶，味甘美，号龙泉茶"，兴国（今天的阳新）"大坡山产茶，号坡山凤髓"，"谓骞林叶，太和山（今武当山）出"。《文献通考》又提及："太和山出骞林茶，初泡极苦涩，至三四泡，清香特异，人以为茶宝。"《明统一志》印证了这一说法，称骞林茶为"骞林叶"，产自"太和山"。根据《阳新县志》，阳新县桃花尖山产茶，号称桃花绝品。

清代初期，政府"教树桑柘，为衙茶茗"。茶业生产，裹足不前。至清晚期，一些具有深谋远虑的政界首脑，认识到"生齿繁而遗利少，若持农业一端，断难养赡，以后日困日促，有何底止"。为此，湖广总督张之洞等人，从治国安邦的角度出发，兴利除弊，进行茶业改良，兴办机器制茶，开拓茶叶销路，劝民广植茶树，促进了茶业生产的发展。

清代，湖北各地茶叶种植已十分普遍，有的地区以茶叶种植为生，例如蒲圻（今天的羊楼洞）。《纯浦随笔》记载，康熙年间，"有山西估客购茶邑西芙蓉山，峒人迎之，代收茶，取行佣，估客收茶义宁州，因进峒，教发红茶做法，茶只一种，大红雨前为头茶，名乌龙肆。生者为子茶，复末为禾花，又曰荷花，最后为秋露。红茶以蒸晒，乘热复以布，色变红，再晒不过火。黑茶则晒而复蒸，蒸而复晒。亦有炒热者，可作清茶"。乾隆年间，蒲圻"细民女红，自县南以西，崇山峻岭，挖山采葛，树桑培茶"，衣食丰足。宣统二年（1910年），劝业道开办茶叶讲习所，专门教授茶树栽培、采摘和制作的方法。由于产茶之多，每年的茶税就达四十两银，位居全省第二名。清朝末年，羊楼洞所产的茶叶品种已超过23种。

崇阳县县西七十里龙窖山则产龙渊茶。《崇阳县志》（同治版）记载："今四山俱种茶，山民藉以为业。往年山西商人购于蒲圻之羊楼洞，延及邑西沙坪，其制采粗叶，入锅火炼，置布袋中揉成，再粗者，入甑蒸软，取稍细叶，洒面压作砖，竹箱贮这，贩往西北口外，名黑茶。道光季年，岁商群集，采细叶，曝日中揉之，不用火炼，阴雨则以炭焙干，收时碎成末，贮以枫柳木作箱，贮内裹薄锡，住外洋卖之，名红茶。茶出山则香，俗呼为离乡草。"同治二年（1863年），沙俄商人巴提耶夫到汉口购茶，为获得更多的利润，深入到崇阳大沙坪、蒲圻羊楼洞等产茶地，就地设茶庄，将毛茶制成茶砖再出口。

根据《武昌县志》（清·光绪十一年刊本），武昌县南一百四十里，"茶之属，山乡多种于隙地，隔年播种茶子数十棵，至次年便生，烈日须用树枝遮之，三年便可采，有雨前、明前、雀舌诸名。土人为嫩为贵，故味清而不腴，产黄龙山巅者，名云雾茶，极佳"。另民国十年版（初刻于1921年）《湖北通志》，江夏县东南六十里有灵泉山，山顶平旷，云雾缭绕，也产有云雾茶。又《蕲州志》（光绪版）云：仙人台出云雾茶，味极佳，他处莫及。

《通山县志》（同治版）记载，"谷雨前采茶，吸入雀舌，曰雨前茶，又曰白毛茶"；又有"有红、黑二茶"的描述。

嘉鱼县"之阴山产茶"（出自《清一统志》）。每年缴纳茶税20两银。该志又载，黄梅县西北有紫云山，有僧人在山顶平旷处种茶，号紫云茶。

《长乐县（现为五峰县）志》（民国版）记载，"邑属水尽、石梁、白溢等处，俱产茶。每于三月，有茶之家，妇女大小，俱出采茶。清明节采者，为雨前细茶，谷雨节采者，为谷雨细茶，并有白毛尖，萌勾亦曰茸勾等名，其余为粗茶"。诗人顾彩描述："五峰渚山产茶，利最薄，统名峒茶。上品者，每斤钱一贯，中品者，楚省之所通用，亦曰汀潭茶。故茶客来往无虚日，茶客至，官给衣食，以客礼待，去则给引。"顾彩在《采茶歌》中将五峰土家人春日采茶及茶农在容美土司的残酷压榨下，过着饥寒交迫的生活，描述得淋漓尽致。

《荆门州（现为远安县）志》（乾隆版）载，"茶以鹿苑为绝品，每赖所产，不足一斤"。鹿苑因远安县西鹿溪山寺得名。又有，"鹿苑茶不及凤山茶著名，然凤山亦无茶，外间所卖才，皆出董家坂、马家坂等处。以地近凤山（即鸣凤山),故名凤山茶"。陆羽《茶经》载:"茶出山南者,以峡州为上,生远安山谷,盖指此茶而言之。"

鹤峰县,"神仙园、陶溪二处,茶为上品,州惟茶利最溥"。《鹤峰州志》(1867年)记载:"容美贡茗,遍地生殖,惟州署后数株所产最佳。署前有七井,相去半里许,吸一井而诸井皆动,其水清冽,甘美异常。距城五十里土司分守留驾司神仙茶园二处,所产味亦清腴,取井水烹服驱火除瘴,散气止烦并解一切难症,现生产更饶。咸丰时州人公义,请示设栈多方经营,由是远客集,城乡有食其利者矣。"又有"自丙子年(1876年),广商林宸来州,采办红茶,泰和合谦慎安两号设茶庄本城五里坪,办运红茶,载至汉口,兑易洋人,称为高品"。

纵观湖北历史,自先民发现茶并利用茶以来,朝代有更迭,人事有代谢,历朝历代政府却都颁布了自己的茶业政策,保护茶树资源,发展茶业生产,或张或弛,或得或失,对茶业生产的兴衰起着决定性作用。在历史的变迁中,湖北人民发挥了自己的聪明才智,从单纯利用自然经济活动,逐步发展到生产性经济活动,在促进茶叶的发展中也推动了人类社会的不断前进。在历史的积淀和发展中,如今湖北已形成了以英山、大悟为核心的鄂东大别山优质绿茶区,以咸安、赤壁为重点的鄂南幕阜山名优早茶及边销茶区,以五峰、夷陵、恩施、咸丰、鹤峰为中心的鄂西武陵山和宜昌三峡富硒绿茶及宜红、乌龙茶区,以竹山、竹溪及南漳、保康、谷城为主的鄂西北秦巴山高香绿茶区等四大优势产区,并已纳入农业部全国茶叶生产优势区域规划。

湖北省是中俄万里茶道重要的茶源地

在万里茶道(汉口到圣彼得堡段)近二百年的历史演进中,湖北的重要地位是不言而喻的。"东方茶港"之誉的汉口是世界茶叶贸易的中心,赤壁羊楼洞是万里茶道上青砖茶和红茶的主要茶源地之一，现宜昌的五峰、宜都等地都是万里茶道中"宜红茶"的重要茶源地和核心产区，襄阳则是万里茶道水陆联运的中枢城市。

汉口是茶叶交易与加工中心、金融中心和近代制茶工业的开端。自1861年，茶叶贸易逐渐成为汉口的最大宗贸易。据《江汉关贸易报告》记载，1861年汉口出口茶叶8万担，次年增至21.6万担，之后每年递增，自1871年的二十年间，汉口每年出口茶叶超过100万担。此间中国的出口茶叶量占世界茶叶市场的86%，其中，国内出口茶叶的60%来自汉口。1900年，中国对俄出口茶叶468549担，其中80%以上出自汉口。汉口凭借其"九省通衢"的优越地理位置，成为中国南方产茶区的最大茶叶集散地，其国内茶叶贸易的核心地位一直维持到20世纪初。汉口茶叶贸易的重要地位，使其集聚了大批国内外商人在此设立茶厂、洋行。1873—1874年，俄商将在羊楼洞开设的顺丰、新泰和阜昌砖茶厂迁至汉口，其中阜昌砖茶厂规模较大，1873年改用蒸汽机，生产效率大大提高。这些砖茶厂拥有从收购、加工到销售的完整营运机制，完成了茶业领域近代化的转变。同时，服务于茶叶经营为主的金融体系应运而生，山西票号、洋行层出不穷，使其成为区域性的金融中心。当时，十几个国家的外商纷至沓来，在此开办工厂、洋行，最盛时有超过两百家洋行。

赤壁是万里茶道对外输出青砖茶和红茶的重要茶源地和加工基地。羊楼洞作为全国"青砖茶之乡""米砖茶之乡"，是与福建武夷山、江西铅山河口、湖南安化齐名的四大万里茶道的茶叶原产地。1851年的太平天国起义爆发，随之武夷山地区战乱，原有的茶路受阻，精明的晋商将砖茶的茶源地转移到了两湖地区，这使得羊楼洞这个鄂南小镇迅速崛起，一度成为湘鄂赣交界区域的茶叶集散和加工中心。明代永乐年间，赤壁羊楼洞就开始生产圆柱形的"帽盒茶"，后出于长途运输与储存的需要，"帽盒茶"被改制为砖茶。"洞茶"即羊楼洞青砖茶，以境内三道泉水的"川"字为标牌，千百年来畅销新疆、内外蒙古和俄罗斯等地，多次在国内外博览会上斩获大奖，驰名中外。民国初年，羊楼洞砖茶生产到达鼎盛时期，拥有至少30家砖茶厂，年产量超过30万箱，约

300 万斤。这些砖茶大部分由汉口销往国内外。直至近代，羊楼洞才有红茶制作，以英国为首的欧洲国家是其外销市场。于道光四年（1824 年）前后，大量广东茶商来此收制红茶。红茶外销最盛时，茶号多达百家，较出名的不止 20 家，如兴太、源太、百昌、隆昌、瑞昌、新商、仁和。

  五峰是万里茶道对外输出宜红茶的重要茶源地和加工基地。依托先天优越的自然环境，五峰境内茶园广布，被誉为"中国茶叶之乡"。五峰所产茶叶中，"宜红"最负盛名。自汉口和宜昌相继被辟为通商口岸后，"宜红"出口陡增，声誉极高。据《长乐县志》（民国版）记载："时有羊楼洞所产红茶，简称'湖红'，为示区别，将宜昌长乐（今五峰）等地出产红茶简称'宜红'。""宜红"因此而得名。"宜红"在当时颇受英商喜爱，是国内知名的红茶出口产品。1886 年前后是宜红出口的最盛期，远销俄国及东欧各国，每年输出量高达 15 万担之多，展品曾在万国博览会上获奖。五峰是宜红茶的原产地和核心产区，自 1824 年起，大批国内外商人前赴后继地到五峰设立茶厂、茶号等茶叶机构，如汉口四大茶号之一的俄商源泰茶庄、英商宝顺和茶庄以及国内的广商泰和合茶社等，极大地促进了五峰茶的外销。

  襄阳是万里茶道上重要的水陆转运中枢。有"南船北马、汉水中枢"之称的襄阳，是湖北仅次于汉口的茶路商埠。水运是最省力、最便宜的运输方式，明清时期，汉水的可利用性超过黄河和长江，成为中国古代内河最便捷、最畅达、最繁忙的"黄金水道"。襄阳道路四通八达、水路南北纵横，自然而然成为商贾云集、物流畅通的商品集散地。茶叶作为当时交易的重要商品，茶叶贸易促进了襄阳上百年的经济发展。自鸦片战争后，俄商开始从襄阳运销茶叶。《襄樊港史》载："俄商经襄阳转运的茶叶数量很大，据 1892 年至 1901 年《通商华洋贸易总册十年报告》记载，俄商经汉水北运的茶叶'每年约有 20 万担运往俄国本部，平均约 2.5 万担运销于西伯利亚和蒙古'。从清同治十年（1871 年）至光绪二十年（1894 年），俄商从襄樊港转运的茶叶达 2684214 担，占俄国输入茶叶总量的 15.9%，最高年份占 64.7%。俄商利用襄樊港转运茶叶达数十年之久。"晋商自然也不例外，在此开设茶庄分号和船帮代理，经营多家货栈，并控制了当地的钱庄、票号和典当行。为维护同籍商人的利益、便利商品集散和商贾来往，各地商人纷纷在此设立会馆。其中，由陕晋两省商人建于康熙五十二年（1713 年）的"山峡会馆"就坐落在临江的邵家港、瓷器街和皮坊街三路交界之处，是当时商贸最为繁盛之所。

新时期，随着万里茶道申遗活动的不断推进，湖北省在万里茶道的优势日益显著，沿线拥有武汉、赤壁、襄阳和五峰四座重要的万里茶道节点城市，且武汉是万里茶道申遗的带头城市，其丰富的资源优势将在今后的经济社会的发展中发挥更大的作用。

近代洋务运动下的湖北茶业变革

张之洞是洋务运动后期的主要代表人物，其政治生涯始于宦游京师，继而视学浙、鄂、川，抚督山西、两广、湖广、两江，最终跻身军机枢要。他活跃于政治舞台之际，正是晚清社会从封建向近代转变的过渡时代。作为"身系朝局疆寄之重者四十年"的封疆大吏，他的事业主要在湖北地区。督鄂十八年（1889—1907 年），他兴实业、练新军、办学堂，在湖北经济模式由传统向近代化转变的过程中影响重大。茶叶作为当时湖北农政的一个重要部门，自然也成为他施政的重要着眼点。

19 世纪 80 年代末，国际茶贸形势已经风云突变。一方面由于印度茶、锡兰茶的竞争，英商逐步退出华茶贸易，中国茶在国际市场所占的比重不断下降，湖茶自然也大受影响。开埠初，"西人需茶急，茶船入泊汉口，收茶不计值"，英俄等国商人云集汉口抢购茶叶，竞争激烈，茶价自然一路高昂。然而，由于英印殖民地茶业得到发展，英商逐渐退出汉口茶市，茶市上其他外国茶商也大多持观望态度，茶市冷清，只是由于俄国不甚产茶，消费量大，购买较多，汉口茶市才不致出现重大问题。但实际上俄国购入的茶大都是砖茶，并

图1　湖广总督张之洞

且这一时期，俄国有好几家大型商号在科伦坡设立了分支机构，专门采购锡兰茶叶。在短短四年里，中国出口至俄国的工夫茶（红茶的一种）从5000万磅下降至3150万磅，俄国从锡兰购进的红茶则从150万磅上升至960万磅。据统计，1871—1880年间汉口年均出口茶叶54.48万担，比1861—1870年增加了23.31万担，增幅为74.78％；1881—1890年为70.37万担，增幅29.17％；而1891—1900年间，年均出口仅74.01万担，增幅锐减至5.17％。可见从1870年到1900年的三十年间，汉口的茶叶出口的增幅在不断放缓。张之洞意识到中国的茶业衰落已是不争的现实。在公牍中，"茶务年来日坏""年来出产渐少，折阅愈多""近年茶务疲滞"等语，反映了他的这种认识和为茶务之坏而忧心忡忡的心理。另一方面，俄商在汉口实行湖茶垄断经营，使得茶贸利权旁落，两湖商民不得已削价割盘、苦不堪言。在汉口出口的茶叶数量虽历年增加，但是不难发现，其中的廉价砖茶已经占到很大比重，能够真正实现较高出口创利的红茶却在急剧减少。1900年，汉口红茶出口70万箱，约32万担，到1906年（张之洞离鄂前）已降为49万箱，约22万担，红茶出口降幅几乎达到1/3。红茶出口份额的滑落，必然使得经营茶叶的利润急剧减少。几乎同时，对俄出口的砖茶占的比重持续增长，如1909年销俄砖茶达58万担，占同年汉口茶出口总量的62.4％。但是如果仔细考察这些对俄出口的砖茶，情况却值得忧虑。自19世纪60年代起，为了攫取茶贸各环节中最为丰厚的茶叶加工利润，俄商先后在鄂南羊楼洞及汉口建立了三个先进的茶叶机器加工厂。1909 年输俄的茶砖中，大部分是俄商在汉口建立的砖茶厂所生产加工的。因此，与其说这部分砖茶是"对俄出口"，不如说是俄商"自产自销"。而就是这种自产自销型砖茶，占到汉口茶输出的比重日益增大，19 世纪 70 年代还只约 18.36%，90 年代就达到 50% 以上。相比茶叶出口减缓、销售下降，这种利源的根本性丧失，更加令人触目惊心。①

汉口茶叶的出口放缓、市场萎缩和利源丧失，直接导致汉口的茶价下挫，茶业经营每况愈下。1889 年中国茶商办茶亏折甚巨，亏损高达 500 余万两；两年后，茶商虽已裹足不进，但也折损 100 多万两；到 1893 年，仅湖南茶商的亏折额度就高达 100 余万两，以至"倾家荡产者有之，投河自尽者有之"。茶商业茶难保成本，或者被迫收缩规模、歇业他图，或者转嫁危机、加重对茶农的剥削。1897 年江汉关税务司裴式楷感叹当时的茶农"除开销摘工之外，实已无余"，虽"终年勤劳"而"不获一饭之饱"。茶业下行的形势令张之洞触目惊心，作为一名有作为的政治家，面对"国课日亏"，汉口茶税"较前渐形短细"，"挽利源而维商本"就成为张之洞治理茶务、推行茶政的当务之急。

张之洞关于茶务的主张大致可以分为以下几个方面：

一是，讲求制茶之法。在治茶初期，张之洞主要着眼在茶叶的生产和粗加工环节，他认为"商务之盈亏，全视乎出茶、制茶之佳否"。在张之洞看来，茶农"栽种既未合法，焙制又复失宜"，是造成茶质不佳的重要原因。光绪二十年（1894 年）二月二十七日，张之洞对道员庄庚良禀呈的茶商条陈进行批示，指出，茶商入山买茶多用大秤，往往加至三十二两之外，园户不堪亏本，不得不迟采摘粗茶，并掺水充数，希图多压斤两。对此，他提出"本源不清，其余都是末节，是精茶色、恤园户两条尤为根本"，强调茶叶采制的重要性。"精茶色"，即认为茶叶采制要以质取胜。"恤园户"，就是要各级地方官员了解茶农疾苦、教民种制茶叶。张之洞专门讲道："至茶商入山买茶多用大秤，

---

① 李灵玢：《论张之洞与汉口茶贸》，《江汉论坛》2012 年第 9 期。

往往有加至三十二两以外者，园户不堪抑勒赔本，不得不迟摘粗茶，并以搀杂水湿充数，希图多压斤两。茶质不佳，茶价安得不贱"，指出仅收购一环对茶农的侵吞就十分惊人，这正是迫使茶农采摘老茶，导致茶质下降的直接原因，并要求江汉关道员庄赓良"妥议办法察覆"，维持茶农的正当利益。

二是，开拓茶叶市场。光绪十九年（1893 年），张之洞督鄂已有三年，然而茶务情形并没有好转，相反"税厘收数愈形短细"。之前总理衙门的说法是"但因采摘不时，或种制未善，或搀杂不净，以致销售日少，价值日低"；而湖南、湖北茶商则"动以洋人退盘割价，致贻亏累为词"。双方各执一说，难辨对错。面对厘金减少、饷源枯竭的严峻态势，张之洞不得不开始重新思考茶务问题。事实上，甲午战后，列强对华进行资本输出的同时，也加剧对华的贸易掠夺。由于当时汉口茶市的茶叶多出口俄国，张之洞从维护中国商权的目的出发，主张中国商人先将茶叶运至嘉峪关，再转售给俄商。后来为了从根本上打破洋商对华茶的操纵，他更进一步鼓励商民走出国门，直接把红茶运往俄国销售，减少俄商的中间盘剥。1894 年、1896 年，张之洞亲自组织两批茶叶运销俄国。第一次由江海关道恽祖翼选办上等红茶 200 箱，由湖南、湖北两省摊派茶款，从海路搭乘俄船赴运敖德萨，由佘威罗福代销。这批茶叶在俄国很快销售一空，得款 5897 两白银，净利 600 余两白银。首次试销成功极大地鼓舞了张之洞，他迅速组织了第二次运销，仍由江海关道恽祖翼办理，湖南、湖北各垫一半官款，购办特级红茶 120 箱，交汉口俄国顺丰洋行，分水陆二路邮往俄国，水路运莫斯科，陆路赴恰克图，仍请佘威罗福代销。第二次运销又赢利800 余两，可谓"利息尤为独优"。于是，张之洞提出更大胆的设想，准备"自造茶船，自立公司，于俄境自设行栈销售，收回利权"，可谓雄心勃勃。张之洞的"自运出口"计划富有创见性，但很快便归为泡影。事实上，在第二次运销时，俄商经"再三婉商，勉强依允"，但"言以后不能再带"。张之洞认为俄商"不欲中茶附装以分其利"，其实作为中俄茶叶贸易的垄断者，俄商断乎不肯将运销大权拱手让给中方，因此哪怕婉商求情，也顶多是一时奏效，难以长期维持。

三是，兴办机器制茶。19 世纪末，洋茶日盛，竞争渐起。"近年印度、欧美、东洋各处，种茶渐多，销流渐广，虽茶质远逊中国，而外国人究心培植，加工烘制，洋茶货价，日高一日，我茶出口，年少一年"，一向占据出口大宗的华茶"遂为洋商所厌弃"。张之洞意识到，中国茶业已今非昔比，再不整顿改革，最终结果只能是"如他事终落人后，原有大利尽为外人夺去"。其实当时不仅是茶业，传统的纺织等生产加工行业也遭遇到前所未有的"近代化"危机。大机器制造的洋货物美价廉，国内的传统产品则价高质低。甲午战后，清政府对使用机器生产的中外企业，均按"值百抽十"的税率进行征税，结果江浙、湖北两地华商各厂无不亏折，外商渐成独揽之势。1897 年，张之洞上折光绪帝，详细地分析了保护民族幼稚产业的重要性以及外国垄断资本对民族工业的危害。

在华茶衰落的背后，张之洞敏锐地认识到，公司制及机器制茶是振兴茶业的根本出路，因而热切地主张设股购制。早在 1897 年汉口已出现机器焙茶工厂，同年张之洞即着手"合各富商之力纠股设厂，延请洋人督率教导"，筹办两湖制茶公司，并委任江汉关税务司穆和德负责此事。其中，张之洞特别强调了"惟不得招附洋股"这一点，显然对外国资本十分警惕，目的就在于挽回茶业利权。据《时务报》记载，两湖制茶公司的公司章程共计八条，计划募集股金 8 万两，实际资本 6 万两。公司业务除自焙外，还代人加工。公司设督办一人，由穆和德主持，会办四五人。筹办人员中除了著名茶商唐翘卿、招商局总办陈辉庭、汇丰银行买办席正甫，还有阜昌洋行买办唐瑞芝及汉口巨商数人。1898 年，该公司正式使用机器焙茶。两湖制茶公司的成立在当时反响巨大。《时务报》充满希望地写道："湖北省用机器焙茶，不独茶业可期兴旺，将来并可尽夺印度茶商之利。"上海第一家英文报刊《北华捷报》也于 1898 年 3 月 7 日作了报道，视其为"中国制茶改革的萌芽"。

但是在当时的中国，每一步的改革都必须克服重重阻力。1899 年 4 月，张之洞接江汉关道报告，武昌府崇阳、蒲圻、通山、咸宁、兴国等州县大多以机器制茶，水味苦涩，香气不清，只宜英国，以外则不能畅销，机器价贵，成本难筹，不如仍循其旧。当月十四日，张之洞在《扎江汉关道劝谕华商购机制茶》中，对此给予批驳："若谓机器制茶，只销于英，尤为无稽妄说"，极力劝谕茶商们筹办机器制茶，并表示极力扶持，筹措资金相助，认为机器制茶是大势所趋。针对华商畏缩不前、不肯集股之境况，他表示为华商惋惜，并再三动员茶商集股购机，甚至计划了用款问题，表示"如有须官力维持保护之处，本部堂定必竭力扶持，倘商人集股不足，本部堂亦可酌筹官款若干相助"。虽然之后张之洞未能将机器制茶的改革推行到底，然而正是由于他的创举，本地的茶业加工的情况有了很大变化。在张之洞的支持下，汉口成为继福州之后近代中国茶业改良的又一中心。

张之洞认为，茶农"栽种既未合法，焙制又复失宜"，是造成茶质不佳的主要原因。但他没有意识到，中国的茶业生产品质不高的原因，在于小农经济方式。华茶"均由小农自由种植，生产数量，漫无节制，殊欠组织，栽培方法，墨守成规，鲜知改良"，故"趋于没落，乃势所必然也"。与之相反，印锡茶则是大生产的方式，例如在印度阿萨姆茶场，是将最适宜于作物生长的大片肥沃土地用来植茶，并建有大规模的水利排灌系统与之配套。茶场组织工人定时采摘，并严格检验，采摘之后，使用机器制作，有专门技师掌控，易于保证质量；由于印锡茶采摘利用极廉价劳动力，殖民者强迫种植园工人一天工作10多个小时，只支付很少一点工资，又使用机器的大规模制作，大大降低了生产成本。而华茶因采用人工制作，加上厘税极高，成本也高出许多。因此，他通过改进种植和制造质量来改变华茶外贸颓势的努力注定不能解决根本问题。

张之洞看到，汉口红茶"除洋商之外，别无销路"，而中国茶商售茶"与洋商交易均另由洋行买办为经纪"，茶商既无自己的输出机构，也无统一的经营组织，对国外市场一无所知，可谓"商情隔阂，弊窦丛生"。这样"货物之优劣，价值之低昂"，自己不能把握，只能由洋人操纵主宰。张之洞认为茶商亏损的原因，主要在于洋商"多方刁难""多方抑勒"，"窃照前因湖北、湖南两省茶商为洋商多方抑勒，以致亏累颇多，事关商民生计，必须设法维持"。中国茶叶每年出口量巨大，但由众多散商经营，个体资本小，易各个击破。"由于资本不足，重息借贷，更有全无资本，俟卖茶以偿借贷者……洋商渐知其弊，于是买茶率多挑剔，故抑其价。茶商债期既迫，只求速销偿债，而成本之轻重，不能复计。一经亏折，相率倒闭。其资本充足者，势不能不随众贱售。茶务之坏，多由于此。"张之洞把"汉口茶商连年亏折"的结果与"零星小贩太多"，命脉操控于洋商之实情挂钩，在他看来，"茶庄过多"，尤其是"小贩过多，开庄抢售"是造成"茶市之坏"的内因。因为小贩不但资本严重不足，而且经营很不稳定，大凡有利则兴，无利则歇；他们信誉不佳，目光短浅，纯粹在于"侥幸牟利"。制茶装箱时，往往偷工减料，"拣焙粗率，搀和杂物，希图朦售"，如此则茶质不高，伪茶、劣茶充斥市场，"以致不能得价"，即使成本减轻，也无法获利。同时在售茶时，"汉口茶帮亦不齐心"，他们各自为政，只图自己的一己私利，无法团结起来与洋商作坚决斗争，在洋商"抑勒茶价，借端挑剔"的情况下，不顾大局，"纷纷减价求售"，市场一片混乱，洋商各个击破，因而"大获其利"，满载而归。对于茶商不思进取的惰性，张之洞曾予以无情揭露："查华商性情但以袭故套图小利为事，而惮于求精"，满足于得过且过，这种顽疾的后果十分严重。他雄心勃勃地开辟"自行运赴俄国销售"茶叶的海外商路，企图力挽狂澜，"收回利权"的举措大胆而超前，但借助于洋商，无异于与虎谋皮，也注定难以成功。

虽然洋务运动以失败而告终，但是经过张之洞等人的努力，晚清湖北茶务也得到了一定的发展。全省种植茶叶的面积最多时达到110余万亩，此后十年间，汉口茶叶外销始终保持在80万—90万担之间，汉口成为国内最大的茶叶出口市场。由于采制得法，茶叶的品级也有所提高，在1910年南洋博览会上和1915年巴拿马博览会上，汉口有41种土特产获得二等奖以上，其中茶叶就有25种之多。

第三章　俄国史料中的湖北省与中俄万里茶道

俄国人与茶叶的结识

茶叶在16—17世纪地理大发现时期首次出现在俄罗斯并开始得到普及。俄罗斯对茶叶的获取经由两个方向：欧洲海路和西伯利亚与中亚。

比较可信的说法是，大约在1638年，俄国使团出使蒙古，当时的阿勒坦汗用中国茶叶款待了俄国公使瓦西里·斯塔尔科夫和斯捷潘·聂韦罗夫，并且赠送给俄国沙皇约4普特的茶叶。当时的俄国使团对茶叶并不了解，甚至不太情愿接受这一礼物，但最后他们还是收下并带回了宫廷，结果这些茶叶受到王室贵族的喜爱。[①] 这是茶叶传到俄国最早的文字记载。

中国茶叶以商品的形式进入俄国市场并没有明确的时间记载，说法也不一。1517年，葡萄牙人与中国通商，也最早把中国茶叶运至西欧，至于有没有销往俄国并未可知。1602年，荷兰东印度公司对东方开展掠夺性的贸易，并于1610年将中国绿茶运至欧洲。有学者认为，这一时期有部分中国茶叶流入俄国市场。

[①]　托木斯克：《西伯利亚观察家》，1902年版，第76页。

16 世纪末以来，在西伯利亚内陆和中亚地区，俄国人先后建立托博尔斯克城、托木斯克城，这些地区由于便利的交通成为中亚和俄国贸易的场所，其中就包括茶叶贸易。17 世纪，中国茶叶运送到俄国的西伯利亚的一些城市，托木斯克海关就存有关于 1654—1658 年运来茶叶的记载。①

第一批将茶叶运进俄国的商人是中亚的布哈拉商人，他们长期在长途贩运中从事中俄中介贸易，经验丰富。俄国政府也支持和保护在西伯利亚的布哈拉商人。根据《西伯利亚历史》，1596 年，为了吸引布哈拉商人来到西伯利亚，从莫斯科收到命令，免除了他们的关税，并给予他们尊敬和友谊。② 俄国早期对西伯利亚的开发中，布哈拉商人的经贸活动发挥了不可或缺的作用。布哈拉商人在俄罗西伯利亚的城市和中国之间建立起贸易往来，将中国布匹、生活用品，如器皿、茶叶、烟草，甚至是奴隶运往西伯利亚，再从西伯利亚运出毛皮等商品。

1639—1674 年间，有 38 支布哈拉商队抵达博尔斯克。另外还有记载，1684 年 11 月，一支拥有 90 峰骆驼的大型布哈拉商队到达伊尔库茨克，随行带有大量的中国商品，其中明确提到了茶叶。次年，已经增加到 130 峰骆驼，第三年则达到 172 峰。③ 西西伯利亚城市塔拉 1674 年的海关记载："10 月 25 日布哈拉商人来到塔拉，并带来了中国商品。米尔巴科夫带来 4 普特茶叶，商人们一共运来了 10 普特茶叶。"④ 这表明，当时的茶叶并非俄国人生活的必需品，9 普特茶叶的价格相当于 70 匹中国布。1684 年，布哈拉商队第一次将茶叶运至伊尔库茨克（中西伯利亚地区）。在海关有"布哈拉商人运来了茶叶和烟草"的记录 ⑤。另外可印证的事例是：1686 年，图瓦人掠夺了商队，其中包括商人艾尔米哈金的 1000 块砖茶和 2 块散茶，还有其他商人处的 100—400 块砖茶和若干普特的散茶。

---

① 《17 世纪俄中关系》，莫斯科，1969 年版，第 216 页。
② 米勒：《西伯利亚历史》第二卷，莫斯科，2000 年版，第 16 页。
③ 郭蕴深：《中俄茶叶贸易史》，黑龙江教育出版社 1995 年版，第 5 页。
④ 《西伯利亚城市 17 世纪海关记录新西伯利亚：1674 年塔拉海关》，1997 年版，第 79 页。
⑤ 扎尔金德：《在伊尔库斯克的贸易商队》，巴尔瑙尔，1998 年版，第 54 页。

此外，蒙古商人也参与了中俄早期的茶叶贸易。17 世纪的托木斯克也是俄国商人与中国厄鲁特蒙古的主要交易场所之一。1653 年，共有 5 支厄鲁特蒙古商队到达托木斯克。当地海关统计，1654—1658 年间，这些蒙古商队将中国的大黄、丝绸、茶叶等商品运到托木斯克。当时，中国的绿茶已经在蒙古普及。俄国人也在额尔古纳河和黑龙江沿岸从中国的达斡尔、鄂温克和鄂伦春等少数民族那里得到中国的茶叶。

一百多年前，俄国调查家曾记载道：16 世纪末，在西伯利亚就产生了经由蒙古和外贝尔加斯克的茶叶贸易。莫斯科政府一开始认为茶叶是反抗上帝的迷魂药，饮用和销售茶叶的人会遭受沉重的惩罚。最终，茶叶得到认可，上层社会贵族和神职人员开始购买茶叶。1674 年，莫斯科的集市出现茶叶的售卖，价格为每俄磅 30 戈比。[1] 这一时期的茶叶贸易多为少量的、偶然性的。

茶叶贸易的恰克图时代

《恰克图条约》开启中俄边境茶贸的历史序幕

大量茶叶进入俄罗斯，与中俄恰克图贸易发展密切相关。1727 年，满清政府与沙俄签订了涉及中俄政治经济关系的《恰克图条约》，确定了两国的边界线。《恰克图条约》共达成 11 项协议，其中第 4 条提及中俄贸易问题，俄国因此恢复了被中国政府停止的商队贸易，并且开辟了边境的恰克图市场。[2]

最初，恰克图的茶叶贸易发展缓慢。茶叶贸易历史调查家亚历山大·科尔萨克指出："起初，人民对茶叶的需求量不大，茶叶交换受到了限制。"[3] 早年

---

① 林斯基：《西伯利亚与蒙古的贸易往来》，1911 年版，第 53 页。

② 郭蕴深：《中俄茶叶贸易史》，黑龙江教育出版社 1995 年版，第 28 页。

③ 科尔萨克：《俄中贸易关系历史数据》，喀山，1857 年版，第 51 页。

间，中国茶叶没有立刻引起俄国统治者的兴趣。比如，女皇安娜·约翰诺夫娜 1738 年的命令中，北京商队运回的必须上交王室的商品清单中不包括茶叶。但是 1739 年内容相同的命令中指出需要"1 普特 29 俄磅朱兰茶"。[①]

1728—1756 年间，俄国先后派遣了 6 支国家商队赴京。商队的规模都比较大，每一支商队带来的货物值都在 10 万卢布以上，主要以毛皮为主。毛皮价格昂贵，且数量较多，导致大量毛皮过剩。同时商队往返花费三年时间，资金周转期长，且价格无法与从恰克图边境走私进来的毛皮竞争。商队贸易每况愈下。为此，俄国政府还多次颁布有利于经营毛皮的法令，但这并没有改善商队经营不善的局面。毛皮滞销，获利减少，导致采购的中国商品也受到限制。当时的国家商队采购的商品中，茶叶并非是主要的商品。这一时期，中国茶叶已经畅销俄国的西伯利亚地区和黑海沿岸，尤其以砖茶和叶茶最受欢迎。由此可见，这种商队贸易抑制了茶叶贸易的发展，其衰败也是历史必然。

在恰克图，茶叶贸易受到了严格管制，并需缴纳高额关税。因此，茶叶一直是外贝加尔走私的主要物品。调查家写道："布里亚特对中国商品，尤其是在茶叶和烟草的需求，早已存在，在很多情况下，通过合法途径获取这些商品困难重重，因此，走私贸易达到了相当大的规模。"1731 年，库伦的御前侍膳易林慈抱怨新教徒斯捷潘从他手里赊欠了大量不同种类，包括茶在内的商品。文件中记载没收了布里亚特人沙雷的 530 块走私茶叶。1731 年，11 个布里亚特人非法进入蒙古，并在此处用 12 头公绵羊交换 250 块茶叶。科萨克人米基沙在哨兵的帮助下，用自己的一头骆驼在边境交换了茶叶和烟草。1770 年，非法走私 100 块中等质量砖茶的恰克图居民科尔马科夫在色楞金斯克附近被抓捕。[②]

18 世纪下半叶，对中国的茶叶贸易转为私人经营，私商不愿去北京，更加倾向从事边境贸易。商品交换在中俄两国官员的监督下，于确定的时间在恰克图附近实现。随着贸易的发展，由于保护俄中贸易的法律的不完善，会不时

① 杰明：《金砂矿》，乌兰乌德，2009 年版，第 115—116 页。
② 西林：《19 世纪的恰克图》，伊尔库茨克，1947 年版，第 75 页。

出现问题和冲突。18 世纪下半叶，中国清政府由于政治争端几次终止了俄中贸易。两国贸易从 1762—1768 年、1778—1780 年和 1785—1792 年，双方贸易终止了长达 15 年。然而自 1792 年中俄再次签订《恰克图条约》后，直至 1853 年，恰克图贸易都未遭中断。

俄国对茶叶的需求是逐渐增加的。18 世纪初，从中国运来的主要商品是丝绸、棉布和药材。18 世纪末，运进茶叶量已占商品总量的 1/4。从 1760 年开始，每年在恰克图交易的茶，尤其是散茶和绿茶达到 6000 普特，砖茶的交易量为 5000—7000 普特。[①]1759—1761 年间，运入俄国 12000 普特茶叶。1762—1785 年间，从恰克图每年运来 8000 普特的散茶、400 普特的绿茶、17000 普特的砖茶和 100 普特的其他品种茶叶，约占中国全部出口商品的 15%，茶叶已经成为棉布之后的第二大出口商品。1792 年达 25000 普特，1797 年超过 40000 普特[②]，1798 年为 46997 普特，1799 年为 52343 普特，1800 年则高达 69580 普特[③]。

确实，起初关于中俄贸易的文献中并没有涉及茶叶贸易，茶叶贸易意义并不重大。俄国方面解决了对中国扩大出口而非进口的问题。亚历山大一世使团代表 1806 年 2 月 19 日对俄中当前关系的看法是："茶叶，尤其是砖茶，已经成为西伯利亚游牧民族和穷人的生活消耗品，于我而言，已经是生活必需品。"[④]

19 世纪上半叶恰克图的茶叶贸易

在 18—19 世纪之交，茶叶终于在俄中贸易中占据了领先地位，成为从中国运来的主要货物。1800 年，已引入 16.9 万普特茶叶。1800 年以前，恰克图贸易的主要交换物是布匹，1800 年后变成了茶叶。根据伊尔库茨克副省长提供的数

---

① 西林：《18 世纪的恰克图》，伊尔库斯克，1947 年版，第 69 页。

② 特鲁谢维奇：《19 世纪前俄中使团和贸易关系》，莫斯科，1882 年版。

③ 郭蕴深：《中俄茶叶贸易史》，黑龙江教育出版社 1995 年版，第 37 页。

④ 《19 世纪俄中关系》，莫斯科，1995 年版，第 482 页。

据，1813年运进恰克图总价值5500万卢布的货物，其中茶叶占3900万卢布。[①]

1800年颁布的《恰克图贸易条约》和《恰克图贸易与同伴指示》，说明俄国商队在恰克图的活动处于政府的监控下。1800年，商队贸易被中断，但个人活动得到了官方认可。在19世纪前30年，在恰克图有近60家贸易公司，21家由居住在俄国欧洲部分的商人建立，其余皆为西伯利亚商人建立。其中，40家公司通过代理人工作，代理人追求个人收入，而非公司赢利和与中国贸易的稳定性。俄国公司行动不一致，担心输给自己的竞争对手，迫使自己的同胞让步于中国人。茶叶到恰克图的转运问题是由其他的代理公司来办理的。俄罗斯代理人自己不从事茶叶的运输，而是和中国的中介公司打交道，雇用蒙古人运茶。代理公司都是短命的，不是破产，就是积累了资产在俄罗斯发展自己的事业。

俄国与中国的贸易上，存在很多问题。首先是语言问题，恰克图商人不懂中文，不了解中国的特点，很少有例外。再者是俄国的道路，从外贝加尔运送货物到俄国的欧洲部分既昂贵又危险。所有的这些不足，使得运到俄国欧洲内陆的中国商品价格很高。然而这不能撼动恰克图贸易在世界和俄国的垄断地位。

19世纪40年代恰克图的中俄茶叶贸易统计[②]

（单位：普特）

年份	白毫茶	砖茶	合计
1841	168218	74390	242608
1842	193413	64382	257795
1843	135413	87834	223247
1844	175254	82402	257656
1845	196523	124396	320919
1846	227452	109695	337347
1847	224006	125646	349652
1848	253746	116249	369995
1849	165087	119464	284551
1850	212178	85440	297618

---

① 《关于东西伯利亚最新最准确的描述》，1817年版，第166页。

② 郭蕴深：《中俄茶叶贸易史》，黑龙江教育出版社1995年版，第17页。

远东调查家罗曼诺夫的数据显示，1801—1810 年每年运进俄国 7 万 6 千普特的茶叶，1811—1820 年为 9 万 6 千普特，1821—1830 年为 14 万 3 千普特，1831—1840 年 19 万普特，1841—1850 年 27 万 1 千普特。19 世纪中期，茶叶是俄国从中国进口商品的绝对主体。经济学家科尔萨克写道："1847—1851 年恰克图贸易交易总额是 31058844 卢布，其中茶叶占交易贸易总额的 95%，即2953478 卢布。"[1]

俄国在中国不同省份购买茶叶，其中福建省的茶叶最占据优势，并由山陕地区的贸易公司运送茶叶。安徽在提供茶叶总量方面占据了第二名。19 世纪中期，各种类的茶叶运量持续上涨，接着花茶、绿茶和黄茶数量开始减少。到1850 年，在恰克图贸易中绿茶和黄茶几乎消失，珍珠茶只通过私人订购生产。从前畅销的朱兰茶销量大幅下降，砖茶销量却猛增。19 世纪中期，大众所消费的较为便宜的茶叶取代了昂贵茶叶的地位。

19 世纪中叶前，茶叶是俄国社会富裕阶层的消费品，到 19 世纪已经成为社会中产阶级的生活必需品。例如茶叶成为西伯利亚农民的日常饮品。1835年在圣彼得堡出版的调查《叶尼塞省》提到，"每个村子里都有茶炊，大部分农民喝茶时需要加糖。"[2]

19 世纪中期，砖茶在中俄边境贸易中充当了全面等价物。例如，1853 年9 月恰克图市长在伊尔库茨克写道："去年 9 月库伦边疆区通知我，中国边境有很多欺诈俄国托木斯克民众的行为，请求我调查并解决此事。中国国民、比亚县的大部分商人和市民都没有进行欺骗性的行为。中国民众认为根据委员会决议来偿还债务是应当的。中国砖茶可对此进行补偿[3]……并出售到圣彼得堡。"[4]

随着俄国对中国茶叶的消费日益增加，恰克图茶叶贸易的垄断，导致茶

---

① 科尔萨克：《俄中贸易关系历史数据》，喀山，1857 年版，第 292 页。
② 斯捷潘诺夫：《叶尼塞省—克拉斯诺亚尔斯克》，1997 年版，第 178 页。
③ 俄罗斯科学院东方学档案馆。
④ 《俄罗斯和其他国家的茶叶和茶叶贸易》，圣彼得堡，1892 年版，第 526 页。

叶走私贸易一直存在。一部分茶叶从俄国西部边境包括黑海港口流入到国内。1853年，恰克图商人诺斯科夫写道："于广州走私的茶叶，保存在西部省部。起初广州的低品质茶叶帮助英国人与我们在贸易中竞争。最近俄国走私贸易有加强的趋势，由于竞争恰克图的茶叶价格低到了令人惊讶的程度。"①1855年恰克图商人声称，1/3运入俄罗斯帝国茶叶是从西欧走私所得。② 除走私所得之外，1856年俄国还从西欧边境合法运进1000普特的茶叶。③ 恰克图商人请求政府建立茶叶税签。他们声称：俄国每年消耗的1亿8千万俄磅茶叶接近从西欧走私总量的1/3。尽管边境走私贸易发展，但大多数茶叶仍供俄罗斯国内消费，小部分通过恰克图出口到欧洲。

对于19世纪初俄中茶叶贸易对于俄国意义的评价各不相同。许多人认为，茶叶的大量进口对俄国经济不利。杰出的汉学家卡缅斯基写道："没有必要讨论恰克图贸易给中国还是俄国带来了更多的益处，用西伯利亚珍贵的毛皮换取更多的茶叶，需要和利益都是有限的。"④

俄国政府利用茶叶贸易保证国家收入，茶叶是商品税收的主要来源。1812年的战争迫使恰克图茶叶关税提高。税费为高品质绿茶每俄磅1卢布85戈比，红茶1卢布50戈比，普通绿茶1卢布20戈比，砖茶15戈比。

19世纪上半叶，俄中茶叶贸易是俄国企业，尤其是西伯利亚商人最初资本积累的主要来源。茶叶贸易是西伯利亚最初资本积累的最可靠和稳定的来源，甚至在1830年以后在西伯利亚原始森林发现金子后也是如此。然后这些商人将资金投入利润更少，风险却更大的金矿开采。科尔萨克指出恰克图茶叶贸易对俄国工业整体发展的意义："运送到恰克图的茶叶不是依据俄国商人的预定，也不是为了赚钱，而是因为商品交换。如果中国人带更多的茶叶到恰克图，这意味着我们的商品销量也很好。茶叶贸易是我们制造业的引擎，它迫使

---

① 普季岑：《色楞金斯克的达斡尔人》，彼得堡，1896年版，第133—134页。

② 谢格洛夫：《西伯利亚历史重要数据》，苏尔古特，1993年版，第346页。

③ 《俄罗斯生产力》，圣彼得堡，1896年版，第43页。

④ 俄罗斯科学院东方学档案馆。

商家增加采购商品，促使资本家开设的新工厂生产它们。茶叶使新的工业部门出现，并号召资本家行动起来。"[1] 根据科尔萨克的数据，19 世纪中期前，俄国工厂生产的运到中国的商品价值超过 400 万卢布。[2] 近一半的俄罗斯所有工业和手工业产品出口到中国。因此，由于茶叶贸易，中国已成为俄国工业产品最主要的和最大的销售市场，并成为俄国工业革命的最重要因素。在复杂的发展趋势下，中国市场对俄国商品的容量有着非常好的发展前景，因为俄国市场对茶叶也有着很大的需求。

19 世纪中期茶叶贸易危机

19 世纪中期，恰克图茶叶贸易遭遇了严重的危机，危机的原因是茶叶贸易整体系统的根本性变革。

恰克图茶叶贸易危机的先兆是，运进茶叶质量的下降和俄国对茶叶需求的减少。例如，19 世纪中期俄国运来了 165000 普特的砖茶，几乎全部发往了俄国的欧洲部分，在那里除了卡尔梅克人与部分的鞑靼人，便没有人喝这种茶了。专家得出结论，在便宜的砖茶的基础上，圣彼得堡还出售白毫茶作为补充。科尔萨克写道："经验丰富的西伯利亚人，成功发现了圣彼得堡茶叶的构成。他们发现，售价为 1.5 卢布的茶叶，只有 1/3 是白毫茶，剩下的 2/3 都是砖茶。这也就是圣彼得堡的茶叶售价比 6000 俄里远的比伊尔库茨克便宜，与 3000 俄里以外的塞米巴拉金斯克同样价格的原因。"[3]

危机的第一个明显的表现是，边境秋季贸易刚开始时没有运来足够数量的茶。1850 年 8 月末，宗教使团修士大司祭帕拉季在北京写给东西伯利亚总督穆拉维耶夫的信中提到："指定给俄国的茶叶，已经从张家口南部陆路运来。秋冬运到恰克图的茶叶箱子的具体数量不详；但可以确定的是，迄今在恰克图

---

① 科尔萨克：《俄中贸易关系历史数据》，喀山，1857 年版，第 292 页。

② 科尔萨克：《俄中贸易关系历史数据》，喀山，1857 年版，第 443 页。

③ 科尔萨克：《俄中贸易关系历史数据》，喀山，1857 年版，第 315—316 页。

没有交付过茶券，如今已发放了 400 个茶券，接近 130 箱。传闻也与此一致。关于没有茶券运茶的可能性，我同意普遍的观点，自从去年开始，中国政府加强的监管，像以前一样的走私已经无法实现。但我不得不同意，灵活的中国商人有办法运进额外的一千箱……我没有关于砖茶的消息。"①

19 世纪 50 年代初，与从前一样，贸易问题与自然灾害和利用茶叶贸易达成政治目的的中国政府的政策有关。1850 年 9 月，来到北京的宗教使团修士大司祭帕拉季在写给东西伯利亚总督的信中提到："根据南方得来的消息，福建省很多茶叶种植场的茶树叶子遭到了蜜蜂的侵袭；因此今年的茶叶总量显著减少……茶叶数量减少，价格也比往年高。另一种遭到茶商抱怨的情况是，在武夷山北边，聚集运往恰克图的散茶的淳安县，有收集茶券券的机构。信阳村的第一市场，负责与附近种植场接洽，并完成茶叶的大量采买。当地县政府官员通知采买商人，每运到北京三百箱茶需要向官产缴纳一定数额的钱。"②

50 年代的贸易困难起初被认为是暂时性的，很快便可以被克服，就像俄国自身以前不止一次经历过的那样。1851 年，出现的假象是，茶叶贸易似乎得以快速恢复重建，因此，7 月 1 日，修士大司祭帕拉季通知总督穆拉维耶夫："茶叶危机具体原因不详，但可以看出政府参与其中。"③然而事实却是，太平天国起义没有被镇压，愈演愈烈，相反却达到了中国历史上前所未有的规模。

茶路除了遇到起义等直接困难外，还受到了政府寻找补充收入行为带来的影响。东西伯利亚总督 1853 年 1 月 1 日写道："中国官员通常会贪污官产，用光国家收入，政府则采取了严格的措施加强了对税收和其他收入的监督。从南至北寻找的茶叶成为通州海关的主要收入，经过长城和山海关将货物运到北方，并在通州折返回南方。"④伊古姆诺夫将其他运送茶叶的困难称作蒙古的骆驼病。

① 国家档案馆伊尔库茨克分馆，全宗 24，目录 11。
② 国家档案馆伊尔库茨克分馆，全宗 24，目录 11。
③ 国家档案馆伊尔库茨克分馆，全宗 24，目录 11。
④ 国家档案馆伊尔库茨克分馆，全宗 24，目录 11。

此外，从西欧到俄国的茶叶强烈冲击了恰克图的茶叶贸易。冲击在1840年第一次鸦片战争后变得更加严重。在战争中获胜的英国人更容易占领中国市场，在茶叶贸易中获得了特权。1853年，恰克图商人诺斯科夫写道："于广州走私的茶叶，保存在西部省部。起初广州的低品质茶叶帮助英国人与我们在贸易中竞争。最近俄国走私贸易有加强的趋势，由于竞争，恰克图的茶叶价格低到了令人惊讶的程度。"

在边境，与新疆的贸易也得到了积极的发展。俄中经贸关系史的一个重要里程碑便是1851年签订的使俄中贸易合法化的《伊宁条约》。贸易是无税的，但受到了严格的监管，是以物易物的形式。俄国商人可以从每年的3月25日至12月10日将货物运至允许他们建立洋行的伊宁和塔城。《伊宁条约》促进了俄中贸易的快速发展。但是，俄中贸易的进一步发展却因中国境内的反政府暴动活动而数次中断。从1852年开始，俄国出口到新疆的商品，尤其是工场手工业商品大幅增长。在条约签订和使馆建立前，每年运进俄国400件低品质散茶和13500块砖茶。1852年则运进4078箱散茶、3箱绿茶和黄茶、119988块砖茶。1853年则是6573箱散茶、5箱绿茶和黄茶。接下来的年份中由于中国暴动的影响，运入茶叶数量减少。1855年，一群当地民众焚烧并抢劫俄国在塔城的洋行，为此，经双方协议，中国政府在三年的期限内，赔偿俄方5500箱价值306000卢布的高品质茶叶。1858年，塔城茶叶贸易恢复，运来了929箱茶叶。

就这样，已存在了几十年的稳定的茶叶贸易开始被破坏。恰克图市长雷宾德尔1853年2月18日向东西伯利亚总督汇报："很荣幸向您汇报，从中国得来的消息是，该国处于更加黑暗的状况中"，他继续写道，"俄国商人不敢继续订购新茶叶。在恰克图的市场上，俄国商品的数量已超过中国茶叶"。①

在太平天国运动期间，传统贸易道路被阻断，中国商人被迫改变交通道路和采买茶叶地点。俄国外交使团翻译波波夫于1871年写道："令很多人吃惊和

---

① 国家档案馆伊尔库茨克分馆，全宗24，目录11。

满意的是，汉口逐渐取代了福建的地位。原来经由运河和天津海路的茶道从此改变：从汉口沿汉水而上，经由山西省陆路到达张家口。"① 恰克图贸易采购茶叶的中心已经变成了汉口。然而湖北省的茶叶贸易没有立刻得到安全稳定的发展。1861 年西伯利亚商人聂尔宾从中国写信发往恰克图："购买茶叶受到了阻碍，在等待恢复。购买的茶叶可以运送到福昌。张家口商人以前通常行走的道路现在非常无序混乱和危险。在统称湖广的湖南省和湖北省的仓库中烧毁了5000 件散茶和4000 件不同等级的砖茶。"

由于茶叶贸易危机的加深，西伯利亚商人减少了对茶叶的购买量。19 世纪 50 年代，恰克图茶叶关税降低，但商人们不支持政府改造茶叶贸易，并组建贸易公司。确实有一些商人支持贸易改革。普里亚尼什尼科夫在自己 1844 年著名的提案中建议建立可运送恰克图茶叶到边境的公司。著名的克拉斯诺亚尔斯克商人库兹涅佐夫对恰克图关税也提出了自己的想法。他在报告《对于恰克图税率看法》中写道："中国茶叶的关税逐渐提高，以至于茶叶被认为是奢侈品，茶叶关税过于沉重。特别是俄国的茶叶销售被垄断，当俄国茶叶销售遭到了英国走私茶业的竞争时，恰克图茶叶被寄予降价到大众可以消费起的程度，然而过高的关税已经成为本地贸易发展的阻碍。这也证明了，该地远离俄国中心，茶叶价格也因此上升了将近 140%。恰克图茶叶关税已达到了每两普特的茶箱 40 卢布，莫斯科的商品和运费的关税价格的总和是 55 卢布。"克拉斯诺亚尔斯克企业家们建议政府对茶叶征收如下关税："高级黄茶和绿茶以及用箱子和筐装的第一等级茶叶的税费是 30 戈比每普特。用筐装的普通绿茶和低级茶叶税费为 6 戈比，红茶 15 戈比，花茶 30 戈比。砖茶税费为 2 戈比。"②

1853—1856 年克里木战争修正了恰克图贸易。俄国与欧洲邻国之间关系恶化，使得与中国贸易的意义更加重要。恰克图贸易在俄国的外贸份额中增长了几倍，贸易总额增长了近两倍，并于 1857 年达到顶峰。茶叶运量的增长保

---

① 波波夫：《汉口和俄国茶叶工厂记录》，圣彼得堡，1871 年版，第 292 页。
② 国家档案馆伊尔库茨克分馆。

证的不是工业产品而是重金属的运出。

由于一系列原因，从 1853 年开始运到中国的俄国工业产品数量不断下滑，在交换贸易性质的基础上，这阻碍了双边贸易的总量，更准确地说是茶叶运量的减少。从 1853 年开始，运往中国的俄国商品数量减少，茶叶进口数量也有所减少。对茶叶需求的不断增长促使政府进行恰克图贸易改革。1854 年首次允许用货币（金和银）购买中国商品。1855 年 8 月 1 日，根据政府命令《恰克图贸易改革》，恰克图贸易价格自由浮动，部分商品可用金子购买。由此建立了自由价格，允许在自由贸易中用金子进行部分支付。1854—1861 年间，约 50% 的交易额是使用货币来完成交易。此后俄中贸易赤字不断上涨，俄国商品在中国的销售停滞，茶叶需要用金银来购买。为了减少茶叶贸易带来的财政损失，解决从欧洲走私中国茶叶的问题，因此，1861 年政府通过了从欧洲运进茶叶合法化的决议。

1857 年恰克图商人向东西伯利亚省长呈交报告，建议茶叶贸易自由化。为了实现恰克图贸易的显著发展，使社会的各个阶层都消费得起茶叶，因此必须实现贸易自由。无限制交换货物，降低茶叶关税，花茶的关税应从 30 戈比降低至 15 戈比每箱。低等级红茶关税价格已经等同甚至高出茶叶售价。①

莫斯科杂志《工业信使》出版的文章涉及上述问题。文章中特别关注了国家间经贸关系的主要商品——中国茶叶与丝绸。②1858 年《工业信使》刊登了文章《中俄贸易》，该文章早在 1856 年就写成，但当时并未发表。作者非常担心恰克图贸易商队的命运，商队无法与从广州海路运来的茶叶竞争。文章中写道："商队从广州自由运到俄国的茶叶，价格比从前的更贵。原因是，中国人中断了与我们的所有贸易，继续像以前一样从事贸易，他们无利可图，散茶和砖茶数量很少，仅够西伯利亚区域和一些东部省份的居民自用。"他还

---

① 普季岑：《色楞金斯克的达斡尔人》，彼得堡，1896 年版，第 144 页。

② 《天津条约和茶叶贸易》，1859 年版。

指出，"英国代理人全力扩大自己在圣彼得堡的影响，使得我们与中国的商队贸易似乎没有继续存在下去的理由，因为中国很难像从前一样向俄国供应茶叶，运到俄国的茶叶价格非常的高。可惜的是，英国代理人针对俄国的阴谋得逞了，因为我们习惯接受外国人的权威。中国人在边境与俄国人完全自由贸易的条件下开始用比五个南方通商口岸卖给欧洲人的更高的价格从事贸易。"为了保护恰克图贸易，文章的作者提出了口号："如果商队茶叶比从中国南方通过海路运到欧洲的茶叶价格贵的话，那它一定是质量更好，因此更值钱。"①

19 世纪 50 年代，俄中贸易中的"恰克图垄断"被废止。俄中经贸关系史的一个重要里程碑便是 1851 年签订的使俄中贸易合法化的《伊宁条约》。1858年，根据《瑷珲条约》在阿穆尔建立起边境贸易。1858 年《天津条约》对俄国开放对外通商口岸。《天津条约》第三章规定：俄中贸易不仅可通过陆路方式在边境地区进行，还可使用海路。俄国商人可在如下地区开展贸易：上海、宁波、福州、厦门、广州、台湾府、琼州和海南岛以及其他对外国商人开放的地点。1881 年在彼得堡签署《彼得堡俄中陆路贸易条约》，允许俄国商人通过边境地区来到中国，西伯利亚与中国内地的陆路贸易仍然受到监管。与中国内地进行贸易的唯一途径，要通过张家口、通州和天津。到此俄中关系新系统和原则最终确立下来。

中国在鸦片战争中的彻底失败，是导致俄中茶叶贸易新系统的最终建立的主要原因。这个事实可在 1861 年年初的东西伯利亚首府的《社会传闻》中得到证实。沿河工作的人们指出，"天津条约对我们开放的口岸，实际上是很奇怪的，允许俄国商人从中国口岸运出茶叶，却不允许将茶叶运到俄国口岸……《北京条约》扩大了陆路贸易的范围，更符合俄国商人的利益。允许俄国商人在北京开展贸易，给茶叶贸易的未来前途提供了坚实的保障"。并提到，"当前从中国运进了 400000 普特的茶叶，除此之外，从欧洲边境走私的茶叶达到了

---

① 《中俄贸易》，1858 年版。

300000 普特。禁止走私是不可能的，放任走私，政府更有利，可以收到更多的税收。允许从欧洲边境运进茶叶，高税收将会延续一段时间，税费为红茶每普特 12 卢布，散茶每普特 24 卢布。而从港口运进的茶叶，税费每普特高出 2 卢布，恰克图的茶叶每普特高出 6 卢布。"①

俄中贸易的新系统和原则，没有引起恰克图贸易的肃清，而只是改革。19 世纪 60 年代，基本通过恰克图将茶叶运到俄罗斯。通过其他边境运进来的茶叶，只供给本地使用，海路贸易在这一时期是停止的。西伯利亚商人被迫将自己的商业活动从边境转移到中国的内部省份。中国商人同样将贸易从边境转移到俄国的城市。1860 年 12 月，完成了恰克图市长委托的当地官员通知到，中国商人可以自由前往特拉伊茨克萨弗斯科。在 1862 年签订《俄中贸易规章》后，大部分在蒙古北部边境从事贸易的中国商人，转移到了外贝加尔。1864 年经由恰克图 56 个中国商人来到了西伯利亚，1869 年为 557 个中国人。中国公司在运到俄国的茶叶总量方面确实不及俄国企业。②

1861 年，在经历了近百年的停滞后从恰克图第一次向北京派遣俄国商队。第一支俄国商队于 1861 年 3 月离开恰克图。

在恰克图从事贸易的代理人伊万·阿列克塞耶夫·聂尔滨在正式报告中提到："在蒙古从事贸易有利可图，且不受阻碍。现在可以畅通无阻地到达北京。……除了道路上的不方便和困难外，经由此地不可能的原因是由于沙皇下达的命令所导致的。由于这个原因，我没有继续坚持自己的想法，准备出发，前往张家口。"5 月份中国商人来到了中国的首都北京，9 月 24 日商队从天津返回俄国。聂尔滨在中国期间说道："由于 1861 年恰克图市长颁布的《内部海关税》，因此在新条件下，通过陆路将茶叶运到恰克图的中国商人很难和外国商人竞争。"

在中国的俄国商人收集在清帝国不同区域的茶叶贸易的消息，其中就包括

---

① 拉曼诺夫：《中国最后的事件及其对俄罗斯的意义》，伊尔库茨克，1861 年版，第 31 页。
② 达岑参：《19—20 世纪在西伯利亚的中国人》，克拉斯诺亚尔斯克，2008 年版。

湖北省的信息收集。聂尔滨 1861 年 5 月 2 日的正式报告就是一个例子。俄国商人写道："在统称湖广的湖南省和湖北省的仓库中烧毁了 5000 件散茶和 4000 件不同等级的砖茶"；"5 月 1 日，四艘外国船在汉口购买了散茶。"①

1861—1862 年，俄国共向中国派遣 92 支贸易商队。大部分商队受限制在蒙古从事贸易。但一些商人远至中国南方，进入到中国的内部。1861 年年末，第一批俄国商人从恰克图来到了汉口。自 19 世纪 60 年代起，位于中国第一长河长江中游的对外开放口岸——汉口就成为俄国在华的贸易中心。起初在汉口的贸易活动收到了恰克图商业联合会的限制，一段时间后俄国商人终于可以自由从事商业活动。

一些俄国公司专门从事从中国向俄国运送茶叶的业务。每年经由天津运往北方超过 30 万箱茶叶，数十位俄国商人在此生活工作。伊万诺夫和其他俄国茶叶贸易商人为 1860—1870 年间来华研究贸易形势的俄国专门中介机构提供了准确的信息。例如，1869 年，俄国著名的军事研究家和旅行家米哈伊尔·伊万诺维奇·韦纽科夫来到了中国的港口。他写道："在天津，我为富有的商人斯塔尔采夫提供了非常详尽的信息。"②韦纽科夫本计划出访汉口，但他在上海领事馆伊万诺夫处得到了有关汉口的具体详尽的消息，因此也就无须前往汉口了。伊万诺夫具体介绍了汉口的情况："我在汉口住了两个月，并观察了贸易的情况，我完全相信，汉口不仅是重要的贸易地点，更是重要的中国市场。湖北、湖南和其他毗邻长江的省份的所有货物都要经由汉口发货。汉口有 60 万人口，茶叶在从汉口所运出的所有商品中占据重要地位，因此有大量的茶叶运入恰克图。"

在世界贸易系统的转折期，恰克图贸易具有重大的意义。马克思为恰克图贸易专门写了文章《俄中贸易》，并在《中英条约》和《政治经济批评》中分析了这些问题，这并不是偶然的，而是由于恰克图贸易所具有的重要性。

---

① 《聂尔滨正式报告·伊尔库茨克档案馆学者著作》，伊尔库茨克，1913 年版，第 44—47 页。
② 韦纽科夫·阿穆尔：《中国、日本旅行记》，伊尔库茨克，1913 年版，第 57 页。

19 世纪下半叶恰克图的贸易

在 19 世纪下半叶恰克图的贸易在国际贸易经济关系体系中保持着自己重要的地位，但是它也与原来的贸易有着本质上区别。大部分通过陆路从中国运来的茶叶需要通过恰克图边境。但是，很大一部分茶叶是由俄罗斯商人运送进来的，他们直接从中国的茶叶生产地购买大量茶叶。还有一部分茶叶是由中国商人运送的，他们同样也把茶叶直接运进俄罗斯。在茶叶贸易发展的新阶段，通过代理人机构就可以实现一部分茶叶运送到俄罗斯中心地区，这种方式没有被埋没，反而地位越来越巩固。

为了恰克图的贸易，俄罗斯代理人在汉口买入大量茶叶，然后把茶叶放入在长江沿岸的外国商船上运往天津。之后茶叶再搬运到小船上和大车上经过省会城市运往蒙古，在蒙古就可以把茶叶用骆驼运输。茶叶贸易重要的转运中心是张家口。那时的人这样写道：运送到俄罗斯的茶叶在张家口进行转运，之后再把我们同胞在汉口和福州制成的茶叶运到库伦，之后由俄罗斯特别的特派员照看茶叶。转运茶叶需要由几千峰骆驼共同完成。①

茶叶商队是东蒙古十分有代表的现象。1870 年普尔热瓦利斯基描绘了蒙古的茶叶商队的情形："尽管四周一片荒芜，还有沙漠戈壁，在去往张家口的道路上还是活跃着很多的茶叶商队，这些商队我们能一天见几十次。虽然在最近的几年中，由于海上贸易的壮大，经过蒙古的陆路运输茶叶的规模减少了许多，但是据我们的商人说，每年从张家口到库伦和恰克图的运输茶叶的数量也达到了 20 万箱，每箱约重 3 俄担。运茶只在秋天进行，冬天、早春（到 4 月）和夏天所有的骆驼都会到草原上进行休整，保存力气进行新的工作。雇用的蒙古人要不直接把茶叶运到恰克图，要不只到库伦，因为之后山上厚厚的积雪骆驼很难前进。在这种情况下从库伦到恰克图就需要用牛拉的双轮大车运输茶叶。"

---

① 切梅廖夫：《楚路和我们在中国的贸易·西伯利亚观察者》（第 5 本），托木斯克，1902 年版，第 32 页。

从张家口运到恰克图每一箱的平均价是 3 两，每头骆驼一般运 4 箱，因此，一头骆驼每次可挣得 12 两，也就是 25 卢布的硬币。平常的话，在冬天商队能从张家口到恰克图往返运送两次。为了装驮，出发时平均每两人要带 25 头骆驼，因此，运输的支出本质上不是很大，甚至还会发生在冬天因为劳累和不好的饮食死掉一些骆驼，但承包人还是享有大量的净利润。可以看出，这样的挣钱方式使很多蒙古人富裕起来，但是只有他们中的一些人能带回家几百卢布；剩下的钱都到了中国人手里。从汉口到恰克图的陆路茶叶运输是很贵的，蒙古人和西伯利亚人要的砖茶的价格与工厂的价格相比增加了两倍。商队从张家口到恰克图的运输时间为 30—40 天，这是根据与蒙古承包商签订的协议来定的。

1871 年经过恰克图运来生茶：3901 俄担价值 254170 卢布的花茶，5 俄担价值 270 卢布箱茶，138341 俄担价值 3694752 卢布的贸易茶；30 俄担价值 600 卢布的 *сампхянь* 茶，83865 俄担价值 774531 的普通砖茶，109495 俄担价值 1556182 卢布分量轻的茶叶，169 俄担价值 1500 卢布的 *поленного* 茶[①]。1872 年在进口清单上有如下一些改变——绿茶代替了箱茶，*сампхянь* 茶和 *поленного* 茶也没有了。在之后的进口总量中其他茶叶的数量也在减少。1880 年，经过伊尔库茨克海关从中国运来的花茶总数为 1039 俄担，48 俄担散茶，391440 俄担贸易茶，603534 俄担砖茶，总量为 100 万俄担。[②]1892 年通过恰克图运来价值 15000 卢布的生花茶 310 俄担，价值 7339 卢布的生茶 347690 俄担，价值 9 万卢布的绿茶 4918 俄担，价值 921781 卢布的砖茶 150336 俄担，价值 4179929 卢布的红茶 539933 俄担，其他茶叶贸易额为 30 万卢布。为了比较，所有那年从中国经过恰克图运来的商品的价值总价为 30 万卢布。这里应指出，在东贝加尔湖地区那时茶叶进口是免关税的，这项数据没有考虑进来。

尽管通过陆路运输中国茶叶进口量巨大，但是伊尔库茨克海关的关税比重在逐年下降：1866 年比例为 4.6%，1867 年为 3.1%，1871 年为 2.5%。实际上

---

① 《1875 年东西伯利亚进程》，伊尔库茨克，1874 年版，第 244 页。

② 《1875 年东西伯利亚进程》，伊尔库茨克，1874 年版，第 36 页。

在西伯利亚进口便宜并没有反映到伊尔库茨克海关工作效率的指标上，1872年伊尔库茨克海关在所有的部门支出比重为 0.7%。

伊尔库茨克海关仅仅只考虑了恰克图茶叶从贝加尔地区运入西方。但是在外贝加尔茶叶是每天的必需饮品。同时代的人这样写道："在外贝加尔地区砖茶的饮用是很平常的，但是在达斡里亚人们热衷茶叶。他们一天要就着面包喝 5 次茶。这样一来茶叶就代替了午饭、晚饭、午晚饭之间的点心、早饭和甜点……总之，由于过多的饮用茶，达斡里亚的居民都是很消瘦，脸色苍白和虚弱的；在他们之中只有边境的哥萨克人身材魁梧，但是他们那里的茶叶不像其他美食一样多。"① 在 19 世纪末，发生的西伯利亚哥萨克战争的叙述中这样指出："在哥萨克人的饮食中砖茶占有很重要的地位，没有砖茶就像没有伏特加一样，就不像家庭节日聚会了；他们喜欢喝放入糖的浓茶。"②

对土生土长的西伯利亚人来说，茶叶是最重要的饮品。在描述阿尔泰人的生活习俗时这样写道："除了酸奶和钓竿，夏天砖茶也是饮品之一，砖茶中要倒入牛奶、李子和盐，对于不习惯喝这种茶的人来说，这是简直是很可怕的味道。富裕一点的人喝茶是要就着奶渣，但是这已经是甜食了。"③20 世纪初哈卡斯人第日诺夫写道："在异族人的日常生活中茶叶有着重要的意义，茶叶就跟面粉一样是异族人必备品。他们往喝的茶叶里放入面粉（烤好的大麦粉）、黄油和盐。"④ 在另外一个关于哈卡斯人的描述中这样写道："他们在所有四个管理局中都喝砖茶，茶叶中放入牛奶。常常还加入酸奶油、糖、面包、不同的饼干和奶酪。一个人要消耗大约 1/4 磅砖茶。"⑤

1896 年在西伯利亚有 407 个茶叶和食品美食企业，这个领域的交易额为12500 万卢布，排名第二，仅次于手工工场贸易，并超过酒和粮食批发企业。

---

① 　史楚金：《外贝加尔地区纪实》，第 41—42 页。
② 　《俄罗斯》第 18 卷，吉尔吉斯斯坦地区，圣彼得堡，1903 年版，第 190 页。
③ 　拉德罗夫：《来自西伯利亚》，莫斯科，1989 年版，第 163 页。
④ 　第日诺夫：《阿尔泰地区阿巴坎林业区边境带》，巴尔瑙尔，1911 年版，第 14 页。
⑤ 　库兹涅佐娃：《米努辛斯克和阿钦斯克异族人的住房、服装和饮食·米努辛斯克和阿钦斯克异族人》，克拉斯诺亚尔斯克，1898 年版，第 202—203 页。

但是在 1890 年每一位俄罗斯公民都要消耗 1 磅茶叶，这比其他很多国家的消耗量都要小好几倍。为了保证西伯利亚当地居民的饮茶量，很多企业主对经过蒙古和新疆的不同边境地区的中国茶叶进口进行调整。1864 年俄罗斯商人提出和科布多进行自由贸易的问题。1865 年俄罗斯驻北京公使在这个问题上得到允许，贸易商队在楚路上在 10 天之内行走了 250 俄里。在重要的从东蒙古进口到阿尔泰的条约中包括砖茶和生茶。在 1890 年上半叶，通过楚路每年往俄罗斯运送 1—2 俄担砖茶。1900 年从中国往比斯克运送超过 2000 俄担的砖茶和 15 俄担的生茶。① 通过萨彦岭往西伯利亚运茶。1891 年从唐努图瓦乌梁海运来价值 756 卢布的 25 件砖茶，价值 3392 卢布的 74 件红砖茶，价值 980 卢布的 14 箱生茶。②

额尔齐斯的茶叶贸易是从 19 世纪 60 年代初开始的。1862 年通过塞米巴黎金斯克海关运来 274000 卢布的生茶和 33000 卢布的砖茶。1865 年分别运来 96000 卢布和 14000 卢布的茶叶，总运量为 110000 卢布的茶叶，而 1867 年只运来 1000 卢布的茶叶。停止在额尔齐斯运送茶叶是由于穆斯林的起义，之后变成从西伯利亚往塞米巴黎金斯克地区运茶。在与突厥斯坦的边境上的茶叶贸易没有展开。1876 年从喀什葛尔经过奥什往俄罗斯运送价值 3071 卢布的 70 俄担茶叶。③ 伊尔库茨克编年史编纂者指出："1880 年没有付关税运往突厥斯坦 4566 俄担 21 磅 58 佐洛特尼克生茶和 9222 普特 36 磅 64 佐洛特尼克砖茶。"④

这样一来，19 世纪下半叶大部分运往俄罗斯的茶叶都是通过恰克图。对俄罗斯消费者来说，恰克图的茶叶是最基本的，在伊尔库茨克海关收集到的茶叶关税是俄罗斯财政收入中占有比例较大的一类。20 世纪初，长达一个多世纪中俄关系基础之一的恰克图茶叶贸易时代结束了。

---

① 切梅廖夫：《楚路和我们在中国的贸易·西伯利亚观察者》（第 5 本），托木斯克，1902 年版，第 23 页。

② 《米努辛斯基周边与乌梁海边境的居民贸易》，克拉斯纳亚尔斯克，第 19 页。

③ 库罗帕特金：《喀什葛尔》，圣彼得堡，1879 年版，第 330 页。

④ 罗曼诺夫：《1857—1880 年伊尔库茨克编年史》，伊尔库茨克，1914 年版，第 409—410 页。

海上的中俄茶叶贸易

第一次组织海上茶叶贸易

欧洲商人通过海路将茶叶运到欧洲。运到欧洲的茶叶有一部分流入俄国，这便是俄国人结识茶叶的起源。18世纪初，经过一系列成功的海战，俄国成为海上强国，并加强了自己在波罗的海、黑海和北太平洋的地位。

在黑海沿岸归入俄帝国后，组织海上茶叶贸易的提议立刻被提出。考虑到经济和政治因素，政府决定通过黑海组织海上茶叶贸易。19世纪初，格拉夫使团访问清朝时，提出了在中俄两国间组织海上茶叶贸易。1805年1月16日的报告中提到："派往中国的俄国使团建议在广州和黄海开放贸易。"的确，在这份俄国部长的报告中没有提及茶叶贸易。鲁缅采夫写道："委派一艘船远征到世界各地，并可以体验广州的贸易"，不是为了采买茶叶，"而是为了西伯利亚剩余产品的传播。"① 俄国外交官发布命令："第四艘派往中国广州的俄国商船，需确定中国是否愿意与俄国开展贸易。"②

1805年末，利相斯基的船到达广东。起初地方政府允许俄国人开展贸易，但是北京方面下达命令禁止俄国人在港口开展贸易。1806年2月19日，俄舰"希望号"和"涅瓦号"起锚，并经由非洲海路回国。组织茶叶包装和运往俄国并不简单，海关和商人要为此负责，并受到国家监管。漫长和艰难的路程对茶叶的包装有着很高的要求。俄国船只在广州获取的茶叶和其他中国货物于1806年8月运送到喀琅施塔得。

尽管俄国方面做出了一些努力，但中方在19世纪初不允许开展海上贸易，

① 《19世纪俄中关系》，莫斯科，1995年版，第88页。
② 俄罗斯科学院东方学档案馆。

俄国在中国港口没有进行非法贸易。因此，海上茶叶贸易问题没有被专门提出，此时敖德萨港口还不被认为是俄中贸易的中心。然而，中国在俄罗斯的专家曾多次提出通过好望角建立于中国的贸易关系，作为恰克图海路贸易的补充。①

19 世纪下半叶茶叶的海上贸易

在 19 世纪下半叶，恰克图茶叶贸易的垄断彻底结束，几乎中国出口到俄罗斯的茶叶一半是通过海上运输。这离不开 19 世纪签订的一系列不平等条约。1858 年的天津条约决定为海上贸易开辟口岸。1860 年的北京条约巩固并扩大了俄罗斯进行海上贸易的权利。

1858 年，公使布加金建议俄罗斯政府不要限制海上贸易。但是，1861 年，俄罗斯政府决定允许沿着欧洲边境进口茶叶，并通过俄罗斯西部的港口，包括黑海港口，建立了非常高的茶叶关税，比通过恰克图的关税高出几倍，甚至比通过西部陆路边境的高。

1861—1863 年间，几批西伯利亚商人往海上贸易港口汉口的转移，汉口在这半个世纪中几乎成为俄罗斯在中国贸易的重要中心。渐渐地，俄罗斯商人开始从汉口通过海运往俄罗斯运送茶叶，茶叶基本上都在英国的船上，经常会通过伦敦运送到俄罗斯。1870 年初，"托克马科夫和谢维廖夫贸易所"拥有了从汉口到伦敦的运茶经验。但是，在 19 世纪 70 年代期间，货流又渐渐重新转向了黑海地区港口。在 1881 年 12 月 31 日的《关于汉口市场的商业信息》文件中谈到了通过敖德萨运送茶叶的方法。②

敖德萨成为中俄海上贸易的重要中心并非偶然。早在 19 世纪中叶，敖德萨就在所有的俄罗斯港口中排名第二，1880 年跃升到第一，在 1890 年中期，

① 博尔霍维季诺夫：《张伯伦先生萨尔特科夫热回忆录》，莫斯科，2001 年版，第 105 页。
② 《俄罗斯国家海军舰队档案》，Ф.41，Оп.1，Д.24，Л.9об。

它已经超过第二名圣彼得堡港口的一倍。①

在黑海港口和中国港口之间的直航的开辟，是通过黑海港口发展海上茶叶贸易的决定性因素。1856 年，在俄罗斯航运贸易协会领导下，俄国尝试与符拉迪沃斯托克之间建立直航，到 19 世纪 60 年代奇哈乔夫领导时，他给巴拉诺夫斯基的命令中写道："除了棉花，茶叶在欧洲与远东之间的贸易占主要位置，这些茶是通过海路从上海运来的。这些茶在我们这里被称为广州茶，并越来越融入俄罗斯人的生活中，因此要特别关注这个事物，研究可不可以不通过英国或柯尼斯堡，或直接通过苏伊士或敖德萨直航到俄罗斯……如果从上海通过苏伊士或敖德萨运茶往俄罗斯，而不通过英国或柯尼斯堡，那么印度的茶就不能研究了，根据你们的想法一定要在茶叶产地和运输港口研究它，根据你们的决定公所会把你们从印度派往中国的港口。"②

关于在中国港口和敖德萨之间建立港口的问题是十分必要的。1869 年，连接印度洋和地中海的苏伊士运河建成，次年苏伊士运河的开放。从汉口到敖德萨的轮船航行时间由 50—60 天缩短至 35—40 天。资本周转的时间也缩短了，而那年第一批茶叶成功地通过海上运输运到了下诺夫哥罗德市场。

1870 年 4 月，俄罗斯航运贸易协会股东大会委托协会董事会与政府达成与印度和中国的港口开通直航的协议。第二年，俄罗斯轮船贸易公司协会和印度和中国建立直航。1871 年 2 月中旬，第一艘俄罗斯航运贸易委员会的运茶轮船"奇哈乔夫"从敖德萨开往中国。同年 8 月 9 日，从"奇哈乔夫"轮船上从汉口带回的茶叶已经出现在下诺夫哥罗德市场上。但是，这第一次独立往黑海港口运茶的经验并非完全成功，在中国的航程上就损失了 13000 卢布。③

19 世纪 70 年代，经过敖德萨从中国到俄罗斯的稳定的茶叶运送线路尚未形成。对此，《莫斯科公报》分析道："对于俄罗斯来说，航运协会中关于铁路的纷争是加快运输和减低茶叶价格的一个不小的阻碍。众所周知，在航运贸

① 科瓦列夫斯基：《俄罗斯生产力》，圣彼得堡，1896 年版，第 63 页。
② 《19 世纪俄罗斯印度之间的关系·档案文件资料集》，莫斯科，1997 年版，第 145—146 页。
③ 伊洛瓦伊斯基：《俄罗斯航运贸易协会 50 年纪实》，敖德萨，1907 年版，第 131 页。

易协会的船舶上，尽管敖德萨距离上海比距离伦敦近一些，但是运送价格却比到伦敦贵一些；我们的铁路是那么糟糕，甚至是把茶叶运送的赛达港口都困难。一些商人找到了比通过敖德萨更好的路线，就是通过的里雅斯特运往莫斯科。"① 俄罗斯航运贸易协会定期派自己的船舶到远东运茶，分别是在 1872 年、1873 年和 1878 年。

尽管第一次茶叶运送不是很成功，俄罗斯航运贸易公司还是继续参与到中俄贸易当中来，俄罗斯商人运送茶叶到敖德萨的实践也被保留下来。茶叶由外国船舶从汉口运到敖德萨，大致上会在埃及进行转运。运往敖德萨的茶叶中一部分由英国船舶运到赛达港口，之后再把茶叶转移到俄罗斯航运协会的船上（根据与好利达公司的条约）。②

1878 年，"推进俄罗斯海运贸易皇家协会"董事会的倡议下自愿捐赠建成"志愿者号舰队"，中国港口与敖德萨之间才逐渐建立起更加巩固的海运联系。1880 年，"志愿者号舰队"的第一艘船——"莫斯科号"从汉口运往敖德萨 2800 吨茶。为了运茶到敖德萨，购茶不能晚于 1880 年 5 月 3 日，这种茶叶是最贵的一级茶叶。"志愿者号舰队"出现后，运费有所降低，很多的茶叶贸易办事处在敖德萨建立，并且与汉口开始了正常的联系。③ 同年，还有一艘"志愿者号舰队"的轮船被英国商人租用来运茶。1881 年，共有 11 艘外国船只来到汉口参加公开的茶叶拍卖，其中还包括俄罗斯的轮船"俄罗斯"和"圣彼得堡"。根据正式的统计数据，在 1881 年沿着欧洲边境往俄罗斯运送价值为 4700 万卢布的 82 万俄担的茶叶。④

19 世纪 90 年代初，"志愿者号舰队"在茶叶运送航线中的地位不断提升，俄罗斯公司通过"志愿者号舰队"从中国往黑海港口运输茶叶的总量不断增加。

---

① 《莫斯科公报》1873 年 1 月 14 日。

② 苏博金：《在俄罗斯和其他国家的茶叶和茶叶贸易：茶叶的生产、使用和分配》，圣彼得堡，1892 年版，第 529 页。

③ 苏博金：《在俄罗斯和其他国家的茶叶和茶叶贸易：茶叶的生产、使用和分配》，圣彼得堡，1892 年版，第 527 页。

④ 科瓦列夫斯基：《俄罗斯生产力》，圣彼得堡，1896 年版，第 43 页。

研究学者苏博金写道："在最近的两三年内，俄罗斯船只在茶叶的海上运输中的参与度在不断提升。'志愿者号舰队'的船只有 6 艘，最大载货量为 4200 吨。开始它们一年去中国两次，现在更为频繁。运送茶叶对于它们来说是有好处的，因为它们用的是政府的补贴，否则它们就不能按照外国轮船那样的价格来运输，因为外国轮船会载着欧洲的商品来到中国，再把大量的茶叶运回去。俄罗斯轮船运到中国的货物很少，更多的是移民和流放者，因此，茶叶对它们来说是很重要的货物。"①

从 1884 年到 1890 年从汉口往敖德萨运送了超过 7600 万磅的茶叶，在 1880 年底每年的运输量达到了大约 2000 万磅。② 年轻的俄罗斯外交官科罗斯托夫采夫当时指出："1888 年前我们的出口商更喜欢恰克图那条路来运送货物，因为走那条路从汉口到天津的税费很低。之后，由于海路运输的保障和速度，他们会运送大量货物到敖德萨或者通过伦敦绕道运输。"③

1890 年俄罗斯商人直接运往敖德萨 64 万俄担的茶叶，这些茶叶的一大半是由"志愿者号舰队"的轮船运来。在 1890—1891 年每年直接由 8 艘轮船从汉口往敖德萨运茶，其中有 5 艘俄罗斯船舶，3 艘英国船舶。④ 除了汉口之外，俄罗斯公司还从以下两个开放口岸运茶到敖德萨：处在长江边的九江和福州。特别是在 1890 年末，俄罗斯买的茶叶中 85% 的茶叶是在福州买的，并且走水运运往黑河港口。

茶叶货物运输的增长使俄罗斯舰队供不应求。1890 年初，"志愿者号舰队"中的船只包括"俄罗斯号""莫斯科号""科斯特罗马号""下诺夫哥罗德号""奥廖尔号""萨拉托夫号""亚拉斯拉夫号""坦波夫号" 8 只。1893 年，"志愿者号舰队"的船只运来汉口 13600 吨茶叶，其他船只运来 12000 吨茶叶。1894 年，

---

① 苏博金：《在俄罗斯和其他国家的茶叶和茶叶贸易：茶叶的生产、使用和分配》，圣彼得堡，1892 年版，第 529 页。

② 苏博金：《在俄罗斯和其他国家的茶叶和茶叶贸易：茶叶的生产、使用和分配》，圣彼得堡，1892 年版，第 534 页。

③ 科罗斯托夫采夫：《中国人和他们的文明》，圣彼得堡，1898 年版，第 253 页。

④ 《东方评述》1892 年第 18 期。

7 艘俄罗斯轮船从汉口载茶，运到敖德萨 26300 吨茶叶，还有 1 艘是俄罗斯茶叶商人租来的英国商船。①

根据恰克图和敖德萨的运茶量和运茶总价，我们可以看出，通过陆路和海路往俄罗斯运茶的差距在减小。1885 年，通过伊尔库茨克海关运来 579700 俄担砖茶和 369500 俄担红茶，经过敖德萨海关则运来 246000 俄担红茶。1892 年，输入俄罗斯的茶叶将近 200 万俄担，价值为 3280980 卢布，其中通过欧洲边境运来的为价值 1400 万卢布的 665070 俄担茶叶，从中国运来 465898 俄担茶叶，通过伊尔库茨克海关的为价值 1500 万卢布的 100 万多俄担茶叶。② 直到 1890 年中期，超过 3300 万卢布的中国货物运往俄罗斯，每年经过亚洲边境运来的货物总价超过 1900 万卢布，通过欧洲边境的将近有 1350 万卢布。1893 年，通过欧洲边境从中国运来价值为 1343 万卢布的货物，其中有 1325.8 万卢布的茶叶，通过亚洲边境运来 1975.5 万卢布的货物，茶叶总价为 1606.8 万卢布。③1895 年通过欧洲边境，包括黑海沿岸的高加索，运往俄罗斯超过 80 万俄担的茶叶，在最近两年每年将近运来 90 万俄担茶叶。④ 在这里指出，茶叶的海关税收在所有的货物中占第一，能和它相较的只有运来的没有加工的棉花。

19 世纪末，俄罗斯帝国成为中国茶叶最大的需求国。例如，1893 年，俄罗斯总计在中国购买 683744 担 ⑤ 茶叶（英国购买 367218 担，英国殖民地为 316218 担，南北美洲为 342293 担 ⑥）。由于茶叶贸易，19 世纪后半叶，在输往俄罗斯的货物总数上中国排名第四，在德国、英国和美国之后。出口俄罗斯的货物中，82% 的茶叶都来自中国。

由于茶叶贸易的发展，俄罗斯在中国中部的长江两岸的地位开始增强。俄

---

① 《关于贸易和工业的领事馆报告（第 6 分册）·东方中国》，圣彼得堡，1896 年版，第 110 页。

② 《1892 年外贸概述》，圣彼得堡，1893 年版。

③ 《西伯利亚汇编（第 3 分册）》，1895 年版，第 55 页。

④ 《1897 年俄罗斯外贸·初步情报》，圣彼得堡，1898 年版。

⑤ 一担 =133 又 1/3 磅。

⑥ 科罗斯托夫采夫：《中国人和他们的文明》，圣彼得堡，1898 年版，第 239 页。

罗斯驻京公使卡西尼根据"志愿者号舰队"的申请于1895年签订了《1862年长江流域贸易准则》的补充条款《关于在长江流域航行的附加海关协议》。①自1895年起，俄罗斯活动家就在上海积极活动，一个例子是，在"志愿者号舰队"委员会代理处在1895年、1896年、1898年分别支出166卢布、821卢布、2万卢布生活费。1896年2月1日，上海第一家中俄银行分行开业。维特任命奥地利人福列穆尼为这家分行的领导者，福列穆尼很快成为俄罗斯子民。1898年，在上海开办第一家俄罗斯邮政办事处。

海上贸易使得在19世纪末的敖德萨成为俄罗斯批发茶叶的中心之一。当时，虽然按照流转量莫斯科是最大的市场，但也不能忽视敖德萨、彼得堡和哈尔科夫这些茶叶分配地。茶叶从莫斯科流转到其他中心省份，甚至会到彼得堡，敖德萨的茶叶会运到南部或西南省份，甚至是高加索。哈尔科夫的茶叶是从莫斯科和下诺夫哥罗德运来的，一部分来自敖德萨，再在从哈尔科夫把茶叶运到俄罗斯的东南部。②然而，尽管敖德萨和哈尔科夫成为茶叶分配地，乌克兰并没有成为俄罗斯饮茶较多的地区。

通过敖德萨运输茶叶到俄罗斯比从西伯利亚运输便宜些。但是，一系列的因素阻碍了这个方向的发展。政府认为，茶叶的消费税是国家财政收入的重要来源，努力保持通过西伯利亚运输茶叶，因为这样会促进俄罗斯偏远和贫困地区的经济发展。茶叶贸易是东西伯利亚资本积累的重要源泉。扶持恰克图茶叶贸易是政治战略问题。在圣彼得堡，人们认为陆路运输的稳定是远东政治稳定的保障。因此，在西伯利亚边境的茶叶税与其他边境贸易相比较少。1885年，茶叶的进口税提高，通过欧洲边境进口茶叶的税收为每俄担21卢布金。相较之下，在伊尔库茨克海关生茶关税为12卢布，砖茶2卢布。欧洲边境进口茶叶的关税价格甚至超过茶叶在肯尼克斯别尔科茶叶的平均价。③

---

① 《1689—1897年确立中俄两国相互关系的国际协议汇编》，圣彼得堡，1900年版，第71页。

② 苏博金：《在俄罗斯和其他国家的茶叶和茶叶贸易：茶叶的生产、使用和分配》，圣彼得堡，1892年版。

③ 科列索夫：《为什么7年时间没有任何财政增长》，圣彼得堡，1887年版，第76—77页。

还有其他因素限制了海上运输茶叶发展的可能性。在 1888 年签订的《从托木斯克到伊尔库茨克铁路建设预先草案》的"简短说明"中提到："海上运输砖茶的价格为 12 卢布 25 戈比金，这比陆路运输要便宜，但是海运砖茶是没有好处的，因为砖茶的消费者基本上还是在俄罗斯东部。"①

总之，俄罗斯在中国的航运由于相对较弱的实力而不能战胜其他竞争者。19 世纪末，"志愿者号舰队"的轮船运输茶叶的总量减少，这是与开通太平洋港口与俄罗斯中部的直航有关。但是，在开通中东铁路之前的 5 年内茶叶运输总量就开始减少了。1898 年在"志愿者号舰队"的轮船上运有来自中国、印度和日本的 3.6 万吨茶叶，在 1899 年只有 3 万吨茶叶，这种下降是很稳步下降的。从太平洋港口到俄罗斯首都铁路的开通很大程度上改变了茶叶贸易的地理位置。大部分的陆路运输都通过中东铁路。

俄罗斯学者对中俄早期茶贸的研究

俄中贸易的发展和欧洲对中国的普遍兴趣，引起了第一批对茶叶生产感兴趣的俄国汉学家于 18 世纪上半叶来到中国学习汉语。来自西伯利亚的汉学家伊拉里·卡利尼奇·罗索欣是最早研究中国的学者，但是这位学者的很多著作并未被出版。他的继承者亚历山大·列昂诺维奇·列昂季耶夫，继续从事这项研究，并出版一些学术著作，其中包括《简要叙述中国城市》和《茶叶和丝绸》。在《茶叶和丝绸》中，列昂季耶夫描写了茶叶的收集和挑选，展示了制作茶叶的方法。但这本书中并未提到茶叶贸易和湖北省。②

一些经常去西伯利亚考察的俄国科学院学者对茶叶贸易研究作出了自己的

---

① 《俄罗斯国家伊尔库茨克地区档案》，Ф.31，Оп.4，Д.10，Л.60б—607。

② 《茶叶和丝绸》，圣彼得堡，1775 年版。

贡献。1735 年，格梅林来到恰克图，列出了一份完整的《西伯利亚所售商品清单》，清单中描写了恰克图茶叶的种类和等级。

俄国汉学家伊万·奥尔洛夫首次详细介绍了茶叶。1795 年，奥尔洛夫从北京返回俄国，他的书籍《最新最详尽的中国历史、地理描写》于 1820 年出版。第一章"茶叶的描述"，提到了茶叶采摘的时间、好茶叶的标准、水煮茶叶的方法和喝茶的器具。[①] 奥尔洛夫将茶叶分为六种："第一类最好，是皇帝的贡茶。此茶被称作是皇帝茶或大汗茶。第二类朱兰茶，是最好的绿茶，用最嫩的叶子制作它，并折叠成珍珠的形状。第三类是带白花的红茶。第四类的茶叶是用在这之后树上剩余的茶叶制成的。等级最低的茶叶是用过分成熟的叶子制成的。"[②] 伊万·奥尔洛夫也是首位详细介绍了武昌和湖北省的俄国汉学家。书中提到："武昌被 12 俄里的石墙围住，有 9 座门、运河、河流。武昌位于中国中部，方便去往各地。在这里很容易开展对内沿河贸易，河流中总是停泊着大大小小的船只。2 俄里的石城墙，3 扇城门包围着汉阳。"[③]

从 19 世纪初开始，茶叶贸易在俄中经贸关系中占据主要地位。俄国汉学家和经济学家开始收集中国茶叶生产的信息并组织茶叶贸易。

19 世纪初，不少的汉学家在研究茶叶贸易，其中包括扎哈尔·费多洛维奇·列昂季耶夫斯基。1833 年，《商人》杂志出版了他的文章《贸易中中国茶叶最准确的种类分类消息》。俄国汉学家大部分有关茶叶贸易的著作以手稿的形式保存在档案馆，例如在鞑靼共和国档案馆保存着尼古拉·伊万诺夫 1828 年的手稿《对中国的看法》。在该著作的"茶叶"一章中，详细介绍了茶叶的制作，并指出："福建省虽然不大，但在这里生长的茶叶却是全中国最好的，品质最高的。"在北京的俄国汉学家写道茶叶生长在中国不同的省份，并提及了湖北省；"浙江省出产丝绸和龙井茶，湖北省出产茶叶、漆器和大黄"。[④]

---

① 奥尔洛夫：《最新最详尽的中国历史地理描写》，莫斯科，1820 年版，第 28—55 页。

② 奥尔洛夫：《最新最详尽的中国历史地理描写》，莫斯科，1820 年版，第 32—33 页。

③ 奥尔洛夫：《最新最详尽的中国历史地理描写》，莫斯科，1820 年版，第 315—317 页。

④ 鞑靼共和国档案馆。

　　19 世纪中期，杰出的俄国汉学家修士大司祭彼得·伊万诺维奇·帕拉季积极研究俄中茶叶贸易。在 1850—1851 年间，他从北京寄回俄国的信中具体描述了俄国边境茶叶运输状况。① 但他的著作中没有涉及茶叶和湖北省。与帕拉季一并跟随第八届宗教使团到达中国的还有康斯坦京·斯卡奇科夫，这位汉学家、外交家为研究茶叶义化与茶叶贸易做出了巨大贡献。斯卡奇科夫首次将茶圣陆羽的《茶经》翻译到俄文。他收集了大量的书籍和手稿，这些东西后被在汉口经商的库茨克商人罗季奥诺夫所购买，并赠予博物馆收藏。

　　1857 年，在喀山出版了著名的经济学家亚历山大·卡济米罗维奇·科尔萨克的《俄中贸易关系历史数据》，在书中用几百页具体描述了运往俄国的茶叶名录和数量。然而，科尔萨克认为，为俄国生产茶叶的只有福建、安徽、云南和广东省。② 而且他还认为："运往俄国的茶叶都是采摘自武夷山以及附近的山上，并从福建省发送出去，中国商人从福建小农场主手中几乎买走了所有最好的茶叶。"③ 文中写道，"可通过福州、上海、天津、张家口将茶叶运到俄国"，又指出，"从中国西部运送茶叶到俄国有一条陆路，经由江西、湖北、河南，直隶省内部。"④

　　科尔萨克将恰克图的茶叶进行分类，他写道，19 世纪中期在俄国最普遍的茶叶——红茶在中国也被称作白毫茶，因为在红茶中揉着添加进了被称作白茶的新鲜的叶子和花朵。白毫茶不会以完整的形式运出中国，准确地说，茶树的花朵有时会作为高级茶叶的香料。在俄国，黑毫茶分成花茶、普通茶和贸易茶。添加了花朵，也就是茶树上刚摘下来的新鲜叶子的红茶为花茶。茶树下面的叶子在加工过程中也保持着银白色，上方的叶子则是深绿色。茶叶的质量取决于它的组成比例，最高等级的茶叶叫作莲心茶。莲心茶与普通红茶的叶子不同，品质更高。莲心茶的叶子是其他红茶不具备的深绿色。莲心茶用最嫩的叶

---

① 国家档案馆伊尔库茨克分馆。
② 科尔萨克：《俄中贸易关系历史数据》，喀山，1857 年版，第 279 页。
③ 科尔萨克：《俄中贸易关系历史数据》，喀山，1857 年版，第 317 页。
④ 科尔萨克：《俄中贸易关系历史数据》，喀山，1857 年版，第 320 页。

子制成，它下部的叶子不是白色，而是深色。他还提到，"从广州运到恰克图的低品质茶叶，很粗糙，运量不大，但非常便宜，在小酒馆，小客栈出售这样的茶叶赢利很大。"①

科尔萨克描述了恰克图贸易中的绿茶，"绿茶颜色较深，呈黄绿色，叶片小，与红茶不同，不是椭圆形，而是小颗粒状。与红茶不同的是，绿茶的味道更加强烈，口感更加苦涩。运入俄国的绿茶数量较少，皇帝茶或大汗茶也属于绿茶的范畴。皇帝茶或大汗茶名称的来源是它起初贡给北京皇室的，珍珠茶则得名于它的叶子卷起来的形状像珍珠。绿茶用嫩叶制成，加工颇费精力"。②他同样指出："在批发贸易中，绿茶等级差别不大，但在零售贸易中，不同等级的茶叶都有自己的名称。运到俄国的绿茶，大部分质量很好。最好的绿茶不在贸易中出售，只根据预订进货。"③

第三种类型的茶叶是黄茶，科尔萨克写道："我将不会介绍黄茶的制造方法，因为黄茶在俄国较少被人们所饮用。我仅仅指出，黄茶的茶也不需要特殊的加工，只用在阳光下晒干。相反，更多的中国人饮用黄茶，最高级的黄茶只在皇室和富人家中饮用。黄茶的外观和口感比绿茶更令人喜爱。"④

科尔萨克所描述的砖茶："砖茶是最便宜的茶叶。它的名称起源于茶叶的形状像砖块，它的颜色是黑或黑褐色……首先使水沸腾，然后将砖茶加入使之再腾，接着开火煮茶，将茶倒入另一个容器中，重新放入炉灶。砖茶通常放在水中煮，并在水中放入牛奶、黄油和盐，有时会加入小麦粉。砖茶茶汤呈深红色，有令人感到不愉快的涩味和腐烂的气味……根据砖茶的性质，很多人认为砖茶是用生产高级茶叶所淘汰的老叶，是粗糙、不干净的叶子。另一些人认为，砖茶是用那些不具备好茶叶应有的味道和特点的叶子制成的。"⑤

---

① 科尔萨克:《俄中贸易关系历史数据》，喀山，1857 年版，第 304—309 页。
② 科尔萨克:《俄中贸易关系历史数据》，喀山，1857 年版，第 304—310 页。
③ 科尔萨克:《俄中贸易关系历史数据》，喀山，1857 年版，第 304—311 页。
④ 科尔萨克:《俄中贸易关系历史数据》，喀山，1857 年版，第 312 页。
⑤ 科尔萨克:《俄中贸易关系历史数据》，喀山，1857 年版，第 313 页。

在对茶叶等级进行总结时，科尔萨克写道："卢干茶属于砖茶，但它与普通的砖茶的不同之处在于，它并不以茶砖的形式出售，形状和口感更好，在恰克图卢干茶运量很少……在恰克图还有一种特殊的茶叶——著名的普洱茶，普洱茶叶片的形状有些像白毫茶，但口感更生涩，有些发苦，味道浓醇。在中国，普洱茶广受认同，多在贵族之家饮用此茶，备受喜爱。"①

俄国驻汉口领事馆收集了湖北省茶叶生产和汉口茶叶贸易的信息，并在俄国出版了这些收集到的信息，例如领事瓦哈维奇的工作报告。②伊万·科罗斯托韦茨作为俄国外交家在19世纪末为研究中国和中俄贸易关系做出了巨大的贡献。年轻的外交家科罗斯托韦茨指出："1888年前，中国的出口商倾向于选择恰克图的道路，因为从汉口到天津的运费很低。为了保证运输安全和海上运输的速度，他们开始将大部分茶叶运到敖德萨或者经由伦敦。"③科罗斯托韦茨的著作中提到："汉口成为面积上第三大的贸易港口，和第一个运茶叶到俄国的港口……汉口位于扬子江上，汉水与长江交会在此汉口位于长江入海口900俄里。汉口的对面是武昌——湖北省的行政中心。汉口的中心位置和轮船方便的入海通道自古以来便吸引着外国人的注意力。现如今住在汉口的外国人已经达到了400人，其中有40个俄国人。"

1861年5月，俄国商人伊万·聂尔滨随商队一起从恰克图来到北京。他写信给恰克图市长："他们获得了在长江上自由贸易的重要权利，已经在镇江，九江，汉口建立了三个洋行。他们将在湖北武汉采买收集茶叶。需要特别指出的是，更多的中国资金投入到了水路茶叶运输上，未来也许要通过欧洲人之手将茶叶运往俄国。在上海为恰克图采买茶叶的俄国商人，害怕海路运输，依旧走陆路运输茶叶，每经过一个城市都要被征税。汉口港总运量已超过6千万，总额约12亿卢布。汉口港运输可以直达，无须转运。可以毫不夸张地说，汉口茶叶贸易保证了俄国茶叶贸易。俄国公司在汉口占据了主导地位，并几乎享

① 科尔萨克：《俄中贸易关系历史数据》，喀山，1857年版，第316页。
② 瓦哈维奇：《1849年汉口港贸易工作报告》。
③ 科罗斯托韦茨：《中国人与文明》，莫斯科，1898年版，第253页。

有全部的自由。"①

1869 年春，著名的汉学家、俄国外交使团翻译阿法纳西·波波夫来到汉口。他于 1871 年写道："19 世纪 50 年代以前，大部分运往俄国的茶叶是从福建省运出的，福建省虽然不大，但在这里生长的茶叶却是全中国最好，品质最高，然而在太平天国运动期间，传统贸易道路被阻断，中国商人被迫改变交通道路和采买茶叶地点"，"汉口逐渐取代了福建的地位"恰克图贸易采买茶叶的中心已经变成了汉口。波波夫写道，起初只有恰克图商人在汉口购买砖茶，其后伊尔库茨克、昆古尔、喀山和莫斯科的商人也陆续来到汉口采买散茶。②

1870 年在俄国出版的历史随笔《茶叶历史》，其中有单独的一章"在汉口的俄国商人"③。随后的一年，一名西伯利亚的商人在伊尔库茨克出版了一本简短却又内容丰富的有关俄中贸易历史的随笔，主要关注就是茶叶贸易，其中提到了："我们用从中国运来的奢侈品来交换北京商队的昂贵的皮草。从 1768 年开始，满足民间需要的交易获得了交换的性质。从这时起，茶叶运量开始增长，并且俄中贸易开始发生了大转折。茶叶开始成为西伯利亚人和俄国的欧洲部分居民的生活必需品。"④

19 世纪下半叶，俄国调查家为了研究茶叶生产和茶叶贸易的发展来到了湖北省。1874 年，俄国统治者组织到中国进行贸易考察。考察团的目的是研究商队的道路，并为俄国商品开发新市场。考察队于 1874 年 3 月离开了彼得堡，在 6 月初抵达恰克图，然后依次到达库伦、张家口、北京、天津、上海，最终于同年 10 月到达汉口。俄国旅行者在湖北省研究茶叶的生产，考察队摄影师博亚尔斯基拍下了将近 200 多幅反映茶叶生产的照片。如今圣彼得堡国家科学院历史档案馆保存着他的照片"湖北省茶叶生产"和"白毫茶的

① 科罗斯托韦茨：《中国人与文明》，莫斯科，1898 年版，第 251—253 页。
② 波波夫：《汉口和俄国茶叶工厂记录》，圣彼得堡，1871 年版，第 292 页。
③ 《从中国到莫斯科》，圣彼得堡，1870 年版。
④ 《俄中关系历史随笔和尼布楚边疆道路》，伊尔库茨克，1871 年版，第 13 页。

制作"。①

季诺维·马图索夫斯基的《清帝国地理概述》②为俄国人认识中国提供了有益的资料。马图索夫斯基在"中国的省份和城市"一章中,具体介绍了湖北省以及武汉的概况,其中写道:"在签订《天津条约》后,汉口被迫成为对外通商口岸,此地的贸易范围更加扩大,尤其是茶叶,1884年茶叶运量达到794630普特,价值2060万卢布。在汉口的俄国商行,拥有自己独立的茶叶工厂,可以完成俄国商人采买茶叶的订单……汉阳三镇的总人口,包括常住的外国人达到了100万,汉口人口是70万人。"③马图索夫斯基的作品是很好的科学咨询类出版物,是俄国介绍湖北省的典范佳作。

圣彼得堡教授安德烈·苏博金受财政部委托研究茶叶贸易,他所著的《俄国与其他国家的茶叶与茶叶贸易》是俄国有关茶叶生产与贸易著作中内容最丰富、最流行的书籍。该书分成三部分,分别是"茶与茶叶文化""茶叶的饮用""茶叶贸易",共46章,专门提到汉口的有两章,分别为"汉口的茶叶""汉口及其贸易"。④苏博金写道:"1863年出现了俄国在湖北省第一个俄国工厂。19世纪60年代后期,对砖茶的需求增强,因此,中国茶商将大量的茶叶运往汉口卖给俄国人。红砖茶的主要生产地是汉口和福建。俄国人在汉口压制普通的绿茶。中国人在汉口附近山区生产砖红茶。俄国贸易商行在湖北省的山上购买绿茶的原料。"⑤

早在1870年,茶叶贸易商康斯坦京·波波夫出版了《中国茶叶及其制作》,

---

① 在俄罗斯科学院物质文化历史研究所的科学档案馆的文献照片中记录了德鲁日涅夫斯基的俄罗斯学者贸易考察团在1874—1875年去往中国的事件。见《俄罗斯和中国:相互作用的历史经验和合作的新界限:科学实践会议资料——叶卡捷琳堡》,2009年版,第20页。

② 在俄罗斯科学院物质文化历史研究所的科学档案馆的文献照片中记录了德鲁日涅夫斯基的俄罗斯学者贸易考察团在1874—1875年去往中国的事件。见《俄罗斯和中国:相互作用的历史经验和合作的新界限:科学实践会议资料——叶卡捷琳堡》,2009年版,第23页。

③ 马图索夫斯基:《清帝国地理概述》,圣彼得堡,1888年版,第128—129页。

④ 苏博金:《工业经济与商业地理》,圣彼得堡,1900年版,第172—182页。

⑤ 苏博金:《俄国与其他国家的茶叶与茶叶贸易》,圣彼得堡,1892年版,第305页。

书中详细地描写了茶叶的选择，加工和贸易。作者突出强调了俄国商人和汉口的茶叶工业，介绍了 12 个湖北的和 3 个湖南的茶叶加工工厂。在此时汉口还没有俄国人的工厂。现代调查家这样描写波波夫："他分别于 1889 年、1891 年、1893 年和 1895 年组织了去中国的考察团，俄国当时很多著名学者参加了考察团。为了研究茶文化，波波夫走遍了中国中部生产茶叶的区域。1889 年，波波夫来到汉口，由于他认识有权有势的中国人，得以免受当地暴动的影响，仔细地了解了茶叶的栽培种植。他指出，1893 年一件很成功的事情就是，仔细研究了到访过的地方的茶叶事务。"①

俄罗斯著名植物学家克拉斯诺夫在湖北省做了很多关于茶叶的研究。他指出："进入汉口就是进入了由英国殖民下的很好的、设备完善的街区。这座城市的建设和它的资本的很大一部分都掌握在俄罗斯商人手里，虽然他们很少参与当地的行政工作……的确，俄罗斯旅行者参观了羊楼洞这个地方，随行的还有满大人和由 12 人组成的护送队，如果没有他们在这个地区里行走游历是不安全的。"②他还描写了茶叶的生产和加工的过程以及西伯利亚受人喜爱的茶砖的制作工艺。在克拉斯诺夫考察团里工作着著名的茶叶专家西蒙森·维克多·奥托诺维奇，他是一系列专业作品和百科文章的作者。但在大百科字典上关于茶叶的文章③则是由经济学家政论家古里夏姆巴洛夫·斯捷潘④写的。1898 年，他出版了自己的研究文章《19 世纪全球贸易和俄罗斯在其中的参与》，其中强调了"中国和俄罗斯的贸易往来"一章。古里夏姆巴洛夫列举了一些统计材料，他指出，中国往俄罗斯出口了将近 60% 的茶叶。⑤

---

① 德米特里耶夫：《波波夫和他珍贵的中国藏品》，圣彼得堡，2012 年版，第 274—276 页。

② 克拉斯诺夫：《从文明摇篮走来》，圣彼得堡，1898 年版，第 329 页。

③ 古里夏姆巴洛夫准尉：《茶·百科字典（布罗克豪斯和叶夫隆）》第 38 卷，圣彼得堡，1903 年版，第 369—370 页。

④ 古里夏姆巴洛夫·斯捷潘·约瑟夫维奇（奥西波维奇）(1849—?)。

⑤ 古里夏姆巴洛夫准尉：《19 世纪全球贸易和俄罗斯在其中的参与》，《俄罗斯帝国地理学会统计部笔录第 7 卷第 3 册》，圣彼得堡，1898 年版，第 145 页。

19 世纪末，俄罗斯读者在《色楞金斯克达斡里亚》① 这本书中详细地了解了恰克图茶叶贸易的历史。在俄罗斯医生也研究茶叶的生产和贸易历史。比如在 1897 年克拉斯纳亚尔斯克医生乌夫久让宁诺夫出版了一本名叫《1896 年 11 月 1 日叶尼塞斯克省医生常会中关于茶叶的生产和研究的文章摘要》。这是一个极好的研究，包括了茶叶贸易历史的数据、不同种类茶叶的制作工艺以及在托木斯克卖的各种茶叶的研究数据。②

如此一来，在 19 世纪下半叶俄罗斯的研究中国的学者、生物学家、经济学家和旅游者仔细地研究茶叶生产和贸易的问题。俄罗斯研究人员还到达茶叶生产区和茶叶生产企业，考察了不同道路运茶的可能性，进行了茶叶生产和加工的试验。所有这些条件都成为中俄茶叶贸易发展的重要因素。

---

① 普季岑:《色楞金斯克达斡里亚》，圣彼得堡，1896 年版。

② 乌夫久让宁诺夫:《1896 年 11 月 1 日叶尼塞斯克省医生常会中关于茶叶的生产和研究的文章摘要》，克拉斯纳亚尔斯克，1897 年版，第 15 页。

第四章　东方茶叶港——汉口

走向繁荣的近代汉口

唐宋以来，武汉一带一直是长江中游地区的商业中心所在。武昌、汉阳、刘家隔、金沙滩等地因商业先后繁荣，而汉口的兴起则相对较晚。明代成化十三年，由于汉水下游河道裁弯取直，故道淤塞，汉水改道，从汉阳的龟山北部冲出一个巨大的喇叭口，汉江从此汇入长江，将汉阳一分为二。武汉由此形成三足鼎立之势，到清中期，汉口镇同河南的朱仙镇、广东的佛山镇、江西的景德镇并列为全国四大市镇。

汉口素有"九省通衢"之称，不仅是湖北省的咽喉，云、贵、川、湘、秦、豫、赣等省货物也"皆于此焉转输"。当时天下号称有"四聚"，即"北则京师，南则佛山，东则苏州，西则汉口"。民国《夏口县志》记载："当江汉交汇之处，水道之便无他埠可拟，可越洞庭入沅湘，以通两广云贵。又西上荆宜而入三峡，可通巴蜀，以上溯金沙江……所谓九省之会也。"四通八达的交通，加强了汉口与全国各地的经贸联系，并以之为基础，形成了庞大的汉口镇商业网络。

1858年，第二次鸦片战争战败后，清政府被迫签订了丧权辱国的不平等条约《天津条约》，汉口由此被开辟为通商口岸。1861年，汉口正式开埠，四通八达的水路运输使得汉口一跃成为当时南北商品最大的集散地，大米、棉花、油料、药材、木材、食盐、茶叶等物资源源不断地流入汉口，在当地加工后，再水运至全国各地，乃至海外。汉口开始了由传统市镇向近代商业都会的转型，汉口的快速崛起使其蜚声中外，美国人亲切称它为"东方芝加哥"。当代美国历史学家罗·威廉也在他的著作《汉口：一个城市的商业与社会》这样评价道："汉口以其优越的地理位置与封建社会晚期不可阻挡的商业力量相结合，形成并维持着一个卓越的商业都会，一个代表着接受欧洲文化模式之前，中国本土城市化所达到的最高水平的城市。"同时他也指出，"在西方人眼里，茶叶是汉口存在的唯一理由"。可见，茶叶对于近代汉口的繁荣可谓是至关重

图1　旧时汉口码头上工人在搬运茶叶

63

图2　昔日热闹的汉口码头

要的。

汉口是湖南、湖北、江西、安徽、四川等省茶叶集散地，是全国三大茶市之一。本省的羊楼洞及附近区域、湖南安化县及附近区域所产茶叶在汉口茶贸易中占有重要位置，其中，安化茶品质最高，出产亦多，宜昌作为红茶名区，稍次于祁宁。安徽祁门红茶、江西宁州红茶在欧战前，不少装至汉口销售，自苏俄革命后，俄商停业，汉口茶市衰落，该两地茶叶统由九江运至上海销售。汉口茶叶在国内国外，均有巨额销售，内销以香港、澳门及广东等地居多，上海、天津、张家口及内外蒙古次之。外销的最大市场是俄国，它是砖茶的唯一销路，英国次之，德美法等国又次之；此外如小亚细亚、土耳其等国亦有不少输出。出口国外的茶叶均由洋行收卖另行装箱，运赴各国茶市，由外商直接销售给茶叶消费者。

茶市兴衰是近代汉口商贸繁荣和衰败的缩影。五口通商后，汉口成为国内重要的茶叶出口港。最初，广州是茶叶外输英国的主要口岸；五口通商改变了这一局面，外贸中心开始出现北移上海现象，上海港和福州港甚至一并超过了广州。自 1861 年后，汉口对俄茶叶贸易的剧增使其成为上海、福州茶叶外输的竞争对手。汉口茶叶不仅可以直接输出到俄国，由于苏伊士运河的开通和汉口相关海运航线的开辟，还能直接输往英国。福州港也因印度茶崛起以及中国茶对英输出的整体减少而走向衰落。伴随着俄英等国的茶商竞争，汉口茶市迅速走向繁盛，1876 年汉口茶叶输出量首次超越上海，1878 年再次超过后直到 1910 年上海再未反超；相比于福州，1887 年汉口超出后直到 1920 年福州才反超。1887 年汉口跃升为第一茶叶大港，其他口岸茶叶输出相继呈现疲软态势。随后，1891 年开始建设、逐段开通的西伯利亚大铁路与 1906 年建成通车的京汉铁路进一步巩固和延续了汉口第一茶叶贸易口岸地位。据《长乐县志》记载："清末门户大开，茶务随振，汉、申、蓉为全国三大茶贸中心。汉口之茶，来自湖南、江西、安徽，合本省所产溯汉水运至河南、陕西、青海、新疆而至于英、俄、美。1910 年以后，汉口茶叶出口超过上海、福州、九江，占全国出口总量的 60% 左右。迄于宣统及民国初年，茶务日盛，湖北茶叶出口仍保持在 150 万担左右。"当年汉口汇聚南方各省茶叶，沿万里茶道向俄罗斯等世界各地远销，被称为"东方茶港"、世界茶叶贸易的中心。

近代汉口茶业的繁盛，极大地推动了当地金融业的发展，成为区域性金融中心。汉口开埠以后，在内外贸易发展的刺激下，特别是对外茶贸的发展，中国商人与洋行、外国商人之间业务往来的增多，迫切需要互相适应的近代金融机构的同步发展。汉口开埠前后，在汉口已存在大量票号的分号机构，连朝廷与地方各省的上缴下拨资金，也大多委托票号收解，这一时期仅汉口有名可考的票号已达 32 家，且营业发达、利润丰厚。据载汉口"大德通"票号每 4 年分配红利一次，逐次增多。该商号的前身是晋商开办的大德兴茶庄。同时期的钱庄则由汉口开埠之初的小本经营，逐渐发展壮大，经营范围、业务种类不断革新以适应形势发展之需。在 1891 年至 1901 年的江汉关报告中，明确提出，本地大钱庄的数量增加了不少，上一份十年报告里记载只有 24 家，现在则达到 29 家，其中 12 家资本不少于 400 万海关两，其他几家也都有 100 万海关两。原来"只有三百半钱的资本"的祥茂和源固祥也在此时发展成为汉口有名的大钱庄。清末汉口的市场，除了传统的金融机构钱庄、票号外，还有不断涌现出来的外国银行。1863 年，正当汉口茶市旺盛，英国麦加利银行（即今天的渣打银行）根据国外茶商购茶的季节性需要，在汉口租屋临时营业，向外国茶商提供购茶货款，办理押汇业务。到 1865 年，在汉口英租界内购地建行，正式固定营业。随着汉口贸易的发展，其重要性日益增强，中国人对外国银行的信任感也在加强。1868 年汇丰银行在汉口开业，1898 年华俄道胜银行在汉口设立分支机构，1898 年和 1902 年相继开业的还有德华银行、东方汇理银行。1902 年年底，一家日本银行在汉设立支行。随着金融机构的日益增多，资金流动加速，汉口的贸易日趋繁荣。

汉口近代制茶工业的兴起，不仅激发了民族工业的快速崛起，也推动了武汉工业近代化的进程。汉口茶贸的巨大利润，吸引着大批外商来此收购茶叶，就地加工外运，外资茶厂现代化的厂房、机器及经营管理方法，也由此得到传播和效仿，一部分经常与外商打交道的洋行买办及茶栈老板，凭借丰富的经验和充足的资本，开始自立门户，兴办现代企业。如担任麦加利银行汉口支行买办的唐郎山，因开设惠昌花香栈和厚生祥茶庄获利，于 1907 年与人合股在硚口开办兴商砖茶厂。该厂成为武汉开办最早、规模最大的民族资本机器茶厂，是汉口唯一能与俄商顺丰、新泰、阜昌等茶厂比肩抗衡的茶厂。还有之后的汉口富豪刘子敬，以充当阜昌茶厂买办开设茶庄，积累家产达数百万两银子，除经营房地产外，还在武汉、漯河、郑州创办了一大批工厂。[①] 汉口茶贸的飞速发展、大批近代茶产业的形成，造就了近代汉口茶业的三大特点[②]：一是行业内部收购、加工、销售一条龙的完整运行机制；二是汉口茶向以机器生产为标志的近现代工业的转化；三是深受国际市场影响的汉口茶市。如在近代汉口中扮演重要角色的俄商。1871 年，俄国顺丰洋行在长江北岸建设专用码头，成为武汉市第一座近代企业自建码头。俄商依据茶叶运输目的地和季节的不同，

---

① 张笃勤：《晚清汉口茶市与武汉社会经济》，《江汉大学学报》2005 年第 3 期。

② 陈文华：《湖北在万里茶道中的地位与品牌复兴的路径选择》，《决策与信息》2016 年第 6 期。

设计不同路线，以提高运输速度。俄商还建立了强大的营销网络，阜昌砖茶厂将总公司设在汉口，通过在上海、天津、九江、福州，今斯里兰卡、海参崴、圣彼得堡、恰克图等地建立分公司或办事处，提高企业运营效率，并成为早期近现代茶企业运营网络化的标杆。

汉口因茶而兴，使得运输业、制茶工业、金融业以及建筑业及市政建设迅速崛起，由此也形成复杂多样的码头文化，使得汉口以国际化的形象出现在中国和世界。

近代汉口的中国茶商

汉口地处产茶区，且茶源腹地广阔，因此茶庄遍布，主要分为包茶庄和砖茶庄两种类型，前者以制作散茶为主，后者将包茶庄和砖茶厂相结合，以制作砖茶为主。在汉口经营茶庄的多是外地客商，以山西、广东和湖南客商居多。他们承办着汉口茶叶的收购、加工、贩运、交易和销售业务。客籍茶商云集汉口，对茶市的兴盛和茶行的近代化发展发挥了重要作用，也推进了以汉口为中心的茶叶销售网络的形成。①

早在西方茶商入汉之前，蒲圻、崇阳、通山和咸宁这些鄂南产茶区商人就来到汉口，从事茶叶贸易。徽商因为控制了最大的贸易之一的盐业，在18世纪一直是汉口商人的主体。同一时期，晋商也进入汉口兴办票号，从事茶叶贸易，成为徽商有力的竞争对手。明清以来，晋商几乎垄断了销往蒙俄的茶叶贸易。清代著名学者王先谦曾指出，"中国红茶、砖茶、帽盒茶均为俄人所需，运销甚巨。此三种茶……向为晋商所运"，并由此形成了一条长达万里由中国南方经西伯利亚直达欧洲腹地的茶叶商道。清代有名的茶庄超过100家，总号

---

① 许甫林：《天下茶仓：汉口东方茶港》，武汉出版社2014年版。

大都在晋中，在汉口开设分号，以汉口为中心来拓展茶叶外销渠道，受利润吸引，广东、湖南茶商也投身其中。清道光年间，广东商人钧大福在湖北五峰建茶庄购茶，再运至汉口。湖南双峰红茶产量大，获利颇丰，以刘麟郊和朱紫桂为代表的商人群体以生产、销售红茶为业，频繁往来于湘潭、汉口等地，很快因茶致富。之后，湖南又出现了许多有名的茶商，如戴海鲲，他在汉口、安化、新化等多地开设茶庄，并先后担任汉口长郡会馆会长、汉口茶叶工会主席、中国茶叶公司总茶师兼汉口分公司经理等职。

汉口茶商云集，其中，山西客商、徽州客商、广东客商、湖南客商、江西客商以及本地商人，并称为汉口的六大茶帮。各大商帮还慢慢形成了以地缘关系维系的"行会"，或者"会馆""公所""会所""书院"等。行会设立之初发挥着联络乡谊、互相扶助的功能，之后则逐渐演变为商业性的行业组织。据说自明朝万历年间，汉口就出现了行会组织，到清朝康熙年间已经设立了固定的集会地点。根据《夏口县志》，1920年，汉口各会馆、公所约299处，经各会馆、公所联合会（成立于1912年）会长江顺成、余士熙的调查，有明确建设年代者有123所，年代不详者56所。19世纪时，湖北的行会数目约占全国的1/4。根据江汉关贸易报告，19世纪末，全国11个省在汉口设有会馆，有的省甚至不止一个，会馆总量仅次于北京。这些会馆大都分布在汉水及后湖南岸，它们对汉口的城市发展有着举足轻重的作用。汉口之所以能发展成为一个近代化城市，这离不开它的商业发展，发达的水陆交通提供了先天的区位优势，商业组织则起到了积极的经济调控作用。直到张之洞督鄂，政府才在市政建设中发挥主导作用。

有些会馆突破了同乡会的旧模式，由同一条商路上的几个府县共同组合，甚至跨越不同的省份，比较有名气的就是山西与陕西商人合建的"山陕会馆"。这两地的商人利用地缘上的毗邻，互相结合，通常被人合称为"西商"，素有"无西不成商"的美誉，在全国多地都设有会馆。他们与汉口的茶叶出口，尤其是中俄茶叶贸易，有着密不可分的联系，这两地商人控制着汉口茶叶的收入与运出。进入19世纪上半叶，尤其是经过太平天国动乱之后，晋商的茶叶贸

图3　关圣帝君正殿

易跃居汉口最大宗贸易商品，它的票号又在金融上与茶商合作，两者相得益彰，使得晋商一跃成为汉口商业的主导力量，徽商则因为盐业的垄断地位消失而逐渐衰落。山陕会馆拥有23个成员组织，分属于不同地区或行业帮派，并相应地建有各自的殿堂，其中的山西茶业行会是"汉口茶叶公所"的发起成员"六行"之一。

据《汉口山陕会馆志》，会馆建于1683年，位于汉正街与后湖之间（东起尧棒乡，南起大夹街，西起全新街，北起保寿硚）。因为供奉关帝，又在花楼街的小"关帝庙"的西边，所以又被称为"西关帝庙"。《汉口西会馆总图》描述道："高墙层叠，院落深深，殿阁重重，门廊延伸，庭园幽静。大门外有三斗铁旗杆，与门楼等高。进门楼往里走，前后两重大殿，白石台阶、白石扶廊，画栋雕梁，金瓦碧檐。前一重殿后设大戏台，后一重大殿设关帝像，每逢节日，会馆开戏，两侧厢房的二楼，连排的雕花隔扇依次推开，楼上楼下，殿内殿外，观者如堵。"到 1881 年，会馆已发展到拥有几条主要商业街道、街坊"山陕里"、主街"关帝庙正街"以及专用码头"马王庙码头"，之后不断扩大地产，终于成为汉口四大会馆之一。

当时汉口有四大会馆，除了山陕会馆外，还有徽商的"新安会馆"（又称"紫阳书院"）、宁波帮的绍兴会馆（又称"阳明书院"）、粤商的"岭南会馆"。徽商主要从事盐业贸易，也做茶叶生意。康熙三十三年（1694 年），徽商始建书院，主要以祭祀性祀宇为主体，到嘉庆时期，书院基业、势力极大扩展，不断增添建筑与地产，并且有了自己的街坊，今天的汉口新安街及新安码头，都是"新安会馆"的产业。在书院的建设实践中，同乡情谊的内在社会、文化意义以大量的祭祀性、文教性建筑的形式不断丰富，并使徽商发展成为一个日趋紧密的商人群体。这些书院建筑作为一种集体记忆与文化的载体，利用"规画宏壮"的建筑形式和"道隆化洽"的礼仪活动，稳定了新安士商的群体关系，初步塑造了徽商会馆的文化模式。

以山陕会馆为代表的商人组织，在其内部运作中，较多地采用商业的、非血缘的原则，不以文化担纲者为虚名，会馆运作的目标直接指向商业利益，在内部形成了一个紧密的、有序的、公平的团体合作机制。这类商人组织被定义为"利益型会馆组织"。以紫阳书院为代表的商人组织，在会馆的建构过程中，家族力量掌控着会馆的运作，其组织内部呈现出显著的血缘性与地缘性，并通过朱子的道统地位来确立他们的群体身份，内部组织松散并且高度分化。这类商人组织被定义为"礼俗性会馆组织"。与地区性的会馆组织不同，联合式会馆组织则不仅帮助会馆内部成员争取商业空间和利益，还充当一个管理者甚至是经纪人的角色，直接参与到整个汉口的市场贸易中去。1868 年在汉口成立的茶业公所就是这样的一种组织。①

汉口茶业公所由广东、山西、湖南、湖北、江西和安徽六省商人共同成立，并在成立之后在政府注册，制定了自己的规章。1889 年，茶叶公所在汉

---

① 刘嘉乘：《清代汉口商人会馆的建构及其类型》，《中国社会经济史研究》2007 年第 3 期。

口河街熊家巷口，即今天汉口的武汉关旁，兴建起会所大楼，甚是宏大。汉口茶叶公所与上海茶叶公所联系很紧密，也是由于汉口上海才成为茶叶出口主要转口贸易港。公所的首任首领盛恒山也是创办人，他同时还是美商琼记洋行（Augustine Heard）买办和鸿遇顺茶庄老板。接着由张寅宾长期主持事务。这一组织维护了汉口茶商在中外茶叶贸易中的权益，维持了茶叶交易的市场规范，促进了汉口茶叶市场的持续发展。

汉口茶叶公所提供了一个统一的组织，使华商能够在面对外商来犯时一致对外。1867 年，英商麦克勒洋行（Mackeller）为抢购茶叶预付了大额订单款给几乎所有在汉茶商，结果经营不善，欠下华商钱庄及外国洋行巨额债务。当时的英国驻汉口领事沃尔特·麦华陀爵士（Sir.Walter Medhurst）根据西方破产法对该公司从轻处罚。该公司对中国商人采取抵赖与搪塞的态度，对西方债权人如怡和洋行（Jardine Matheson）、阿尔弗雷德·魏金森洋行（Alfred Wilkinson）则私下达成偿债协议。这一做法激起了中国茶商的集体反抗，茶叶公所号召全体商号抵制这两家英商。

通过制定一系列的规则，茶叶公所规范了茶叶市场的秩序。当时的中国茶叶是小农种植，茶叶零星地分部在的山区土地上。通常，从茶农到外商要经手华商、茶行和茶栈等中间商，茶商不得直接与洋行交易。先是茶商从茶农那里直接收购少许茶叶，并带到附近的乡镇，然后较大的茶行再到乡镇去看茶商的茶样，如果合适就货款给他们代购茶叶。这些茶行又从汉口、福州和上海的茶栈接受贷款。最后才由这些大茶栈将茶叶卖给外商。茶栈取得茶叶后根据样品向洋商议价，之后对茶叶进行称重，达成交易。但在这种茶叶贸易中，一些不法商人在提交高品质的样品议价后，却运去大批的低等、劣质的茶叶。1870年的一份资料显示，掺假比例竟然占全国交易量的三成。对此，洋商惯用的手段是：过磅的大宗货物时一律打折，无论掺假与否，都以此折扣抵消质量上可能的降低。1872 年，茶叶公所决心整顿这种不良现象，维护华商的共同利益。规定，一是不再允许茶商事先通过经纪商把茶样提供给外国商人，而是要求每个茶商等他的货物全部运到经纪人的货栈时，才能从大量的茶叶中随机抽出样品，抽样工作由茶叶公所派来的人完成；二是为减少外国商人对中国茶商的怀疑，建议由购买茶叶商行的某位成员和经纪人的代理人共同进行检查，在过磅和最后购买时随机抽样，并要求外商在过了总数磅重和抽样查看商品后的三天内必须付款并将货物运走。此外还规定茶叶转手交接必须是在指定的汉口中心货栈而不准在别的地方。

1883 年，茶叶公所又整治了汉口茶叶交易中度量衡标准和单位不统一导致的价格不稳定问题，捍卫了合理的开放市场的原则。茶叶公所制订新章程，规范了茶叶过磅标准，将英制"磅"作为唯一的计量单位，并提议公选出一位外国人作为公正仲裁人以示公正。后来，英商托马斯·罗斯威尔（Thomas Rothwell）被汉口英国商会选出。但到了这年 5 月，茶叶公所向预订买主发放第一批茶叶样品并宣布第三天后开价时，英商多威尔（Dodwell）商行拒绝按照新规定出价。于是，中国经纪人宣布暂停交易，茶叶公所要求全体中国茶商联合抵制与这家商行做生意。其实，在汉口的洋商早就不满于茶叶公所单方面制定的规则，一直要求取消对多威尔商行的抵制行动，并对新规定提出一系列的反对意见。驻汉口的英国领事艾勒伯斯特（Alabaster）将此事知会汉口道台，发出外交照会，抗议新规章违约，声称是遏制了自由贸易，并要求赔偿多威尔商行每日损失。道台恽彦琦与公所主席张寅宾一直坚持新规定。于是英国领事发出最后通牒，表示要上诉至武昌的省署。此事进一步恶化，不过双方即使剑拔弩张之时，各自也在做好妥协的准备。结果，俄商在别国茶商罢市时，乘机拿到了最好的茶叶，其他国家的茶商见此形势，开始放弃自己的立场，悄悄地单独恢复交易，最后仅剩下多威尔商行也向茶叶公所妥协。这次抵制行动是15 年来控制产品质量运动的高潮。1886 年，英商威尔士洋行（Welsh）又挑起事端，不接受由茶叶公所派任的仲裁人，遭到茶叶公所的联合抑制。英国领事查尔斯·嘉托玛（Charles Gardner）介入调解，说服威尔士洋行让步才解决。由此，汉口茶叶公所树立了在汉口商界的权威。

茶叶公所还敢于要求政府推行经济改革，以维护本行业的利益。1872 年，茶叶公所联合盐业公所要求官府改革纳税程序，最终促使湖北厘金局发行一种

"厘票"。因此，商人在下乡收购茶与盐时就可以以厘票代替现金银两向当地厘金局完税，只需购买厘票，从而保证了他们的人身和财产安全。因为茶叶在运输过程中可能会因水分下降或抛撒而减少，依购买量比例完税就显得不太合理，19世纪80年代初，茶叶公所又向官府交涉，去除合理的损耗，依一定比例少收税。1886年，政府准许减少5%的特别防卫税以抵消这种合理的损耗，之后又协商到15%。

汉口茶叶公所还创办了汉口早期有名的民营报纸《汉报》，今天在武汉图书馆还展览有这份报纸的实物。据说是在1893年春，江西商人周苏甫在汉口河街上的茶叶公所创办了《汉报》，到1896年转手给日本人宗方小太郎。但这一说法至今尚未有定论，也有说是，《汉报》最初是1890年英国人办的《字林汉报》，后经手苏州人姚文藻，又于1895年转手到宗方小太郎。报纸在传播新学方面很有作为，发表了大量鼓吹新文化的文字，对清朝多有抨击，但在日本人接管后也存在"文化征伐"的成分。到1900年，张之洞禁止《汉报》发售，日本人经营的《汉报》停发后，中国人主办了自己的《汉报》，商办还是官办尚未可知。1904年又因揭露俄国道胜银行买办陈延庆金融投机之事，遭到俄国驻华公使向湖北地方当局施压，被迫查封。之后，一说是1906年由四川人朱彦达等人接办，每月领取政府津贴100银圆，1907年改为官办，次年再度被封。也有一说是1905年该报与1902年宋炜臣等创办的《汉口日报》合并，由湖广总督张之洞收购，并创办《湖北官报》，馆设武昌湖北官报局，出版物全部官销官派，直到1911年辛亥革命武昌起义爆发才停办。

汉口江汉关的历史变迁

1664年，武昌关设立，这是在武汉地区设置的征收国内运输关税的常设机构。汉口位于长江和汉水的交汇处，是盐、茶和米大宗货物的集散地，武昌关就按这些运载这些货物的船只数来征税。太平天国运动后，湖广总督官文与湖北巡抚胡林翼重建武汉时，完善了常关体系，设立 11 个分关，遍布江夏、汉阳与黄陂三县，其中，占据出入汉口通道中的 4 个分关收入最多，据说月达一千至两千两银子。

最初，民用商船运茶叶到汉口，两岸都设有关卡，19 世纪后期洋商享有"运输免税证"，俄商深入到羊楼洞直接收购茶叶运往汉口加工，成本大大降低，这促使许多中国商人眼红，有的人就投机取巧，让洋人做名义老板，实际上还是华商自己掌控。

1861 年汉口开埠之后，江汉关作为专门征收出口关税的海关机构被设立。清朝设立海关时，所有来自长江流域的外贸进出口税都归上海江海关。但汉口开埠后，茶叶贸易日益频繁，很多本地商人大量逃税。为适应开埠和商务的需要，当时的湖广总督奏请在汉口设立海关，1862 年 1 月 1 日，"江汉关"被批准成立，即今天的"武汉关"。江汉关最初设于汉口河街，即当时的英国租界花楼外滨江，内设外籍税务司，由英国人担任。中国方面的江汉关监督署初设于汉口镇青龙巷，汉口道台暂代海关监督，汉阳知府暂代副监督。

江汉关下辖两关五卡。两关是：汉阳南关，位于汉阳南岸嘴滨河，距正关 2 华里，距县治 3 华里，负责稽查土船；石灰窑分关（1898 年设），设于今黄石市境内，监督订有专章之船，包括承担水泥厂物料进口、水泥出口的轮船及装运大冶铁矿矿砂出口至日本的轮船等。其中三个分卡为：北卡设于汉口镇沙包滨江；子口卡设于汉口镇襄河上游硚口滨江；武穴总卡 1863 年设于广济县武穴镇滨江。

此后，外国势力进一步内侵，江汉关的权力也得到扩张。1876 年，中英《烟台条约》第三款规定，中英双方"议准于湖北宜昌、安徽芜湖、浙江温州、广东北海添开通商口岸"，同时，还在长江沿岸如安徽的大通、江西湖口、湖北武穴和沙市等处开辟了暂时停靠轮船的码头。为加强对新开口岸的管理，总税务司决定"增派税务司一员或副税务司一人驻汉口来往稽查襄办"。从此，江汉关税务司开始兼理稽查长江六处事务。

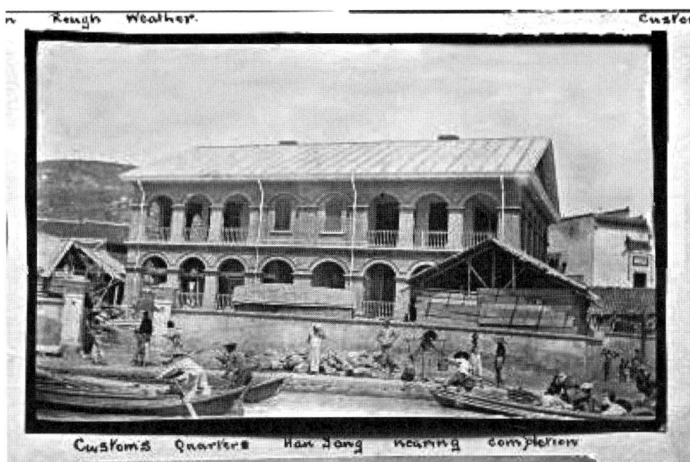

图 4　汉阳南关旧照

民国时代，江汉关的辖权进一步扩大，不仅仅是管辖范围扩大到湖南，它的职能也远超出海关范围，兼及监察陆运走私、检查盐务，并管辖邮政。1930年 7 月 14 日，总税务司命令岳州分关职员大部分撤退，其工作转交到江汉关。1937 年 1 月 31 日，长沙关闭关，关务清理工作也交给江汉关，次日长沙关工作人员并入江汉关。同时，江汉关对武汉及其周边地区的管辖更加严密。1929年在汉口的硚口增设硚口卡，在黄州县对岸的鄂城县设立黄州分卡，在嘉鱼宝塔洲设岛口子卡。1916 年，汉阳鹦鹉洲进洲口边设立了分卡，征收竹木出口税。1938 年春，关卡被日军炸毁，后迁至宝塔洲办公。为了防止陆运走私，1937 年 5 月，税务司安其迤牵头组建了海关稽查处。同年，根据国民党政府颁布的海关转口税整理办法，江汉关增设了征收转口税的机构，包括汉口龙王庙、硚口分卡，汉阳河泊所，武昌下新河分所；平汉铁路玉带门、循礼门、大智门和三阳路堆栈；江岸、谌家矶等车站分卡和粤汉线的徐家棚、武昌车站、武昌总站、鲇鱼套等车站分卡。1898 年 12 月 19 日，江汉关税务司英国人惠达设立汉口邮政分局，主要办理通商口岸与内地往来寄递业务，这是近代武汉的第一个邮局。1934 年 1 月 11 日，汉口海关还负责盐务检查机构的事项，相应工作人员并入海关。至抗战前夕，江汉关管辖权限达到了一个高峰。

图 5 江汉关大楼（1924 年建成）

1938 年 10 月 26 日，日军进抵武汉，武汉沦陷。不久，江汉关大厦被日军第二船舶运输司令部汉口支部占用，江汉关被迫迁址，租用英国汇丰银行大楼临时办公。1941 年 12 月 7 日，太平洋战争爆发后，江汉关迁至虞德街 10 号。汪伪政府时期，伪总税务司日本人岸本广言派税务司 Idogava 筹备江汉关转口税局。1943 年 5 月 1 日，伪江汉关转口税局正式成立，日本人末次晋任局长，初设在汉口一德街，后迁至汇丰银行大楼。在江汉关遭受日寇蹂躏的时候，原江汉关重庆分关改为重庆关。太平洋战争爆发后，海关总税务司在上海被俘，代理总税务司入驻重庆。

1945 年 8 月，日军宣布无条件投降。9 月 26 日，江汉关正式恢复对外业务。同年 11 月 1 日，海关总税务司署海务科由重庆迁到上海，原辖长江上、中游的巡江事务移交重庆、江汉两关。1949 年 3 月，重庆关改为江汉关分关。解放初期，江汉关改为武汉关，并逐步实现公私合营，在打破美国对中国的封锁和禁运上做出了不少贡献。随着武汉外贸的萎缩，1956 年 5 月，武汉关奉命撤销。1980 年，武汉关恢复，再次成为对外联系的重要枢纽。①

早期与英国的海上茶叶贸易

汉口开埠之前，英商就已经深入到汉口及其周边茶区，积极开拓茶叶贸易，并通过广东和汉口的商人将鄂西红茶从广州运输到本国。湖北最早出口到英国的红茶是在 1824 年，广东商人钧大福在五峰采花台监制红茶，经渔洋关，转运至宜昌，到汉口再经上海运输到广州，最终出口到英国（当时上海尚未开埠）。

茶叶之路的形成，最初起源于中国人与蒙古、鞑靼人的茶贸易。到 17 世纪初，海运的兴盛促成了大规模的茶叶贸易。不久，英国东印度公司打败老牌的荷兰东印度公司，获得国家特许专卖权，一度免缴全部出口税，并且可以用本国金属货币支付。当时，茶叶已成为英国各阶层人民的必需品，茶叶是英国重要的进口商品。英国东印度公司一开始是从事香料丝绸的进口，之后也积极从事茶叶贸易。一开始，英国东印度公司主要通过印度转口输入中国茶。1689 年，公司首次直接从中国厦门采购茶叶。1814 年之后，英国对华自由贸易不断发展，到 1834 年，东印度公司专卖权取消。茶叶贸易的日益频繁，造成大量贵金属流入中国，中国对英国的商品却需求甚微，中英贸易出现了巨额的贸易逆差，英国不断寻求新的打开中国市场的手段，最终导致鸦片战争爆发。

早期英国采购的中国茶叶主要来自福建，"福建白毫""武夷乌龙"是畅销品。当时，西方人甚至不清楚绿茶和红茶的区别，18 世纪为近代植物分类学

---

① 皮明庥、吴勇主编：《汉口五百年》，湖北教育出版社 1999 年版。

奠基的瑞典科学家林奈曾以为它们是不同的植株品种，来自不同地区。鸦片战争后不久，英国园艺学家罗伯特·福琼（Robert Fortune）多次深入到长江中下游茶区，才发现绿茶和红茶其实是同一品种，只是加工方法不同，但也存在这样一个事实，中国人为了制作绿茶和红茶，专门培育不同地区的茶树成适应种。福琼的考察也推动了长江中下游的"湖茶"的外贸发展，也是他将中国茶树引入到印度，英国人自此开始在南亚引种和育种茶树。可以说，福琼的研究以及把中国茶移植印度，是最终导致汉口茶及中国茶在英国市场甚至是世界市场的衰落的一个重要原因。

早在1863年，汉口直接输入英国的茶叶达27179担，1864年增至46298担。通常，汉口开市比上海大约早了一个月，质量较好的头春茶大都从汉口直接输往英俄等国，质量较次的茶叶（二春茶和三春茶，又称"夏茶""秋茶"）则从上海远销海外，并且海港比内河港口的价格更低。当然，江轮的运费高低也是考虑因素之一。1865年至1870年是汉口茶叶快速增长时期，汉口茶与福建茶是当时英国的主要茶叶来源地。1871年，汉口外销到英国的茶叶高达6000万磅，占英国全部输入量的1/3以上。这其中有英俄在汉口茶叶竞买的原因。尽管竞争导致汉口茶市的茶叶价格不断增高，但较之上海，依然少了许多中间商的盘剥。最终这种恶性竞争也迫使英商转向更廉价的印度市场。1870年后，苏伊士运河的开通和轮船运输的发展，汉口直接输出茶叶进一步增加。①

早期的主要英国洋行都从事茶叶生意，比较出名的有天裕（Comphell）、天祥（Dodwell）、宝顺（Pugh Evans）、怡和（Jardine Matheson）、协和（Robert Anderson）、太平或锦隆（Westphal King & Ramsay，1918年后改为 Harrison King & Irwin）等。另外，还有一些英商洋行专做茶叶生意，如履泰（Raid Evans）、杜德（Theoder & Rawlins）、柯化威（Health）等。1907年，外商在伦敦设立中国茶业协会，主席 W.S.King 同时也是上海英商太平洋行的总经理。W.S.King 于1869年在汉口出生。1878年，太平洋行由他的父亲在上海创办，

---

① 陈慈玉：《近代中国茶业之发展》，中国人民大学出版社2013年版。

1918 年在汉口和福州两地设立分号，其中，汉口分行设在汉口上海路，一直营业到 1940 年武汉沦陷时才停业。

汉口的俄商与茶叶贸易

中俄茶叶之路，以汉口为起点，经恰克图到俄国和欧洲腹地。中俄边境城市恰克图，与中国江南水乡的汉口，位置上一北一南，因为茶叶贸易的联系，它们成为万里茶道的重要枢纽。

第二次鸦片战争后，1861 年清政府签订《北京条约》，汉口成为新辟的通商口岸之一。俄国人以其多年与中国往来贸易的经验，特别看重汉口的茶市，1862 年与清政府签订了《中俄陆路通商章程》，俄商取得了直接在中国南方茶区采购加工茶叶和由水路通商天津的权利。

1861 年年底，从恰克图来的第一批俄罗斯贸易代表到达汉口。他们带来了大量的俄罗斯布料在武汉贩卖，然后再购买当地的茶叶运回俄罗斯。日益频繁的茶布贸易使武汉逐渐发展成为俄罗斯在中国的商业利益中心。最初，恰克图商人协会统一管理在汉口的贸易活动，随着交易的增长和商业实力的增强，商人们开始独立自主地开展来华贸易。1863 年，伊万诺夫、奥库洛夫和托克马克夫公司成立，这是首家具有代理人业务性质的贸易所。1865 年，这间贸易所分成了两家公司，分别为"伊万诺夫和奥博德林公司"和"奥库洛夫和托克马克夫公司"。1869 年又成立了第三家公司"哈米诺夫和拉吉奥诺夫公司"。

俄商还深入到鄂茶产地赤壁羊楼洞一带招人包办，监制砖茶。1863 年之后，俄商先后在羊楼洞开设顺丰砖茶厂、新泰砖茶厂和阜昌砖茶厂。[①] 为了与英商争夺茶源，俄商最初高价收购茶叶，就地加工，再运至汉口的俄商洋行转

---

① 郭蕴深：《中俄茶叶贸易史》，黑龙江教育出版社 1995 年版，第 104 页。

口出售，后又于 1873 年后将 3 座茶厂迁至汉口，其中，顺丰茶厂设在英租界下首江滩边，新泰茶厂设在兰陵路口，阜昌茶厂设在南京路口。1893 年，俄商又在上海路口设柏昌茶厂。顺丰茶厂还在江边辟有顺丰茶栈码头，这是武汉三镇第一座工厂专用码头。① 并且，工厂采用蒸汽机和水压机制造砖茶，这是武汉第一批近代工厂，工厂的雇佣劳动力成为第一批产业工人。

茶砖制造方式从手工时代跨入机器时代，大大刺激了汉口砖茶贸易的增长。据记载，1874 年，汉口输出砖茶 83402 担，4 年之后猛增至 152339 担，数年间增加之数几近 1 倍。到 1894 年，汉口一地共有顺丰、新泰、阜昌、百昌 4 家俄商砖茶厂。1906 年，顺丰茶厂工人 1000 名，年产茶 276480 担；新泰茶厂工人 700 人，年产茶 102240 担；阜昌茶厂工人 400 人，年产茶 92160 担。三厂每年产茶 470880 担，占汉口当时年均出口茶的 60% 以上。又根据《20 世纪之香港上海及其他中国商埠志》，阜昌茶厂是其中规模最大的工厂，工人有 2000 人。顺丰茶厂年产砖茶 15 万篓（每篓 1.5 担，约合 22 万担），茶厂有 800—900 人。茶业产业的发展使汉口成为当时中国最大的砖茶制造中心。

有些俄罗斯考察团还试图在长江流域的省份和俄罗斯之间建立直达且最短陆路线路，这样汉口就自然成为他们的出发地。苏伊士运河开通后，汉口更是与俄罗斯欧洲部分的港口之间实现了直航。1871 年，俄罗斯工业和贸易协会开通了与中国的航运线。但是，茶叶的第一次海运并不成功，从武汉到俄罗斯欧洲部分的"奇哈乔夫"轮船损失高达 13000 卢布。② 从 1880 年起，汉口、上海与符拉迪沃斯托克之间的定期航运由俄罗斯私人航运公司"谢维廖夫公司"负责，汉口和黑海港口之间的定期航运则由"志愿者舰队"航运公司组织。在 19 世纪 90 年代上半期，"志愿者舰队"在汉口的代理处每年开支超过 600 万卢布，1895 年达到了 1.9 亿卢布，之后开销总额每年不低于 1.5 亿卢布。

19 世纪 80 年代，俄罗斯在汉口积极推动俄罗斯军舰的发展。1886 年，在

---

① 徐鹏航：《湖北工业史》，湖北人民出版社 2008 年版。

② 伊洛瓦伊斯基：《俄罗斯航运和贸易协会 50 年历史概要》，敖德萨，1907 年版，第 131 页。

长江上游航行着"勇敢号"炮艇。[1]90 年代初，在每年夏天茶叶贸易的时机，俄罗斯还派有军事警卫船来汉口保护本国人民。1894 年 2 月，太平洋舰船队指挥长特尔托夫给在北京的俄罗斯公使卡西尼的信中写道："最近两年由于恶劣的天气，所有的运载茶叶的船在八月前就都离开了汉口，我们不能在那时让警卫船还待在那里。"[2]卡西尼在回信中对这一请求回答道，暂时在汉口还有一些俄罗斯商船，警卫船不需要在那里，可以在商船上找到协助，但是从 8 月底到风平浪静后，警卫船是必须要在那里保卫俄罗斯人民。

1876—1937 年汉口逐年茶叶出口统计表

单位：市担，%

年份	全国茶叶出口数量	汉口茶叶出口		其中						其他茶
		合计	占全国出口量%	红茶		砖茶				
				小计	占合计%	小计	占合计%	其中		
								青砖	米砖	
1876		574，475		478，142	83.2	77，210	13.4		77，210	19，122
1877		526，162		435，798	82.8	83，402	15.8		83，402	6，962
1878		482，874		365，233	75.6	101，695	21		101，695	15，946
1879	1，987，463	593，568	29.87	423，161	71.3	144，756	26		144，756	25，651
1888	2，167，463	861，849	39.76	580，893	67.4	280，956	32.6			
1889	1，877，331	801，079	42.67	568，051	70.9	233，028	29.1			
1890	1，665，369	737，695	44.30	505，067	68.47	232，628	31.53			
1900	1，384，324	858，749	62.03	468，549	54.56	390，200	45.44			
1903	1，677，530	1，009，394	60.17	424，620	42.07	584，774	57.93			
1908	1，576，136	983，633	62.40	422，989	43.00	560，644	57.00	261，867	276，311	
1909	1，498，443	924，738	61.71	345，479	37.36	579，259	62.64	279，599	279，001	
1910	1，560，800	943，942	60.48	281，939	29.87	620，639	65.75	289，840	323，235	41，364
1911	1，462，803	715，235	48.89	334，172	46.72	347，861	48.64	137，771	206，411	33，202
1912	1，481，700	859，287	58.00	327，475	38.11	448，091	52.15	146，768	294，928	83，721
1913	1，442，109	788，250	54.66	239，325	30.36	451，454	57.27	153，233	290，360	97，471
1914	1，495，798	844，573	56.46	311，275	36.86	453，025	53.64	169，285	272，473	80，273
1915	1，782，353	958，357	53.77	346，225	36.13	557，932	58.22	196，225	337，918	54，200
1916	1，542，633	845，000	54.78	228，239	27.01	551，263	65.20	185，104	342，864	65，498
1917	1，125，535	640，861	56.94	202，876	31.66	401，770	62.70	230，562	165，430	36，215
1918	404，217	393，067	97.24	51，959	13.22	321，899	82.91	208，853	113，024	19，209

---

[1] 《俄罗斯国家军事海洋舰艇档案》，Ф·536，Оп·1，Д·112。

[2] 《俄罗斯国家军事海洋舰艇档案》，Ф·650，Оп·1，Д·110，Л·13。

续表

年份	全国茶叶出口数量	汉口茶叶出口		其中							其他茶
		合计	占全国出口量%	红茶		砖茶					
				小计	占合计%	小计	占合计%	其中			
								青砖	米砖		
1919	690, 155	350, 886	50.84	88, 732	25.29	234, 306	66.78	85, 494	147, 283		27, 848
1925	833, 008	417, 705	50.14			159, 027					
1926	839, 317	521, 379	62.12			283, 930					
1927	872, 176	516, 495	59.22			254, 202					
1928	926, 022	623, 662	67.34	118, 317	18.87	402, 915	64.60	253, 065	149, 850		102, 430
1929	947, 730	554, 864	58.55	101, 734	18.33	348, 476	62.80	187, 613	160, 863		104, 654
1930	694, 048	315, 179	45.41	69, 481	22.05	165, 549	52.53	113, 524	52, 025		80, 149
1931	703, 206	382, 404	54.38	72, 775	19.03	213, 703	55.89	136, 252	77, 451		95, 926
1932	653, 556	262, 106	40.10	19, 015	7.25	239, 994	91.57	175, 569	64, 425		3, 097
1933	693, 757	285, 338	41.13	60, 132	21.07	201, 104	70.48	173, 980	27, 124		24, 112
1934	470, 698	264, 751	56.25	78, 872	29.79	130, 098	49.14	120, 981	9, 117		55, 781
1936		222, 922		69, 292	31.08	153, 630	68.92	135, 916	17, 714		
1937		103, 800									

资料来源:

1.1876—1870 年摘自《海关通商贸易总册》,1888—1890 年摘自《海关总册汉口港贸易报告》,1900—1909 年摘自冯天瑜等编《武汉近代经济史料》,第 57—64 页,1910—1916 年摘自《海关综测汉口花阳贸易情形论略》,1917—1937 年摘自《中华民国华洋贸易年报总册》。

2.全国茶叶出口数摘自朱美予编《中国茶叶》,民国 26 年上海中华书局印行。

3.砖茶中包括小京砖,故不等于青米砖之和,其他茶指绿茶、茶梗、茶末,以下各表同。

1861 年由汉口港出口的茶叶 8 万担,1862 年为 21.6 万担,以后逐年增加。从 1871 年至 1890 年,每年出口达 100 万担以上。这期间中国出口的茶叶,垄断了世界茶叶市场的 86%,而由汉口输出的茶叶占国内茶叶出口的 60%。穿梭往来的运茶船队不断进入汉口港,停泊茶船的码头从襄河(即汉水)绵延至谌家矶,长达 30 多华里。汉口因此被欧洲人誉为"茶叶港"。

俄国商人在汉口做茶叶生意,与同时期的英商竞争激烈。这场英俄茶叶商战最终以英商败北宣告结束。英商撤离汉口茶市,转战印度和斯里兰卡,俄国人垄断了汉口茶市。俄商对汉口茶市的垄断,首先是资本雄厚,善于经营。英商通过中国茶栈买进成品,经过简装运走。俄商则在茶区开庄设厂,直接向茶农收购,再经自办茶厂加工,减少中间环节,降低成本。其次,机器制茶,产品质量好,生产效率高。1874 年,俄国茶商改用当时先进的蒸汽机和水压机制作砖茶,俄国砖茶厂成为武汉地区第一批近代产业,是武汉近代工业的开端。最后，采用新的运茶线路。将传统汉茶至恰克图的北线陆路，改为江海水路，由长江的黄金水道至上海、天津，再至海参崴。之后，俄商又打通了汉口经上海至黑海敖德萨的海上通道，运程缩短，运费降低，利润增加。随着海运的扩大，由汉水北上的陆路运茶商道逐渐萎缩。①

　　1905 年，横贯西伯利亚的大铁路全线通车，羊楼洞及汉口的茶叶，绝大部分由火车输往俄国，往昔繁忙的由汉口至恰克图的茶叶商道衰落，成为历史的陈迹。1917 年，俄国十月革命后，输俄茶叶贸易日趋衰落，在汉口的几家俄商茶厂相继关闭，其中新泰茶厂为英商接办，改为太平洋砖茶厂。俄商独占汉口茶市半个多世纪的局面从此结束，长达两个世纪的中俄茶叶之路终于淡出历史舞台。

在汉口的俄居民、领事馆和租界

　　俄罗斯在汉口的居民点，如今已是武汉城区的组成部分，是除北京以外全国最重要的俄国居民点。第一批俄国商人及工厂主要在此建立东正教堂，并在此地诞生了第一个俄国在华租界。

　　19 世纪末，北京传教士团的俄罗斯东正教教堂开始在汉口活动。著名的传教士和历史学家阿多拉茨基写道："1882 年底，北京传教士团，首领和他的3 个同事在北方会馆和外交传教士团的两所教堂完成了日常的圣礼和礼拜……这样定期的带有改正性质的礼拜在中国三个贸易地完成——张家口、天津和一些俄罗斯茶叶公司的代表所住的汉口。在汉口，包特金先生和其他的茶叶公司的首长还集资重建了刚刚修复的规模不大的教堂。"②1885 年，汉口的东正教

① 牛达兴、雷友山、黄祖生：《湖北茶文化大观》，湖北科学技术出版社 1995 年版，第 41 页。
② 亚历山大罗夫：《俄罗斯宗教使团简史》，莫斯科，2006 年版，第 118—121 页。

教堂建成，并以亚历山大·涅夫斯基命名。1892年，这座教堂神职人员由神甫和诵经士组成。主教公会任命从北京来的修士司祭因诺肯季·奥利霍夫斯基掌管这个教堂。① 但是，在1894年奥利霍夫斯基和当地的领事瓦哈维奇之间有争执，他很快离开了汉口，去了华沙。汉口的俄罗斯领事请求教会派来新的神甫。1895年11月8日，主教公会命令北京传教士团中来自蒙古的库伦领事馆的圣三位一体教堂的尼古拉·彼得洛维奇·沙思金为汉口教堂的神甫。②1896年3月，沙思金神甫从阿姆菲洛希修士司祭手上接过了汉口的亚历山大·涅夫斯基教堂。

1898年年底，根据北京传教士团的报告，在汉口的东正教教堂里俄罗斯人最多：北京有30个俄罗斯人，张家口有40个，汉口有50个。③ 如果再算上在汉口的外国常住人口的话，在汉口的俄罗斯商会在其他外国商会中人数更多。19世纪末，有547名外国人来到汉口，俄罗斯人有82人，其中还有7名女性。在汉口还建立了俄罗斯俱乐部，在1895年还出版了安德烈耶夫的杂志《从东方》，其中刊登了关于俄罗斯掌管茶叶工厂的企业家的竞争者和邻居以及在当地买卖棉纺毛纺制品的商人。

由于在汉口俄罗斯人的增多，1862年，俄罗斯领事机构在汉口成立第一个由外籍人士（非俄国人）担任领导职务的领事机构。第一位履行编外俄国副领事职责的是美国人威廉姆斯，随后是代表恰克图商人利益的尼古拉·阿列克谢维奇·伊万诺夫。他于1861年11月来到汉口，同时兼任汉口俄国航运及贸易协会的代理人。当时，俄罗斯联邦外交部部长给东西伯利亚总督的信件上这样写道："现在我们在北京的驻外公使提交了上海领事格尔德的呈文，其中他建议任命在汉口从事商业贸易所事务的奥格·赫德为俄罗斯领事馆代表。代表的任命不能再延后了……中国政府由于这个原因来请求我们。但是，贸易量不大，也不能为了建设一个特别的领事馆而拨款。"④

---

① 《俄罗斯国家历史档案》，Ф·796，Оп·173，Д·2709，Л·2。
② 《俄罗斯国家历史档案》，Ф·796，Оп·173，Д·3551，Л·24。
③ 俄罗斯国家图书馆原稿部，Ф·1457，Д·218。
④ 《俄罗斯国家远东历史档案》，Ф·87，Оп·1，Д·1077，Л·2。

　　虽然在汉口的俄罗斯商人最多，但是俄罗斯长时间并没有自己的租界，直到 1895 年和 1896 年间在北京和彼得堡分别签订秘密联盟条约时才设立。这是在瓦哈维奇领事的倡议下于 1895 年 8 月才着手开展。一开始事情进展得很快，1895 年 12 月俄罗斯公使卡西莫从北京给彼得堡发了一封电报："在手续完成后要马上购买土地。请立刻拨款。"① 很快，卡西莫公使收到 20 万卢布，但是过了几天卡西莫告知说："在汉口建立租界事情需要停止，原因是法国也在申请谋求这片土地……"最后事情和平解决，但是俄罗斯租界的海岸线长度成了 2300 英尺（有说是 692 米），而不是 3400 英尺（有说是 1069 米，最后还是让给法国人一部分）。② 并且，俄罗斯租界的办理持续了半年，问题也没有解决。1896 年 3 月，新领事德米特里耶夫斯基寄给当地道台一封正式文函，专门解决俄罗斯租界土地问题。

　　1896 年 4 月 2 日，俄罗斯驻天津的领事德米特里耶夫斯基和当时掌管俄罗斯汉口领事馆的罗吉斯特文斯基签订了关于在汉口建立租界的协议。签署该文件的另一方是法国在上海的总领事和法国在汉口的总领事，到场的还有汉阳知县和道台的欧洲租界问题顾问。条款的制定是从 1896 年 4 月 5 日持续到 12 日。英国人不满此项协议，并从中阻挠。4 月 11 日，边境议定书和设置边线标志都被接受，并签订合同。但是当地道台由于英国人的阻挠而拒绝签订议定书。4 月 18 日，俄罗斯领事德米特里耶夫斯基正式告知道台，他无权不签订合约，因为租界界线在北京已经确定，但是尽管有来自总理衙门的命令，道台依然没有签订合同，总督也长时间拒绝接见俄罗斯特派员。③

　　直到张之洞成为汉阳道台，划拨给俄罗斯租界的合同才签订，合同包括 7 项条款。④ 根据合同条款，俄罗斯每年将以"公平的价格"补偿失去土地的中国人，俄国领事馆享有该土地 86 年的使用权，并且不用缴纳土地税。又根据

---

① 拉姆兹多夫：《1894—1896 日记》，莫斯科，1991 年版，第 348 页。

② 拉姆兹多夫：《1894—1896 日记》，莫斯科，1991 年版，第 360 页。

③ 《俄罗斯科学院东方学研究所彼得堡分部档案》，Ф·14，Оп·1，Д·42。

④ 《东方学院报》第 2 卷第 2 分册，符拉迪沃斯托克，1901 年版。

1896 年 5 月 21 日签订的第五条《在汉口的俄罗斯租界情况》，"汉口的俄国租界里坐落有武昌海关用来储存全国税收的金库，这个机构具有十分重要的作用并且很难搬迁到别的地方。考虑到这是俄国政府第一次在华获得租界，遂决定用和平的方式将其搬迁到租界之外，俄国政府将确定并拨出相应的搬迁费用，以维护华俄友谊及和睦"。租界区内还有一家英国皮革厂、两家俄罗斯茶叶工厂和一些中国居民楼。

英国人对汉口的俄罗斯租界机构并不承认，他们认为自己比俄国人更早地买了这片土地。1896 年，英国人往俄罗斯租界派了自己的海军部队，到 1898 年则演变成了武装形式，哥萨克人和英国水兵互相瞄准，并以开枪威胁。1899 年，著名的中国研究家德米特里·波兹涅耶夫从北京寄来一封关于汉口纷争的信："沙皇命令不许让给英国人任何一寸土地。"但是，俄罗斯公使吉尔斯压着这封来自圣彼得堡的电报，他宣称，即便他告诉瓦哈维奇和海军上将杜巴索夫这个命令，我们也不可能避免战争。① 强大的英国人占领了俄罗斯租界的一部分，但是经过国家委员会的审理后他们让步了，并声明他们在本来属于自己的土地上犯了错误。

1901 年，《东方学院报》杂志 ② 刊登了来自符拉迪沃斯托克东方学院二年级的学生维克多·纳达罗夫的《研究汉口资料》的文章。文章列出了 19 世纪末俄罗斯在汉口所有的物品：在主要的沿岸街上所有公司的建筑，比如波波夫公司、莫尔恰诺夫和别恰特诺夫公司、托克马科夫和马拉特科夫公司、古布金和库兹涅佐夫公司以及俄中银行；在两侧的街道上有契尔科夫的公司。他还写道："除了波波夫公司的建筑和俄中银行的建筑之外，那些公司的 2—3 层的房子都是一模一样的，没有装修过。在俄租界的中心设有加工茶砖的皮亚特科夫和莫尔恰诺夫的工厂。"他还列出了当时在汉口的俄罗斯公司的中文名称：新泰、福昌、百昌、顺丰、久昌。俄罗斯领事馆坐落在租借边界的一所私人房子

---

① 俄罗斯国家图书馆原稿部，Ф·590（波兹涅耶夫），Д·112，Л·128。
② 《东方学院报》第 2 卷第 2 分册，符拉迪沃斯托克，1901 年版。

里。俄罗斯教堂在英国教堂对面,旁边是花园和神甫的住所。他还提到前几年曾有一个充满热情的俄罗斯人在汉口出版了俄罗斯报纸,这份报纸在他死后停止出版。在汉口还设有俄罗斯警察,他们中的 5 个人来自哥萨克。在这篇文章中,纳达罗夫单独分出一章《关于汉口的历史评论》,从古代开始追溯汉口的历史①,并在《现代汉口》②这一章和在《汉口贸易以及和它相连的中国内陆港口的资料》③这一章中提到关于茶叶贸易的一些单独的问题。这份杂志上不仅刊登了研究文章,还附有各种文件,比如汉口的俄租界合同文本。④

俄国皇室成员出访汉口

19 世纪下半叶,俄罗斯帝国的皇室成员访问了汉口,这说明当时的汉口对于俄罗斯人来说其意义不言而喻。1888 年 6 月,大公亚历山大·米哈伊洛维奇抵达汉口,陪同的还有两位中尉和医生。⑤ 这次访问被详细地记录在汉口领事馆领事德米特里耶夫斯基·巴维尔⑥给北京的公使阿列克谢·库玛尼的正式报告⑦中。大公在中国小商铺购买了带有汉口图画的明信片,参观了汉口的中式及欧式建筑以及基督教传教士设立的慈善机构,并留下了关于中国传统考试体系的详细描写。

1891 年 4 月,俄罗斯帝国皇位继承人尼古拉·亚历山大罗维奇,即未来最后一个俄罗斯沙皇来到汉口。陪同出访的有希腊亲王格奥尔基、侍从将军

---

① 《东方学院报》第 2 卷第 2 分册,符拉迪沃斯托克,1901 年版,第 105 页。

② 《东方学院报》第 2 卷第 2 分册,符拉迪沃斯托克,1901 年版,第 219 页。

③ 《东方学院报》第 2 卷第 2 分册,符拉迪沃斯托克,1901 年版,第 464 页。

④ 《东方学院报》第 2 卷第 2 分册,符拉迪沃斯托克,1901 年版,第 233 页。

⑤ 《俄罗斯联邦国家档案》,Ф.918,Оп.1,Д.16。

⑥ 德米特里耶夫斯基·巴维尔·安德烈耶维奇(? —1899)。

⑦ 《俄罗斯联邦国家档案》,Ф.918,Оп.1,Д.16。

图6 尼古拉二世

巴利亚京斯基等人。于1890年11月4日，他们从彼得堡加特契纳港出发，乘坐一级巡洋舰"亚速海胜利纪念号"，该舰名出于纪念俄国对土耳其海战的胜利。皇太子一行先访问了希腊、埃及，然后穿过苏伊士运河到达印度、新加坡，之后前往中国。

当时，清廷内以李鸿章为代表的"洋务派"主张"以夷制夷"，特别是在朝鲜问题上要"联俄制日"，故极力主张对俄国皇太子隆重接待。为此，光绪皇帝多次下诏命各级官吏对俄国皇太子的来访妥为照料，并拟定了款待的礼节，等皇太子抵达口岸时，按照仪亲款待以重邦交。一行人先抵达香港，之后乘船去广州，经福建、浙江沿海，往上海，从吴淞口进入长江。他们换乘俄国军舰"符拉迪沃斯托克号"，西行直上汉口。1891年4月20日，皇太子一行乘坐的客轮由两艘俄国军舰护送，在张之洞向南洋海军借调的"保民""测海"两船陪同下，缓缓驶进汉口江面。在晴川阁，张之洞盛情款待俄皇太子尼古拉，除了两国交好的程式礼节外，还商谈了以汉口为起源的华俄茶叶贸易。交谈中，张之洞对华俄两国之间茶贸甚为赞赏。皇太子也表示十分感谢，并称他在国内就知道贵国有个汉口，是闻名于世的"东方茶叶港"，早就想来看看究竟。登楼一览，果然蔚然壮观。此次汉口之行，万分荣幸。

　　1891年4月21日，俄新泰砖茶厂庆祝建厂25周年，在位于汉口列尔宾街（今江岸区兰陵路）的新泰茶叶公司举行了盛大庆典。俄皇太子尼古拉是最尊贵的来宾。当日，新泰砖茶厂两位厂主——托克马可夫和莫洛托可夫，阜昌砖茶厂厂主、皇太子的表兄巴诺夫，还有其他在汉口的俄国茶商，都出席了此次百年难遇的觐见活动。新泰砖茶厂为纪念皇太子莅临，特别制作了有沙皇王冠的砖茶。随行的东方派人士乌赫托姆斯基公爵专门负责向太子介绍中国当地的概况，在他的记录中这样描述道："现在汉口开放已经有很长时间了。它周围繁荣的培育区开始变得像中欧一样……有六七千万人口的湖北湖南省被称作湖广，即湖泊面积辽阔。"[①]此行最重要的目的是了解汉口的俄罗斯工业发展情况。他写道："我们很多公司的代表详细地了解了茶叶生产的顺序和茶叶生产在汉口周边省市的情况。为了掌握这些珍贵作物的收成，我们的俄罗斯订货商还住在长江沿岸"[②]，"在仔细参观完展览后，维索切斯特瓦在'莫尔恰诺夫和别恰特内公司'工厂认真了解了茶砖和茶饼的生产……每年我们一些公司只从汉口就要运送超过10万箱茶砖和茶饼，总量达17万箱。生产主要集中在莫尔恰诺夫掌控的贸易所里，这间贸易所雇用了1000人。相比之下，'托克马卡夫和马洛特卡夫公司'的生产要少25%"[③]。

　　巴诺夫代表俄国茶商，向皇太子介绍了他们在汉口从事茶叶生产取得的业绩，并一再强调说，是汉口的"东方茶港"造就了他们的辉煌。俄皇太子听了很高兴，即兴祝辞。最后，皇太子连说三个"伟大"："万里茶路是伟大的中俄茶叶之路，在汉口的俄国茶商是伟大的商人，汉口是伟大的东方茶港。"从此，"东方茶港"这个名称在俄国茶商中流传开来。

---

① 乌赫托姆斯基：《尼古拉二世天子陛下东方观光记（1890—1891）》第二卷，圣彼得堡，1895年版，第200页。

② 乌赫托姆斯基：《尼古拉二世天子陛下东方观光记（1890—1891）》第二卷，圣彼得堡，1895年版，第218页。

③ 乌赫托姆斯基：《尼古拉二世天子陛下东方观光记（1890—1891）》第二卷，圣彼得堡，1895年版，第232—233页。

万里茶道在汉口的遗址遗迹

近代汉口的发展与茶叶贸易的兴盛密不可分。茶叶贸易在汉口城市格局的发展中留下了浓墨重彩的一笔。

在汉口老城区，位于汉正街的服装市场曾经是徽商的新安会馆和秦晋商人的山陕西会馆的旧址。山陕西会馆大致分布在以全新街为西侧，靠近药帮大巷为东侧，北界长堤街（后街），南面汉正街（正街）围合的一片区域。根据《汉口山陕西会馆志》，1881年重建的山陕会馆面向南北向的全新街（当时被称为关帝庙正街），一侧是中街（现为大夹街）。正殿就是关帝庙，二进院落后的春秋楼是核心建筑，春秋楼是1683年山西商人在汉口最初建成的公所。楼侧建有几十间二层大房供山陕商人旅居汉口住宿与堆货。整个会馆内还建有四个戏楼，及南侧的一个大花园，来满足平时的休闲娱乐活动。可惜的是，昔日在汉口繁华的会馆在太平天国和辛亥革命两次的战火中毁于一旦，如今仅剩下两块石碑，现保存在汉正街的历史博物馆里，石碑上刻有"山陕西会馆"五个大字。

山陕会馆的专用码头远在老汉口城东缘的马王庙，现为民权路王家巷码头，这里一直以来都是汉口的一个重要轮渡码头，可以乘船直达武昌。最初，马王庙位于汉口第一道堤坝袁公堤的东端，玉带河从此处汇入长江。1879年前后，汉口山陕会馆从政府那里获得这个码头、马王庙、马厩及其周围市场的使用权。事实上，山陕商人早就用马帮将茶叶从湖北运至张家口，这个马帮的庙归山陕会馆管辖自然是相得益彰。

山陕会馆的东面，经过药帮大巷、药帮三巷，便是徽商的新安公所（或称紫阳书院）。区别于晋商祭拜关公，徽商供奉出身徽州的宋朝名儒朱熹。紫阳书院是朱熹在福建主持创办的大学，据说是为纪念他父亲曾在安徽歙县紫阳山读书。1694年，新安公所初建，"尊道堂"是核心的建筑，之后又增设"六水讲堂"、藏书楼等。1805年，紫阳书院重修后，药帮大巷之东，新安街以西，北靠长堤街，南越大夹街直抵汉正街这一片区域全是会馆领域，当时被称为"新安坊"，后又称"新安市场"。今天，这一带尚存的新安街、新安后街、六水街、安徽街、大新街等一系列街巷名都与当年的紫阳书院有关。正如山陕会馆的关帝庙正街（全新街）一样，新安街是紫阳书院向东门外扩建的通衢，直抵中街（即大夹街），之后又开辟一条新街，改名为"大新街"，向南连接汉正街。过汉正街再向东南走，直到汉水岸，只有几条窄小的巷子，其中正对大新街的敦仁巷和紫阳巷，都是为纪念朱熹的，应属于当年建在正街上的紫阳坊的遗址。由此，也体现出安徽商人经商致仕、贾而好儒的风气。

跨汉正街向南，经过恒源里、同兴巷、紫阳巷、敦仁巷、汉瀛巷这几条小巷后，通过一条较繁华的横街——大新码头，再朝东南方向到沿河大道，便可见到大新码头（现为"大兴码头"）。1734年，安徽商人建立大新码头，不仅自用，也作为义埠向公众开放。码头旁筑有"魁星阁"，为纪念朱熹和庇佑考生中榜。以经营淮盐发家的徽商，在盐业放开专卖后开始衰落，到1888年，大新码头的船只明显减少，转而停靠在上游的宝庆码头，并引发了安徽商人和湖南商人对码头使用权的争端。

汉口茶叶公所作为汉口茶商的行业组织，曾在茶叶贸易上发挥着重要的作用，然而，其遗址早已不复存在。旧时，茶叶公所位于熊家巷河街口，今天这一带地区发生了较大的变化。汉口城堡被拆除后修筑了后城马路（即中山大道）、花楼街、黄陂街及河街（沿江大道），张美之巷在民国被扩修成民生路，直通江岸，熊家巷在张美之巷的下游不远，与之平行，从民生路到江汉路侧后的居巷，从沿江大道到中山大道的旧建筑全部被开发商拆除。沿张美之巷的江边曾设有码头（现为武汉港十五码头），这是由张之洞倡建的上海轮船招商局所建，是武汉第一个"官码头"，临近的洪益巷、苗家巷码头等后来都成了"官码头"。茶叶公所毗邻长江上的码头，货运很是便捷，而且靠近租界，外贸货物可直接装上吃水更深的长江轮船进入长江航线。

近代，英俄等国在汉口都拥有自己的租界区。从江汉关沿长江向下游东北方伸展，第一个是英租界，今天有名的江汉路就属于英租界区。紧挨着江汉路的"怡和路"，今天为"上海路"。怡和洋行是最早进入汉口的洋行，并从事茶叶贸易与茶业运输活动。它也是第一个在汉口这一片购下大片地产的洋行，包括江汉路、上海路、南京路三条纵向道路与洞庭街、沿江大道二条横街所围合的街区。但是，今天这一带已找不到旧时的任何遗迹。仅剩怡和码头还沿用至今，就是当前的武汉港十九、二十、二十一码头。此外，洛加碑街（现为珞珈山街）高级公寓群、怡和村（现归于武汉市委所辖房产）也属于怡和洋行的产业，而且怡和村所在的渣甸路（今之解放公园路）也为怡和洋行所筑，并以其创始人渣甸（William Jardine）命名。另外，英商的天祥洋行和协和洋行也是以出口汉口茶叶为主业，1883 年茶叶公所的联合抵制行动就是针对天祥洋行。这两家银行当时就位于洞庭街上，现已无迹可寻。在南京路（之前的阜昌路）还坐落着一座四层的四坡顶楼房，在横滨正金银行大楼旁，造型精巧，它曾是有名的英商太古洋行，现归于长江航道局。近代，太古洋行的轮船公司是茶叶运输的重要力量，江汉关上游的武汉港十七、十八码头、青岛路与天津路之间江边的武汉港二十三、二十四码头都属于旗下。太古洋行还拥有另一座同样风格的二层洋楼，在英商汇丰银行大楼旁边，现为一家典当行。英商渣打银行（俗称麦加利银行）是最早进入汉口的外国银行之一，建于 1865 年，为当时从事茶叶贸易的茶商提供汇兑业务服务。现留存为洞庭街口的一座三层的铁皮顶砖木建筑，屋顶四角建有英国古典式红色方斗。

19 世纪俄国人在汉口留下的遗存几乎都与茶商有关，在汉口鄱阳街与天津路交会处，1876 年俄国茶商彼特·波特金捐建（也有说是汉口俄国茶商集资所建）的东正教教堂至今保存完好，该教堂采用东正教集中式礼拜堂外观近乎六面体，采用拜占庭尖顶式，穹顶和拱，这是汉口唯一的典型俄罗斯风格建筑。约 1885 年，教堂建成，俄国东正教驻北京总会的大司祭尼古拉·伊阿多拉兹契专程来汉口举行开堂仪式，命名为亚历山大·涅夫斯基堂，1891 年 4 月，俄国皇太子，即后来的沙皇尼古拉二世，还到此参加过宗教活动。

俄国茶厂的新泰大厦建于 1888 年，至今仍屹立在汉口兰陵路口，是一幢优雅的五层带穹隆顶的大楼。大楼及其沿兰陵路上的建筑都曾属于新泰的房

图 7　东正教堂

地产业。大楼主入口上部刻有 HASCO 几个英文字母，推测是"汉口亚洲贸易公司"或"汉口亚洲股份公司"的英文缩写。1865 年，新泰洋行最初设立时，用的是托马可夫与莫洛可夫公司（Tokmakoff & Molotkoff），由于股东的变更，公司的合并分化，之后的英文名字一直在发生变化，在后来的记载中还出现过"亚洲贸易公司（Asiatic Trading Co.）"，而它的汉文名并不随之变化。新泰洋行成立 25 周年庆典活动中出席的嘉宾就有当时正在汉口访问的俄国皇太子。

　　在鄱阳街与洞庭路交会处，有一座呈三角形的四层公寓大楼，中间有个天井，在面朝黎黄陂路的尖端之上有个塔楼，称为"巴公房子"。这是由景明洋行设计，1901 年建成的，初建时两层，1910 年加建两层，因此外墙上刻有"1910"的字样。房舍地基原属英租界在租界外筑的一个跑马场，俄租界设立后，跑马场向西北迁移，这一带地皮便由当时新泰洋行大班巴诺夫所购。巴诺夫后来又成为阜昌洋行创始人之一并任大班。他还曾任俄驻汉口总领事、俄租界工部局副董事，是在汉俄人中最有名的一位。巴公房子当初是以公寓为目的

图 8　教堂内部

图 9　原新泰砖茶厂旧址

图 10　巴公房子

建造的，有 220 多套住宅，截至 2001 年，这里还住有 70 多户人家。尖端处多年来一直是上海理发厅，20 年前租给一家美容院，直至今日。

与巴公房子隔鄱阳街的一排建筑，直到珞珈山街上的建筑，皆为二层楼高级洋房，其地皮曾属于英国跑马场，经手巴诺夫后转到英国怡和洋行大班杜百里（W.S.Dupree），并由杜百里兴建。杜百里还曾任英租界工部局董事、总董，英租界被中国收回后成立汉口第三特别区，他又获国民政府任命为第三特别区市政管理局局长。汉口解放公园路的"怡和村"也是他的产业。

在巴公房子对面是俄租界著名的俄国茶馆"邦可"，至今仍在经营俄国大菜。其中俄国牛扒与红菜汤很有名，据说在 20 世纪 50 年代，门厅里仍有一位俄国老侍者每天站在那儿彬彬有礼地迎客。

巴公房子兰陵路一端是三角形的底边，隔兰陵路的一幢老建筑现为七天酒店，还有毗邻的两栋老建筑，是俄租界总会即波罗馆，相当于俄国商会的俱乐部，它们都曾是新泰洋行的产业。

图 11　建于 1902 年的汉口俄国领事馆

1896 年，俄国与清政府签订了在汉口划定建馆土地的条约，并于 1902 年建成俄国领事馆（今汉口洞庭街 74 号，现为湖北省电影发行公司），领事馆舍为砖木结构，红色面砖有花纹，门窗为硬木拼装。以后又在俄租界设立巡捕房（现为江岸区财政局）和工部局（现为黄陂路小学）。

在巴公房子的尖端处，鄱阳街、洞庭街、黎黄陂路在此交会形成一个五星广场。与巴公房子尖角相对的洞庭街上还有两幢老建筑，内陆一侧的六层楼为信义大楼，是 1923 年由基督教信义宗，即路德宗集资兴建的公寓大楼，另一侧的带帐篷顶小塔楼的三层楼房，曾是俄国茶商源泰洋行或其老板那凡生（那克伐申）1902 年建造的公馆。那凡生曾任俄租界工部局主席。这幢建筑一度被误认为是俄租界巡捕房，但与流传下来的老明信片上的俄巡捕房图片明显不符。

图 12　那凡生公馆

紧挨着那凡生公馆，沿洞庭街往下游方向的一幢欧陆风格的建筑，是著名的顺丰茶厂的创建者李凡诺夫的公馆。这是一座带八棱转楼和帐篷尖顶的红色三层楼房，曾被辟为酒吧。1863 年，他和几位俄商来到汉口创建了顺丰茶厂，顺丰是最早在汉口、羊楼洞和九江设立砖茶工厂的茶商，其茶厂是汉口第一座现代化工厂，它还在兰陵路江边设立第一座外商专用码头。李凡诺夫的妻子米哈伊洛夫娜·伊丽莎白陪他一起来到汉口，她是一位作家，在俄罗斯的《莫斯科消息》和《俄罗斯言语》杂志上发表了他们在中国旅行及在汉口生活的见闻。李凡诺夫后来还担任了俄国驻汉口的副领事。现在这座公寓被武汉一位画家租赁开设了"毕克·乔治咖啡馆"，但是，仍然保持原来的建筑风格，包括客厅里的壁炉。1997 年，李凡诺夫的孙女与家人从定居的美国来到汉口寻访了这座她早年生长于斯的房屋。有些书上称李凡诺夫为李维诺夫、里特芬诺夫、

图 13　李凡诺夫公馆

季凡诺夫和季维诺夫，虽然是 Litvinoff 的译音不同，但"季"字显然是"李"字之误，与译音无关。

1873 年，顺丰洋行的工厂迁到汉口江边，位置在今天的洞庭街、黎黄陂路、沿江大道与兰陵路所围合的一片街区内，与新泰洋行的地盘并列，现已完全不复存在。不过在兰陵路与洞庭街转角处存有两幢紧邻的三层老楼，中西合璧的样式，有人考证是顺丰洋行的茶栈（见 2010 年武汉出版社的《百姓摄影》）。

从那凡生公馆沿黎黄陂路向江边方向，在新泰大厦对面有一座奶黄色墙壁的建筑，它就是俄商的道胜银行，现改为"宋庆龄纪念馆"。1896 年，华俄道胜银行汉口支行因茶叶贸易之需而设立，之后又建造了这幢大楼。1926 年北伐战争时，银行被迫停业，武汉国民政府以此楼作为财政部，次年宋庆龄来到汉口，在此居住了几个月。之后，这楼又作为南京政府的民国中央银行汉口分

图 14　俄国道胜银行

行。2002 年湖北省将其公布为省级文物保护单位。

　　沿江岸向下，在洞庭小路的威尔逊路口，一边是虞洽卿的三北轮船公司四层大楼，另一边的电影院后则有俄国领事馆三层大楼。1902 年此楼初建时，这一个街区——洞庭路、沿江大道、洞庭小路、车站路南段（租界时期称邦克街）的围合部分，被俄领事馆和顺丰洋行瓜分。1925 年后一直作为苏联领事馆，1959 年后属于湖北省电影发行放映公司。

第五章　万里茶道的青砖茶与红茶茶源地之一——赤壁

幕阜山脉怀抱中的小镇

公元 208 年，三国赤壁之战，使赤壁声名远播。如今，素有"中国砖茶之乡"美称的赤壁羊楼洞，作为万里茶道的源头，再次出现在人们的视野中。

赤壁旧称蒲圻，地理坐标东经 113°32′—114°13′，北纬 29°28′—29°59′，位于湖北省东南部，东与咸安区接壤，南与崇阳县交界，西隔峆河与湖南省临湘市相邻，东北与嘉鱼县连接，西北隔长江与洪湖市相望。赤壁扼湘、鄂两省咽喉，是北上京津，南下湘粤的必经之路，素有"湖北省南大门"之称。① 羊楼洞是赤壁的一个古镇，北靠武汉、南接岳阳、东临赣北、西傍汉江，自古就是"陆扼潇汀咽喉，水控江夏通衢"。② 境内江河相通、水陆相连形成了发达的水陆交通体系。水运上依靠长江、汉江；陆运上有蒲圻—嘉鱼、蒲圻—羊楼洞—崇阳县级驿道，将羊楼洞与周边产茶区相联结，羊楼洞成为茶叶集散中心。传说一对青年男女逃婚到松峰山，他们的白马化做山羊，山羊排

---

① 湖北省蒲圻县地名领导小组：《蒲圻县地名志》。
② 引自（清）道光：《蒲圻县志》。

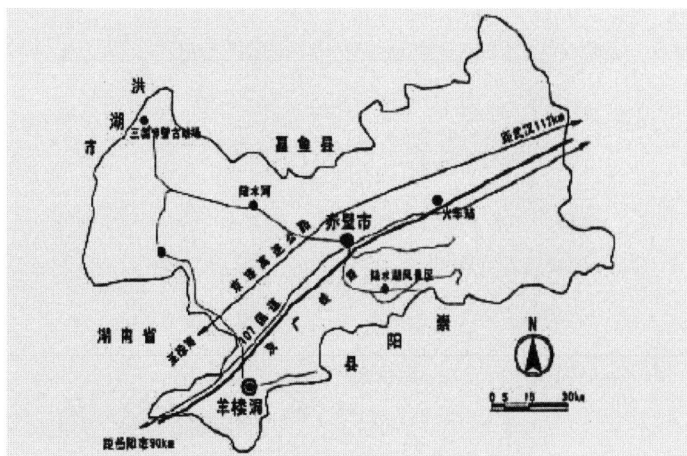

图1　赤壁

泄的粪便变成茶籽，长出漫山茶树。夫妇俩在山下搭起竹楼，楼上住人、楼下养羊，故此就有了"羊楼洞"这个美名。

羊楼洞三面环山，两港交汇，地势独特。北面是连绵逶迤的低山丘陵，总称为北山；南面是松峰山；东面是马鞍山。沟壑纵横、多低山丘陵的地形为茶业种植提供了基础，地势垂直高差明显形成了多种小气候，加之土层深厚，土偏壤酸性，与茶树喜酸特性相契合，利于茶树的生长繁殖。发于松峰山汇聚泉水而成的松峰港纵向贯穿全镇，在镇南部与石人泉港交汇，与散布零散的池塘、湖泊共同满足了茶叶灌溉的条件。

羊楼洞位于北纬29°—30°之间，属于亚热带季风气候。境内光照充足，雨量充沛，四季相对分明。年均日照1900h左右，年均降水量1300—1600mm，日照率在25%—50%之间，平均气温在16.5℃—17℃之间波动。严寒期少、无霜期长。适宜的气候条件推动了茶业的发展。正如明代诗人廖道南诗中所说："万嶂入羊楼，双溪绕凤丘。天开珠洞晓，月旁石潭秋。翠入梧桐秀，香来蕙若幽。"羊楼洞自身所具备的优良自然条件为其提供了发展机会和空间，盛产优质的老青茶原料。

"三月春风剪嫩芽，村中少妇解当家。残灯未掩黄粱熟，枕畔呼郎起采

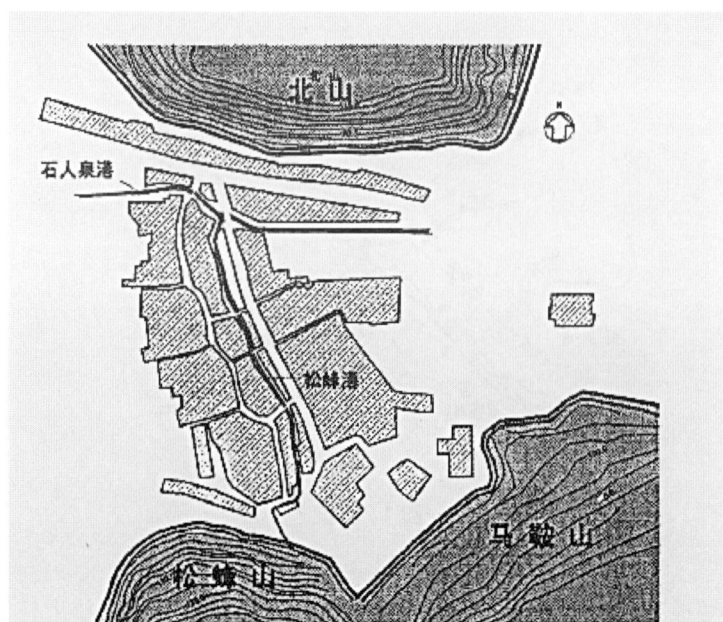

图2　一镇两水三山空间格局

图3　羊楼洞遗址保护区

茶"，这首记载于《蒲圻县志》的古诗反映了当时蒲圻采茶盛况。赤壁茶文化历史久远，尤其是羊楼洞，可以说是因茶而起、因茶而盛。整个古镇的形成演变都与当地茶叶的加工、贸易发展紧密相连。羊楼洞素有"砖茶之乡"的美誉，羊楼洞砖茶文化成为湖北省首个"中国重要农业文化遗产"，赵李桥青砖茶制作工艺成为国家非物质文化遗产并获得"中华老字号"的称誉（首次批准的 444 个之一）。1996 年，羊楼洞古镇被列为市级文物保护单位，2002 年被列为省级重点文物保护单位。2007 年，羊楼洞砖茶制作技艺被列入省级非物质文化遗产名录。2010 年，羊楼洞被建设部和国家文物局授予"中国历史文化名村"荣誉称号，2015 年，赤壁市和羊楼洞还分别被国际茶叶委员会授予"万里茶道源头"和"世界茶业第一古镇"荣誉称号[①]。

羊楼洞与茶

羊楼洞产茶历史悠久，茶文化历史底蕴深厚，被誉为"中国青砖茶之乡""中国米砖茶之乡"和"中国名茶之乡"。

早在三国时就有"荆巴间米茶作饼，成以米膏出之。若饮，先炙令色赤，捣末置瓷器中，以汤浇覆之，用葱姜芼之"（《广雅》），记载了荆巴地区的饼茶制作、饮用情况。晋代陶潜的《续搜神记》载："晋武帝宣城人秦精，长入武昌山采茗。"今鄂南全部地域在晋时属武昌郡，其时武昌郡统七县，惟鄂南有大山，武昌山应是幕阜山的一脉。

到了南北朝时期，江南官宦和士大夫嗜茶，当时湖北为重要的茶产区，在现存资料中可查的湖北茶叶重要产地有安州（今安陆）、西阳（今黄冈市）、武

---

① 李莹：《传承茶乡古韵　重振茶业雄风——赤壁羊楼洞青砖茶产业转型发展纪实》，《学习月刊》2016 年第 21 期。

陵（辖今长阳、五峰）、武昌（辖今鄂南各县市），可见，在两晋南北朝时期，鄂南茶叶已占一席之地。①

唐代饮茶之风盛行。除了官宦雅士，佛僧道徒、平民百姓皆嗜茶，茶叶还"以充岁贡及邦国之用"。同时，唐德宗时期诞生了世界上第一部茶叶专著《茶经》，说明茶叶对生活影响颇深。杨晔在《膳夫经手录》中说道："圻州茶、鄂州茶、至德茶，以上三处出茶者……其济生收榷税又倍于浮梁矣。"其中浮梁是唐代闻名全国的产茶区，而圻州、鄂州和至德地方的茶税倍于浮梁，不但说明唐政府在鄂州设有专门的榷茶机构，而且鄂州的茶叶产量很高（唐代的鄂州是包括羊楼洞在内的鄂南大部分），可见羊楼洞茶业在唐代就兴盛了。

两宋时期，洞茶生产无论在数量上还是质量上都取得了飞跃性发展。宋代实行"以马五十匹，易茶两千斤"的茶马互市及榷茶制，成批的茶叶源源不断地输往俄罗斯，由此拉开了纵贯蒙古高原和西伯利亚草原的中俄万里茶路的千年序幕。这一时期，洞茶前期以产片茶为主，后期以产散茶为主，因"大茶黑色如韭叶，极软，治头痛"而闻名茶界，边牧民族因茶能"滋饭蔬之精素，攻肉食之膻腻"而成为生活必需品。为了迎合边茶贸易的需求，这一时期的茶叶种植面积不断扩大、产量不断增加，茶叶制作工艺日趋精湛。

元明之际，鄂南茶虽然不如宋代兴盛，但仍是湖广极其重要的产茶区。为了茶马贸易的需要，当时产于蒲圻、咸宁、崇阳、通山、通城一带的老青茶，运至羊楼洞被加工成帽盒茶后大批销往边疆地区，因而羊楼洞成为雄踞鄂南产、销集散中心。

清代，鄂南茶叶贸易有了新突破。康熙亲征噶尔丹后，废除了明朝的茶马互市，蒙汉之间的民间贸易得以开放，促使以羊楼洞为中心的鄂南边销帽盒茶发展迅速。乾隆年间，山西大茶商三玉川、巨盛川来羊楼洞设庄收制边茶，根据《中国茶讯·两湖茶的过去和现在》，帽盒茶年产高达 80 万斤。此时，晋商在羊楼洞已建立"三玉川"和"巨盛川"两大茶庄，并与蒙古族最大的茶商"大

---

① 万献初、宗嵩山：《鄂南茶文化》，广西人民出版社 1993 年版。

盛魁"建立产销关系，羊楼洞边销茶业日益兴盛。之后，又出现长裕川、大德生、兴隆茂、天顺长等诸多茶庄。因"川"字牌号在边蒙走红，牧民买茶只用三个指头一摸是"川"字就买，信誉极好，故各庄无论字号有无"川"字都打上"川"字，"川"字因此成为鄂南边销砖茶的统一标志。

根据刘晓航《汉口与中俄茶叶之路》，1851 年太平天国起义爆发后，原有的茶源地浙江和福建受战乱影响，茶商们不得不改采"两湖茶"，以湖南安化、临湘的聂家市、湖北蒲圻羊楼洞、崇阳、咸宁为主，就地加工成砖茶。砖茶到汉口走水运，一路经过襄樊及河南唐河、社旗，上岸后用骡马驮运北上，经洛阳过黄河，过晋城、长治、太原、大同至张家口，或从右玉的杀虎口入内蒙古的归化（今呼和浩特），再由旅蒙茶商改用驼队在荒原沙漠中跋涉千里到中俄边境口岸恰克图进行贸易。太平天国起义是晋商贩运武夷茶受阻的一个重要原因，究其根本，"国势弱，商势衰"才是关键因素。庄国土在《从闽北到莫斯科的陆上茶叶之路——19 世纪中叶前中俄茶叶贸易研究》一文中提到，19 世纪中叶以前，从福建武夷山到莫斯科这条贯通欧亚的陆上茶叶之路的贸易一直由山西商人主导。鸦片战争以后，西方列强侵略中国，并迫使清政府签订各种不平等条约，外商由此享有各种特权，华商则阻碍重重，曾经执塞外贸易之牛耳的山西商人也不得不另谋出路。自晋商将茶源地从武夷山转到赤壁羊楼洞等地以来，茶叶生产非但没有遭受挫折，还日臻兴盛。据 1909 年在美国纽约出版的容闳（广东香山人）《西学东渐记》载，"咸丰九年（1859 年），容闳受英国宝顺公司委派，到中国茶区从事调查，就曾两次到达聂家市（今聂市），其中一次"（在汉口）予等勾留数日，遂重渡扬子江，趋聂家市产黑茶（青砖茶）之地。6 月 30 日离汉口，7 月 4 日至聂家市及羊楼洞，于此二处，勾留月余。于黑茶之制造及装运出口之方法，知之甚悉"。

咸丰十一年（1861 年），羊楼洞人终于完成帽盒茶的技术改造，开始大量压制砖茶，稳固了其主宰边销茶的地位。嗣后两三年，受青砖茶工艺影响，以红茶末为原料的米砖茶也压制成功，但主产厂在汉口，羊楼洞茶庄只压一部分，主销俄国。1862 年《中俄陆路通商条约》签订后，俄商来汉口，开始是

图4 19世纪70年代羊楼洞的茶叶加工

在湖茶产地蒲圻羊楼洞一带招人包办，监制砖茶。同治三年（1864年），汉口的俄商茶商派员来鄂南，在羊楼洞、羊楼司、大沙坪等地开办茶厂，大量压制青砖茶运销俄国和边蒙，也压部分米砖外销。俄商茶厂用机械代替人工压砖，并使用史上第一台蒸汽机作为压制砖茶工具，从而工效高产量大，使羊楼洞茶业更兴盛。此时的洞茶生产重镇——羊楼洞，是我国茶叶加工集散中心之一，在这个不足4平方公里的小镇上常住人口就达4万之多，茶庄200多家，有5条主要街道，茶商店铺几百家，时称"小汉口"，羊楼洞与汉口一道，成为当时湖北版图上最为知名的两个地方，也成为"万里茶道"的中线源头。

19世纪70—80年代是羊楼洞茶业的鼎盛期。英商、俄商、粤商、晋商和本地商人日增投资，茶庄越来越多，有压制青砖、米砖的砖茶厂，有收原料制成半成品的散茶包的包茶庄。各地原料茶涌来，源源不断，鄂南各县茶大多数集于此，江西、湖南与羊楼洞邻近的县也多送茶来。一时肩挑贩运，车推船送，原料进来，成品出去，茶路上的运茶人络绎不绝，路上的石板被独轮鸡公车压出的深深槽印，至今还能在幸存的羊楼洞古石板街上看到，有的槽有一寸多深。据《洞茶今昔》一书记载：这时羊楼洞茶庄多达上百家，影响遍及鄂南各县，各县也形成茶镇集中开设茶庄，甚至连一些村庄也有外贸投入的合伙茶庄。

1917 年俄国十月革命爆发后，沙俄茶厂纷纷停业，羊楼洞茶事经历挫伤。1925 年，联俄政策恢复了阻断的外销茶路，羊楼洞茶事回到十月革命前的盛况。从 1929 年开始到 1949 年，中苏因中东铁路事件断交，日寇铁蹄踏进羊楼洞，百年"川"字号茶庄纷纷破产，羊楼洞茶事一落千丈。

悠久的茶叶历史也孕育了丰富又灿烂的茶文化。洞茶在不断融入人们生产生活的同时，形成了一套由以洞茶为载体的文化现象组成的文化体系，这就是洞茶文化。[①]

羊楼洞茶产品种类丰富。自古至今，先后有了片散茶、帽盒茶、砖茶、红茶、绿茶等种类。明代以前，洞茶尚没有形成自身的特色产品，多为散茶；直至茶马互市开始以后茶商们改进制茶工艺，帽盒茶因为节省运输空间、保质期长而畅销边疆，使羊楼洞茶业在边茶贸易中获得一席之地。咸丰末年，人们在原有帽盒茶的基础上逐渐改进生产出近代的砖茶。伴随汉口开埠之后国际市场扩大，多元化的市场需求使得洞茶的产品逐渐丰富起来，红茶、绿茶和末茶相继出现。如今，洞茶以绿茶、砖茶为主打产品，绿茶以碧叶青、松峰茶、鄂南剑春茶等为代表，砖茶以赤壁礼品砖茶、四乡一都特色礼品茶、卜算子咏梅礼品砖茶、四大美女礼品砖茶为代表。

在羊楼洞茶区，饮茶习俗很早便融入了人们的生活中，代代传递形成古朴醇厚的茶风，以特有的文化内涵逐渐深入人心，积淀为民俗文化。茶作为媒介婚姻的信物起源于文成公主下嫁松赞干布。在羊楼洞茶区，茶与婚姻可谓水乳交融，形成最具地方特色的"婚茶"，从婚约关系确立开始就有"一家女不喝两家茶""启节茶""陪嫁茶""同心茶""敬老茶""结伙茶""闹茶抬茶"等各样民俗。茶还被作为敬奉祖先的灵物，以茶祭祖既可以表达对先人的崇奉敬

---

① 　狄英杰：《近代湖北羊楼洞茶业经济与文化研究》，华中农业大学硕士学位论文，2011 年。

仰，又能表达祭祀的神圣庄严。在这里，人们把古老高大的茶树视为"茶王"，烧香献祭，顶礼膜拜，并将其拟人化成具有神性的神树。洞茶以淡雅平易著称，故茶神虽活于人们心中，但他出神入化，淡泊至于"无"。在羊楼洞茶区，茶是节庆的重要之物，过年、过节自然离不开茶。早在明代咸宁才女钱六姐留下的《拜年谣》中有"父母大人，福寿安宁，敬茶一杯，四季清平"，在茶区，至今仍保留着过年敬茶的习惯。每年大年初一全家要一起喝上一杯团圆茶，初一到十五就到各家吃摆茶，也叫"吃年茶"。

自古以来，以洞茶为题材或与洞茶有关的诗词不胜枚举，人们在品饮洞茶的时候，常会因物而感，触景生情。有北宋诗人苏东坡《问大冶长老乞桃花茶栽东坡》中"嗟我五亩园，桑麦苦蒙翳。不令寸地闲，更乞茶子艺"的诗句，也有宋代支持岳飞抗金的宰相李纲《寓寺诗》中"午风吹茗碗，夜月照床书"的诗句，还有明代画家米莆子的《九宫山纪游》中的"瓦罐煎茶燃竹叶，崖泉流水洗牙瓢"的名句。在羊楼洞茶区，民歌民谣是一座艺术宝库，而茶作为宝库中的主角，体现在各种不同内容的歌谣中，可谓是"无茶不成歌"。

湖北羊楼洞茶区作为中国最古老的茶区之一，自两汉魏晋时期便有了茶事记录，历经百年茶香氤氲，古老而浓厚，经久而不息。

砖茶与万里茶道

青砖茶

"以老青茶为原料，经筛分、压制、干燥制成。长方砖形，色泽青褐，香气纯正，滋味尚浓无青气，汤色红黄尚明，叶底暗黑粗老"[1]，青砖茶是一种外

---

[1] 陈宗懋：《中国茶叶大辞典》。

图 5　羊楼洞青砖茶

图 6　"川"字牌青砖茶

形如砖的茶叶，也是羊楼洞出产量最大的茶。青砖茶棱角整齐，紧结平整、质感滑润、滋味醇和，有 480 多种对人体有益的微量元素，其中 150 多种是其他茶没有的，具有助消化、解油腻、顺肠胃、抗氧化、降脂、降血压、降血糖，延缓衰老、延年益寿、抗癌的功效。[①]

相传当年的羊楼洞有三口清澈的泉井，分别是观音泉、石人泉、凉荫泉，

---

① 陈玉琼、张伟等：《湖北青砖茶减肥作用研究》，《茶叶科学》2008 年第 5 期。

图 7　观音泉

日夕涌流，清冽甘甜，三条潺潺的溪流组成汉字中的"川"字，穿镇而流。优质的老青茶和甘冽的泉水加之先进的制茶技术，生产出了优质青砖茶。于是山西商人在他们的茶庄号用上"川"字，不仅突出了水的重要，又反映了晋商对生意兴隆的盼望。后来，洞茶商人统一在砖茶上压制"川"字标记，人们在购买时只要用三个手指一摸，就认定是正宗的"川"字好茶，这种习惯一直沿用至今，成就了驰名中外、享誉古今的"川"字牌青砖茶。①

独特的品质青砖茶成为游牧民族的"生命之茶""神秘之砖"，撬动了中俄的贸易交流。正如 1820 年西伯利亚总督波兰斯基对俄国商人所说，"俄国需要中国丝织品的时代已经结束了，棉花也差不多结束了，剩下的是茶叶、茶叶，还是茶叶"，由此青砖茶不仅揭开了"万里茶道"的序幕，堪比"丝绸之路"，成为东西方古文明交汇的血脉，而且将亚洲、欧洲和非洲的文明连成一体，联通了亚欧大陆的政治、经济、文化。边茶贸易持续到 20 世纪初，铸就了史上跨越陆地距离最长的洲际物流通道，带动了沿线 200 多个城市的繁荣发展。

新中国成立后，羊楼洞茶业再度兴盛。解放初期，时任省长李先念将赤壁砖茶带进北京，毛泽东主席边喝边问："好茶！是哪里产的？"李先念回答："是蒲圻产的。"毛泽东赴莫斯科访问，将蒲圻砖茶作为寿礼赠送给斯大林。② 作

---

①　万献初、宗嵩山：《鄂南茶文化》，广西人民出版社 1993 年版。

②　赵光辉：《魅力青砖茶》，《中华合作时报》2014 年 11 月 25 日。

为"国礼"，赤壁青砖茶传递着国家领导人的情谊。

2013 年 3 月，中国国家主席习近平在莫斯科的演讲中指出，始于 17 世纪的"万里茶道"是连通中俄两国的"世纪动脉"。作为"信使"，羊楼洞青砖茶又是各族各国间友好往来的宝贵载体。

如今，羊楼洞青砖茶占据全国茶叶市场份额超三成，成为现代鄂南茶事中心，全省各县（市）乃至临近的豫、湘、赣等省市的茶叶初制成老青茶原料后都汇集于此，经过精深加工压制成青砖茶后销往国内外市场。

米砖茶

米砖茶，又名红砖茶，在羊楼洞茶中产量仅次于青砖茶。

米砖茶是以红茶片末为原料经蒸压而成的，原料中并无米粒。米砖茶加工精致，外形精美、棱角分明、砖面色泽乌亮。米砖茶表面图案也各式各样，如牌坊、兰花、囍字、鹿鹤乃至代表近代文明的火车等；砖背则多划成 4×4 的 16 格长方形，晋商所监制的米砖茶多刻印有佛家八宝吉祥如意结纹，俄商则依其各个茶厂自行设计有不同的文字或图案。米砖茶让西方人士爱不释手，乃将米砖配上框架，当作工艺品陈放，具有极高收藏价值。同时，此茶汤色深红

图 8　如今的米砖茶

明亮、内质浓厚醇和、爽滑回甘，具有生津止渴、清心提神、暖身御寒、消脂瘦身等保健功效。羊楼洞米砖茶主销新疆及华北，部分出口苏联和蒙古国，近年亦有少量远销欧美，是国内砖茶中独树一帜的红砖茶。

米砖茶生产历史悠久，到清中叶以前，羊楼洞的茶叶生意几乎由晋商独占。英俄等国觊觎中国茶叶市场已久，对外战争失利迫使清政府对洋商开放贸易。自 1861 年汉口开埠后，英国开始在汉口设立洋行，大量收购红茶，转运英国且转手西欧各国。俄商则在羊楼洞一带出资招人包办监制米砖茶，1873 年在汉口建立顺丰、新泰、阜昌三个新厂，采用机械化生产米砖茶，转运俄国并出口。[①] 目前尚存于世的最早米砖茶是 1910 年俄商监制的"凤凰牌"米砖茶，在国内外拍卖行均作为历史文化艺术品拍卖。

曾见少数有品饮米砖茶的茶人记录，为了方便品饮，遂将近百年的"聚兴顺"米砖茶打成红茶末，颜色若似沉香粉，初闻此茶像韩国人参茶，有着淡淡的蓼香味，品一口，口腔立即

图 9　传统中国产的米砖茶（背面图案多采用象征如意的佛家八宝吉祥结纹案）

————————

① 　方方：《汉口的沧桑往事》，湖北人民出版社 2004 年版。

图 10 聚典顺监制的米砖茶

回甘。二泡则茶韵更强，瞬间茶气爆发开来，整个胸腔都是香甜味。直至六七泡，茶汤颜色仍未见转淡，是一款很特别的茶品。

在万里茶道上的砖茶

茶马互市是古代中原农耕地区与西北游牧民族地区进行的以茶易马贸易，源于唐宋时期，发展于明朝，衰落于清朝。羊楼洞茶业经济起步早，每年生产大量的茶叶，大部分茶叶用于平民百姓的日常消费（少部分被定为贡茶），由此羊楼洞茶逐渐进入边销的行列。宋代放开边境贸易的限制后茶马互市日渐兴盛，地处中原重要茶区的羊楼洞成为运茶路线的起点。到了明代，茶马贸易进一步发展，羊楼洞产区便销量增加，同时由于交通方便成为茶叶集散中心，周边产茶地区都将茶叶运到羊楼洞，经过加工后销往边疆少数民族地区。在茶叶边销的过程中为了提高运输效率、保证茶叶质量，羊楼洞茶经历了由团饼茶到帽盒茶，再到砖茶的转变，使得羊楼洞茶叶边销贸易更加繁荣，茶叶运销路线进一步发展。清代洞茶制作技术已经炉火纯青，大量销往蒙古地区，转手进入了沙俄、中亚、西亚市场，销路大大扩张。

在历史的洪流中，茶文化不仅通过民族融合在中国各民族间传播，而且通过对外交流，中国茶文化也传播到世界各地，与异国风俗融合，使茶文化更加多元。中国茶文化的广泛传播大致有两种途径，一是中原向边疆传播，既而由边疆向邻近国家传播；二是由各国使者来华，然后将饮茶风俗直接带回本国。这两种途径相互融合、相互补充，将中国茶文化传播到世界各地。作为中原地区重要茶叶产区的羊楼洞，在茶马贸易中一直都是边销茶的重要产地，大约在明初，羊楼洞边茶运输通道就已经成型。明代以来洞茶边销贸易繁荣，茶文化在世界范围内进一步广泛传播，蒙古、俄国及一些中亚国家深受中国茶文化的影响，成为羊楼洞砖茶重要的消费市场。

羊楼洞砖茶在边销茶中占有重要地位，不仅在于羊楼洞悠久种茶历史和文化，更在于砖茶自身的功效与质量。羊楼洞砖茶以老青茶为原料，辅之以特殊的制茶工艺，充分利用茶叶多种微量元素，具有消解油腻、补充维生素、促进消化等功效，促进牧民饮食结构恢复平衡。同时，羊楼洞砖茶味浓耐煮，价格便宜，在边牧民族中深受欢迎。羊楼洞砖茶长期流行于蒙古地区，牧民形成了"宁可三日无肉，不可一日无茶"的饮食习惯。

在历史发展过程中，羊楼洞茶逐渐融入边疆地区文化，成为当地的文化符号。到蒙古人家做客，他们总会为客人烧制奶茶用以表达待客者的热情好客。蒙古族中待客是否奉以好茶，也成为评定主人好客程度的标准。

《中华风俗志》记载："外蒙无货币，以砖茶计值。"砖茶在蒙古地区不仅衍生出了许多文化功能，而且曾担起货币功能，对商品贸易的发展做出了很大贡献。在历史过程中，砖茶除了通过与当时的货币对比来制定价格代替货币用于交换外，偶尔也实行简单的物物交换，在清代的归化城，7块"三九"砖茶可换1只绵羊，46块"三九"砖茶可换1匹马。

羊楼洞边茶贸易中洞茶的运销路线、方式不断发展完善，这个过程大致可

图 11　库伦一茶厂内景

分为两个时期：明清古茶道、近代交通下的洞砖茶运输。

明清时期，羊楼洞砖茶由长江水运抵达汉口，再沿汉江上溯至襄阳，起岸；再用马匹驮运走陆路，一路向北。先经过河南社旗，过平顶山、洛阳，渡黄河入太行，穿晋城、长治，经太原到大同，至此分道扬镳；向东至张家口，称东口货；西行至包头，称西口货。西口货到达新疆即止。东口货则再从库伦（今蒙古国首都乌兰巴托），行至当时的中俄边境重镇恰克图。恰克图当时为欧洲与俄罗斯的茶叶中转站，羊楼洞砖茶向西再经行俄境若干城镇，最终抵达俄国圣彼得堡。这条"中俄茶马古道"总长 1.2 万华里，行程需三数月，延续了二百多年，联通了亚欧大陆之间的茶叶贸易，促进了东西方文化的碰撞与融合，其价值是无可替代的，堪比"丝绸之路"。①

步入近代，中华民族饱受列强欺凌，在不平等条约的庇护下，外国商人纷纷来华经商，打破了洞砖茶贸易中国商人一枝独秀的局面。俄商从汉口沿长江顺流而下到上海，从上海运至天津，沿河到通县，再通过张家口的张库大道将洞砖茶运到库伦，最后北上到达恰克图。这条路线的路程和时间较明清时期节省了很多，运茶成本也大大降低，使得俄商在羊楼洞砖茶贸易中优势尽显、垄

---

① 邓九刚：《茶叶之路：康熙大帝与彼得大帝的商贸往事》，新华出版社 2008 年版。

断市场。1918 年，俄商在西距羊楼洞 4 公里的地方设了一个赵李桥火车站，羊楼洞砖茶可直接由赵李桥上火车北运，而不再经水路中转。新中国成立后，为了交通便利，将羊楼洞各家茶庄合并搬迁至赵李桥并成立赵李桥茶厂，生产至今。

如今，为复兴万里茶道，赤壁羊楼洞一直在作积极努力：在全国大中城市设立直销展示窗口 100 多处；先后与 20 多个茶道沿线国家和地区开展交流合作；在俄罗斯、蒙古国设立砖茶销售跨国公司，产品进入当地千余家超市和销售网点；积极参加省委省政府组织的"丝绸之路经济带"系列活动，签订战略合作协议 1.3 亿美元；在中俄万里茶道申遗活动中主动作为，走在前列，形成了《赤壁宣言》等纲领性文件，共同打造"万里茶道"经济带……以传统砖茶为突破口，以点带面，从线到片，传递湖北文化，带动湖北品牌的外销出口，打造辐射欧亚的世界之桥。

羊楼洞的茶商们

赤壁羊楼洞因茶而兴，茶商则扮演着至关重要的角色，不论是当地茶商还是外来商贩，都推动了羊楼洞茶业经济的发展，并逐渐走向繁盛。在羊楼洞茶叶历史上，晋商与俄商是经营茶叶贸易的两大主体。晋商是传统的茶叶经营商，俄商则是后起之秀，他们之间关系复杂，既有合作也有竞争，但都为羊楼洞茶叶的产运销做出了巨大的贡献。

1851 年晋商转战羊楼洞

山西商业资本源远流长，晋商发展到清代，已成为国内势力最雄厚的商帮。明清时期茶叶贸易路线主要有两条，一条贸易路线是产茶区向南，通过广州口岸进行海上贸易，海上茶叶贸易主要为徽商垄断；另一条贸易路线是产茶区向北，经过陆上长途贩运到达张家口，由张家口经库伦到达恰克图输往俄国，对俄茶叶贸易主要为晋商所垄断。① 自1851年以来，太平军在长江下游一带的军事活动逐步扩张，晋商采办茶叶的主要基地汉口及福建北部茶区遭受兵乱。据悉当时"从事恰克图贸易的华商，由于武装暴动者破坏商业城镇汉口并洗劫这些华商存放期票的当地商号，已亏损200万两。为恰克图订购的20万箱茶叶，迄今运至张家口的只有一半"②。受此影响，"福建北部山区一带的茶叶产量锐减，茶叶的收购价上涨了约50%"③，迫使晋商将采茶地转移到羊楼洞一带，由此，羊楼洞茶市日渐兴隆，所产之茶，大量销往新疆、甘肃、陕西、宁夏等地，甚至远达蒙古国、俄罗斯。④

根据《蒲圻县志》，咸丰初年，羊楼洞茶叶的外销量年均15万担（约750万公斤）。咸丰四年到十一年（1854—1861年），山西茶商经营的羊楼洞各式砖茶产量为1300万公斤，砖茶分为青砖和米砖（即红砖茶），型号多种，重量1—2.5公斤不等。每箱装24—72块不等。分销往张家口、绥远、包头，直至库伦、恰克图等地庄号销售。到了同治、光绪年间，临湘县的茶田约占全县近半耕地，在极盛时期，羊楼洞的砖茶庄达到80多家。到光绪年间，羊楼洞砖茶生产进入极盛时期，每年采择茶叶时，通城、崇阳等县劳动力涌到羊楼洞，受雇于各茶庄，或打零工做短工，或肩挑贩运。居民人口达4万余。京广杂货，绸缎布匹，各货俱全，仅街道就有十多条。⑤

1889年张之洞督鄂后，心系现代工业建设，并主张"官办商倡"。为了提升竞争力，羊楼洞茶区的晋商不得不采用先进的制茶设备。1897年，晋商购进英国怡维生公司生产的烘干机，焙制散茶。1898年，汉口商办焙茶公司成立，这是汉口第一家近代制茶工厂，董事有江汉关税务司英人莫尔海、汇丰银

---

① 王飞：《明清晋商商帮茶叶贸易研究》，《兰台世界》2016年第11期。
② 格·尔：《19世纪30至50年代的北京布道团与俄中贸易》，《红档》1932年第4期。
③ 庞义才、渠邵淼：《论清代山西驼帮的对俄贸易》，《晋阳学刊》1983年第4期。
④ 李永福、何伟：《近代中俄茶叶贸易制约性因素探因——基于厘金视角的分析》，《经济问题》2014年第10期。
⑤ 刘晓航：《穿越万里茶路》，武汉大学出版社2015年版。

图 12　民国初晋商来往羊楼洞的信件

行的买办席正甫、唐翘卿，阜昌砖茶厂的买办唐瑞芝、招商分局总办陈辉庭等，所用机器均购自国外。同年，焙茶公司第一部茶叶压延机运抵羊楼洞，这是羊楼洞茶区出现的第一部近代制茶机器。1909 年，留日归来的羊楼洞商人万国梁在羊楼洞创办振利茶砖总公司，使用机器压制砖茶。[1]

　　通常，晋商会预付茶农加工费，茶农生产完成后贴上晋商的商标，并写上监制的字样。晋商实施这种监制和包买手段，具有半雇佣制性质，它引领或推动了芙蓉山、羊楼洞一带的茶叶生产及相关活动，具有资本主义萌芽的意义。包买商经济是中国社会历史发展到一定阶段的产物，是商业资本从流通领域逐渐转向生产领域的一个过渡时期，是资本主义生产关系的孕育时期。到光绪中叶，晋商在蒲圻等地改进或更新了茶业生产设施，扩大其加工制作规模。曾建厂房近 20 处，招募失去田产的当地几千名农民为茶厂工人，实行自由雇佣劳动制。这种新兴的砖茶工厂，成为后来湖北加工工业的雏形，它是过去包买商形态发展的必然结果，是商业资本正式转变为产业资本的标志。作为近代先进

①　狄英杰：《近代湖北羊楼洞茶业经济与文化研究》，华中农业大学硕士学位论文，2011 年。

生产关系之中心内容的雇佣劳动制，促使了湖北早期民族资本家的产生。[①] 到张之洞督鄂时期，机器制茶的民族工业得以不断发展，进一步促进了近代民族资本主义萌芽的产生。

1862 年俄商深入到羊楼洞

根据 1862 签订的《中俄陆路通商条约》，俄商可以深入到中国内地经商办厂，他们拥有轮船、港口和西伯利亚铁路的优势，又独享输俄华茶的收购、制作、运输特权，逐渐形成了以俄商代理华商的局面，甚至出现"俄茶倒灌"。

初期，俄商间接经营茶贸，从晋商手里收购茶叶再转卖到本国；大约在 1863 年之后，俄商开始直接经营，在羊楼洞当地设庄办茶，然后销往本国。1863 年，俄商李特芬诺夫率先在羊楼洞建立顺丰砖茶厂，这是近代羊楼洞茶区第一家外资工厂。之后俄商又先后在羊楼洞茶区设立阜昌砖茶厂（1866 年）和新泰砖茶厂（1871 年），监制砖茶。在羊楼洞生产的砖茶和红茶运往汉口，再通过长江水路北上远东的海参崴，或通过上海、广州通过马六甲海峡，红海的苏伊上运河运往地中海销售到欧洲。俄商由于享受免除茶叶半税的特权，加之水陆并运，大大节省了开支，因此其茶叶业务扶摇直上。

因茶叶买卖市场集中在汉口，1873 年后，俄商将茶厂迁至汉口，并率先采用蒸汽机压制砖茶，日产量比晋商使用的手压机多 0.3 万斤，废品量仅为后者的五分之一，逐渐挤占了民族资本市场。而晋商却由于水陆运茶受到清政府的限制、传统手工制作砖茶效率低下等原因，在与俄商的茶叶贸易竞争中处于不利地位。19 世纪 90 年代以后，由于印锡茶的竞争，汉口茶市受到极大冲击。尽管俄商购运砖茶、红茶数量仍有增加，茶价却日趋跌落，销量不佳。虽然机器制茶可以获利，但在茶市涨落不定的年代，茶商多处于观望状态。1905 年西伯利大亚铁路全线通车，俄商在海参崴将砖茶装上火车，铁路运输不仅方便

---

① 赵蓬、李三谋：《晚清山西茶商之运销行为》，《农业考古》2014 年第 5 期。

快捷，而且费用较低，晋商在与俄商的茶叶贸易竞争中失败。直到 20 世纪初年，汉口机器制茶业一直处于俄商的控制之下。

这场砖茶贸易，结局虽以晋商失败告终，但是带领砖茶走出了中国的大门，让羊楼洞这个因茶而兴的小镇在世界闻名，开启了古老中国与世界各国的贸易往来，在 200 多年后的今天，具有极其深远的意义。

万里茶道在赤壁的历史遗存

羊楼洞作为中国砖茶的发祥地，中俄万里古茶道的源头，在历史上辉煌了 200 多年，留下了许多昔日繁华的印记。

明清石板街

古街形成于明末清初，兴盛于清道光至咸丰年间，最盛时有茶叶加工作

图 13　羊楼洞明清石板街

坊和茶庄、钱庄 100 多家，人口达 4 万余人，美、英、俄、德、日等国商人竞相在此制茶办厂，主要出产砖茶、米砖茶和红砖茶等，年出口价值白银 1500 多万两。羊楼洞现存有古石板街道正街一条，全长 2000 余米，一般宽 4 米，最宽处 6 米，名曰庙场街和复兴街，另有 3 条丁字小巷，街道两旁民宅、店铺多为两层砖木结构，一色青砖黑瓦或木质望楼，石柱基础散落在老屋门前，内有三至五重天井和小院，多数为较完好的老屋，有精美木雕的窗棂和门，有一栋老屋前现存门当四只，映衬当时主人门第高贵。街后是松峰港，常年流水淙淙，两边青石砌岸，石桥处处。①明清石板街堪称"中国制茶业的缩影"，充分

图 14　羊楼洞明清石板街

① 严明清：《洞茶与中俄茶叶之路（一）》，湖北人民出版社 2014 年版，第 86 页。

显示了中国古文化的丰厚底蕴，至今仍保存的茶具、古街、店铺等，对研究明清茶叶之路和中国茶文化都具有重大价值。

茶庄遗址

根据《蒲圻志》记载："羊楼洞有山西、广东、本地茶商80余户，山西茶商有天顺长、天然一香、大德生、大德常、大川昌、长裕川、三玉川、长盛川等40余户，广东茶商有兴太、源太、协昌等20多户，本地8户"，1938年日本侵略者烧毁羊楼洞房屋千间，使羊楼洞古镇和茶业毁于一旦。目前仅留下茶庄的断壁残垣，在栗树嘴有原义兴茶厂和义兴公司的遗址，在中畈有原兴隆茂茶厂和聚兴顺茶厂遗址，在观音泉一带存有原晋商茶庄遗迹。

独轮车与运茶古道遗迹

羊楼洞——新店茶马古道是欧亚万里茶路的起点之一，也是中外贸易、中

图15　古道

图 16 独轮车

西文化交流的起点之一,目前还保存有大量的古道遗迹。

在羊楼洞茶叶边销过程中,羊楼洞距离新店还有 15 公里,这中间茶叶必须经过一段陆路运输。转运的途径按照盛水期和枯水期各有不同。在夏秋盛水期,人推独轮车从羊楼洞的北山出发,进七里冲,经张家岭推到店。在冬春枯水期,全程 15 公里全靠独轮车陆地输送,从中七里冲进冲,推到枫树岭出冲,然后向北顺新溪水道路线一直推到新店。

独轮车,又称鸡公车,如今在各个城市都能看到,特别是在施工场所,给工人们带来极大的便利。据说在汉代茶马古道开通后,三国时的蜀相诸葛亮发明创造了独轮车协助边销茶叶的陆路运输,独轮车可以说是羊楼洞砖茶贸易的产物。它凭一只径长一米的独木轮,承受着车架上 300 来斤的重量,由人背着肩带,双手扶着车把,掌握着重心向前推即可。车子只是凭一只单轮着地,不需要担心路面的宽度,因此,窄路、巷道、田埂、木桥都能通过。

由于仅凭独木轮承担所有的重量,独轮车只能走硬基路,茶商们纷纷集资沿路铺石板,在羊楼洞正街形成一条全石板的街道。随着羊楼洞向各地区频繁运送砖茶,独轮车日复一日、年复一年地推碾摩擦,地面上的石板都渐渐地被

图 17　路碑

图 18　沿线留下的独轮车车辙

碾成了深槽。推久了，沿途又出现了第二条、第三条槽子，直到影响行车方便了，人们又换上新的石板。如今茶马古道上的每块石板，虽然年代感十足，但是中间已经不知抽换过多少次了。

从羊楼洞古街道开始，羊楼洞北山起一条石板古茶道向北延伸，现存七段，其中六段是独轮车运茶古道，另千步岭一段为翻山石道，古时崇阳、通城运茶捐客、挑夫经此将茶叶原料运抵羊楼洞。

这些古茶道或处田畈中，或处两山之间狭长冲里，或处于地势险要的山腰上，路面以青条石、碎石铺就，最长达 3000 米，宽 50—70 厘米不等，可供行人和独轮车通过，上面依稀可见独轮车碾压过的痕迹，深度可达 3 厘米。

如今的羊楼洞，虽然茶事衰落，但茶事繁盛时的许多遗迹至今仍被保留，这些古迹见证了羊楼洞当年的繁华盛世，现已成为羊楼洞重要的文化资源，为当地旅游业的发展提供了基础。按照"以茶为媒，巧借善联"的发展思路，打造以青砖茶为主题的茶文化旅游产业，探索茶产业和旅游产业融合发展之路，全面融入"一带一路"和长江经济带战略布局，推动茶产业转型升级和地方绿色崛起，使之再次成为中俄两国的文化交流和经贸往来的桥梁，任重而道远！

第六章 万里茶道"宜红"茶源地
与核心产区——五峰

鄂西南的边陲小县

宜昌市五峰土家族自治县（以下简称五峰）位于鄂西南边陲，在北纬
29°56′到30°25′、东经110°15′到111°25′之间，是一个典型的少数民族山区
县，全县人口21万，土家族占据总人口的80%以上。其东邻宜都市、松滋市，
西倚鹤峰县、巴东县，南交湖南石门县，北毗长阳县，交通便利。五峰是中国
著名的茶叶之乡、国家烟叶生产基地、中药材GAP示范基地、全国无公害农
产品示范县和湖北省绿色食品示范基地。2009年被中国茶叶学会授予湖北省
唯一的县级"中国名茶之乡"称号，成功跻身"湖北茶叶大县"行列。境内山
清水秀，风景宜人，2010年被湖北省人民政府命名为"湖北旅游强县"。

五峰全境皆为山区，属武陵山支脉，多喀斯特地貌，溶洞伏流遍布，地势
自西向东倾斜。境内沟壑纵横，峰峦重叠，间有小块平地。东部山形浑圆，坡
缓谷浅，西部山势高峻，危峰耸立。群山之间，渔洋河、天池河、泗洋河、南
河、湾潭河和百溪河等主要河流交错分布。地处东亚热带湿润季风气候区，山
地气候显著，四季分明，雨量充沛。山间谷地热量丰富，山顶平地光照充足，
且垂直气候带谱明显，适合多种农作物及经济林木生长。五峰自然资源丰富，

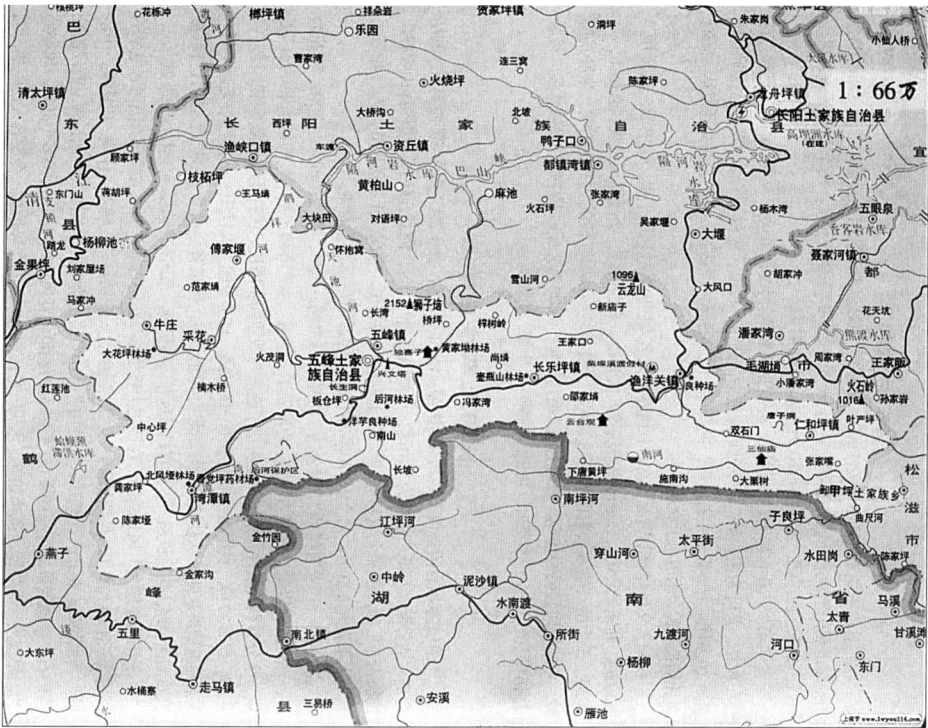

图 1　五峰全县地图

尤其是森林、旅游等资源得天独厚。2014 年，森林覆盖率达到 80.86%，居湖北之首。

境内柴埠溪大峡谷久负盛名，清溪穿谷而行，谷岸峰林奇崛；后河国家自然保护区，植物种类浩繁，堪称一绝，为世界公誉的"最神秘的生命王国"；白溢寨"暑天冰穴"尤为罕见，拦西壁山腰而生，炎夏寒冰共存。天然之氧吧，避暑之天堂，五峰坐拥世间奇景，独享世界奇珍。

五峰历史悠久。秦统六国后，在巴人住地设巴郡、南郡、黔中郡，长乐县属黔中郡。西汉属佷山县（长阳、五峰等地）隶武陵。自唐、宋以后的各朝代，五峰先后隶属于睦州、峡州、容美土司、夷陵州和荆州府。清雍正十三年（1735 年）实行改土归流，升夷陵州为宜昌府，遂将容美土司所辖之五峰、水尽、石梁各司地，并划长阳、宜都、石门和松兹等县部分地区合而设长乐县。

图 2　五峰青岗岭茶园

1914 年为避与福建省长乐县同名，因治所傍依五峰山，故更名五峰县。

五峰地处鄂西南山区，历史上曾称为"蛮夷之地"。五峰从初设县至今，虽仅有 270 多年的历史，但从已发掘的长阳人化石、渔洋关镇的两块编磬、长乐坪新石器时代的石锛和石斧、战国时期的编钟和巴国军乐器虎钮錞等历史文物上，我们足以证明，这片土地同样具有悠久的文化和古文明。

茶话五峰

依托先天优越的自然环境，五峰特产盛出，并有"中国茶叶之乡"的美誉。目前，五峰茶叶产业已成为其重要的历史产业、传统产业、主导产业、可持续发展的支柱产业，同时也是历史上重要的农产品出口商品。

源远流长的五峰茶文化

巴蜀作为中国古老茶区之一，是中国茶业发达之地，巴蜀茶事被誉为中华茶文化摇篮。早在公元 3 世纪西晋人在《荆州土地记》中记载："武陵七县通出茶，最好。"据查，武陵七县之一含今五峰属地。唐代五峰属峡州之地，盛产的茶叶享有盛名。公元 759 年前后，茶圣陆羽在《茶经》开篇就道："茶者，南方之嘉木也。一尺二尺乃至数十尺；其巴山峡川有两人合抱者。"据周靖民考证：唐代的峡州全称为峡州夷陵郡，包括今五峰、长阳、宜都、宜昌、远安、鹤峰等县。唐代的巴山即今五峰县。巴山峡州有两人合抱的大茶树就是指五峰县临溪两岸崇山峻岭中的大茶树。又据邓乃朋在《茶经注释》一书写道："两人抱的大茶树，其胸径当在一米以上，高也应有十五米以上，从现在的大茶树来看。在自然生长增粗的状态下，非千年不可。"又据马湘泳的《中国茶树的起源在川东鄂西》、周文棠的《中国鄂西山地是茶树原产地》等全国知名

图 3 超过 500 年树龄的茶王

茶叶专家的考证，可以说五峰在距今 2300 多年前就有自然生长的茶树。

据 2007 年 12 月《三峡日报》的报道，中国地质大学许文胜副教授在五峰楠木河西侧考察时发现一株古茶树，后经华中农业大学王敬博士鉴定，这株被当地茶农称为"茶王"的古茶树有超过 500 年树龄，被誉为湖北境内首次发现的最古老的茶树。

质量上乘的五峰茶

五峰茶品质一流，广为人赞颂。陆羽在《茶经·八之出》即把峡州茶叶列为山南茶区之首，"山南以峡州上，襄州、荆州次，衡州下……"宋代文学家欧阳修在宜昌任县令时曾留下："雪消深林自剧笋，人响空山随摘茶""春秋楚国西偏境，陆羽茶经第一州"的诗句，高度赞扬了陆羽对峡州地区茶叶的评价。唐至清等朝代出版的有关茶书中记载：峡州有小江园茶，茱萸茶、芳蕊茶碧涧茶、鹿苑茶、仙人掌茶、明月茶、楠木茶、归州茶、香山茶等历史名茶；在咸丰三年（1853 年）《长乐县志》、《田氏一家言》中记载：长乐县有白毛尖茶、茸勾茶、明前茶、雨前茶、谷雨茶、蒸雨茶、板桥茶等历史名茶。这些历史名茶有的列为贡品茶。同时也留下了许多赞颂五峰茶的诗词歌赋作品，如清咸丰年鉴长乐县县长李焕春的《竹枝词》、清代诗人顾彩 1740 年游历五峰时所作的《采茶歌》和清光绪拔贡生土家诗人田卓然的《售红茶》等脍炙人口的作品。

晚清至民国时期五峰茶业的近代化

据可考资料，晚清至民国初期是五峰红茶贸易的鼎盛时期。而这段时间也正是万里茶道从辉煌走到没落的关键时期。

清道光四年（1824 年）前后，广东茶商钧大福带领一批江西制茶工在五峰渔洋关、水泒司、采花等地开设号，收购红茶并精制成"宜红"销往英国、俄国、德国和埃及等国。

清光绪二十五年（1899年），广东郑继庭、林志成、钧大福在渔洋关开设泰和合茶社，至光绪三十年（1904年）关闭。后又有湖北汉阳籍茶商义成生、志成、仁华等在渔洋关开设了6家茶社，精制红茶出口。光绪二十八年（1902年）姚协和来五峰开设茶号，后经营渔洋关恒信茶号。

1913年，广东卢淑良、卢旭明在渔洋关堂上办太和洋茶号，至1926年歇业。

1925年前后，江西修水人樊高升、冷德于、樊彬、樊希壁等相继来渔洋关开设茶号，精制红茶出口。并招收本县黄足三等为徒，传授红茶精制加工技术，成就黄氏一代红茶名师。1935年，黄氏开始独立经营民生茶号。后创造的"春艳"牌红茶获全国评比第二（1934年五峰茶叶面积12500亩，产量153.4万斤）。同时，中国茶叶公司派徐方干、沈卓银和王昆等人在渔洋关设茶叶管理处和茶叶指导站。

1937年由湖北省建设厅农业改进所直接领导的全省唯一的茶叶改良所从羊楼洞迁址五峰渔洋关，并定名为"湖北省农业改进所五峰茶叶改良场"，该场征地44.72亩。1938年又下设水浃司茶叶指导站，并先后在红石板、赵家坡、采花台、水浃司和石梁司等地建立模范茶园。

民国六年至民国二十五年五峰红茶运销表

（单位：箱）

年份	红茶运销量
民国六年	15804
民国七年	1552
民国八年	2237
民国九年	5470
民国十年	—
民国十一年	964
民国十二年	9218
民国十三年	8868
民国十四年	8128

年份	红茶运销量
民国十五年	6682
民国十六年	2217
民国十七年	4008
民国十八年	4375
民国十九年	1800
民国二十年	2263
民国二十一年	1124
民国二十二年	2956
民国二十三年	4190
民国二十四年	5525
民国二十五年	2637

注：民国六年至民国二十五年（1917—1936 年）五峰年平均经销红茶 4500 箱（每箱 25 斤），经上海、广州出口。

数据来源：《湖北茶文化大观》。

1938 年，国家贸易委员会在渔洋关王家冲设中国茶叶公司五峰精制厂，后迁至桥河，精制红茶和加工砖茶。1941 年 5 月，中国茶叶公司在渔洋关设五（峰）鹤（峰）茶厂，年产红茶 600 余箱。后该厂又在水浕司新衙门设初制分厂，并同时在采花台、富足溪各设一个制茶所。

据《湖北省茶叶产销状况及改进计划》记载：1937 年前后全省收购、精制、运销茶叶较大的厂商有 24 家，其中五峰就有源泰、恒信、民生、华民、同福、民孚、恒慎和合兴 8 家，渔洋关成了鄂西南的茶叶集散中心，昔日繁华，被誉为"小汉口"。

鄂西南一枝独秀的五峰"宜红"茶

"宜红"，又称"宜红"工夫，自清以来，就与"祁红""滇红"并列中国三大红茶。宜昌红茶外形条索紧细秀丽，色泽乌润有金毫，内质香味鲜醇，叶底红亮柔软；香气清鲜醇正，滋味鲜爽醇甜，汤色红亮，且有"冷后浑"的现象。

"宜红"茶盛产于鄂西南五峰山区，茶区茶叶品质好，行销世界各地。据《湖北茶树地方品种资源调查及选优初报》报道："宜红"茶问世于 16 世纪末 17 世纪初，其产地主要是今五峰、长阳和鹤峰等县，至今已有近 400 年的产销历史。据 1938 年"湖北省茶业产销状况及改进计划"一文记载："鄂西之路，以产红茶为

图 4 "英商宝顺合茶庄"招牌

主，蜚声中外之'宜红'即产本地。产地有五峰、长阳、鹤峰、宜都等 19 个县。而产量最多，品质最佳者，首推五、鹤两县。"1943 年 12 月湖北省建设厅（厅号 1042）《复兴五峰茶叶计划书》中写道："查五峰为鄂西重要茶区，所产茶叶曰'宜红'，昔年运销国外，颇有声誉。"20 世纪 30 年代末期，县渔洋关民生茶号所生产的"春艳"牌红茶，在全国评比中获第二名，为"宜红"争得了荣誉。

1824 年，广州茶商钧大福等，先后带江西技工樊高升、冷德干等人来渔洋关传授采制红茶技术，可见当时"宜红"茶已声名远播。咸丰四年（1854 年）高炳三及尔后光绪二年（1876 年）林紫宸等广东帮茶商，先后到鹤峰县改制红茶，在五里坪等地精制，由渔洋关运至汉口出口，"洋人称为高品"。当时渔洋关一跃成为鄂西著名的红茶市场。1861 年汉口被列为通商口岸，英国即设洋行大量收购红茶。1876 年宜昌被辟为通商口岸，"宜红"出口猛增，声誉极高。依据《长乐县志》："时有羊楼洞所产红茶，简称'湖红'，为示区别，将

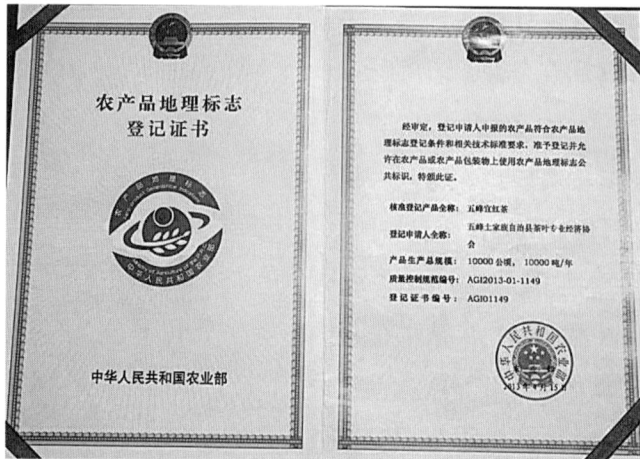

图 5 "宜红"农产品地理标志登记证书

宜昌长乐等地出产红茶简称'宜红'",宜红因此而得名。又据《鹤峰州志》一书,"光绪己亥年(1899年),英商在采花颁有镌刻彩云镀金'英商宝顺合茶庄'字号招牌一块",可证英商其时已在长乐开设红茶机构。这块招牌至今仍完好保存在湖北采花茶业公司。

据《长乐县志》"'宜红茶'史略"一文,"宜红茶"在当时颇受英商欢迎,是国内著名的出口产品。"全省形成羊楼洞、渔洋关两大茶市,前者为'湖红',以产量丰;后者为'宜红',则以品质胜。""清光绪年间,美国茶师曾至鄂西产茶区域考察,认定宜昌红茶品质稍逊于祁红,较之湖红实有过之,堪与宁红相匹配。"

1886年前后,宜红出口最盛,每年输出量高达15万担之多,曾远销海外。由于茶叶品质之佳,深受国外消费者欢迎,为"宜红"茶赢得了较高的声誉。据湖北省《慈利国志》评述:"鹤峰帮者西贡品,其与宁都同为尚第一,中外驰名。"由此可见,宜红茶很早就在国际市场上享有较高的声誉。周靖民考证,容闳于1909年在美国出版的回忆录《西学东渐记》记载:两湖产红茶。1859年9月,他带"英商宝顺洋行"到两湖等地买茶。由此可见,此品牌历史之长,五峰红茶也深受消费者的欢迎。五峰水浕司、渔洋关到19世纪80年代,每年外销量已达7500吨之多。到20世纪30年代末期,年均经销红茶达4500箱

（每箱 12.5 公斤，合 56.25 吨），20 年共出口红茶 90070 箱（合 1125.875 吨），鼎盛之时年加工量最多达 10000 余箱（合 125 吨以上）。据《湖北茶叶贸易志》统计，自 1950 年至 1984 年，五峰作为湖北省重点产茶县，年产量从最初的 5263 担上升至 11916 担，这些茶均统一调运至汉口茶市或运往宜都茶厂加工出口。五峰国营精制茶厂从 1975 年建成投产至 1985 年 10 年间，收购宜红工夫茶 5858 吨，精制加工成品茶 4335 吨，这些商品茶均通过计划调往汉口茶厂或广州茶厂，由"海上丝绸之路"销往欧美和俄罗斯等地。五峰"宜红"在历史上可谓声名远播。

如今，"五峰宜红茶"已成为五峰县地理保护标志。未来，五峰将抓住"万里茶道"发展机遇，努力扩大茶叶出口市场，让五峰茶走出湖北，行销世界；实施生态立县战略，提升原料基地，加强农药监管，打造茶叶品牌，形成品牌分级标准，推动产业升级；提升文化内涵，打造历史文化名茶。

因茶而兴的"小汉口"渔洋关

五峰人因发展茶业得以安身立命，而茶业的发展也带动了人口的集中，渔洋关以其得天独厚的地理位置，成为五峰茶业发展的中心。晚清至民国初期，渔洋关俨然成为鄂西南山区的一座重镇。本地贤达杨福煌（道光五年乙酉科候选教谕）在他的《渔洋沿革考》一文中描述："盖自是而土地日辟，美利日兴，农桑饶裕，礼教昌明。或粤之东，或江之左，持筹而来者，商贾云集，人烟稠密，熙熙浩浩，乐安无事之天者，已历百余载矣。"而这皆因茶起，茶叶对渔阳关古镇乃至整个五峰的发展起着举足轻重的作用。

清道光年间，渔洋关集毗邻数县之初制红茶于此精制"宜红茶"，产品销往英、美、俄、德和埃及等国，更有美商称赞五峰茶"色香味良，有五道水，实胜于羊楼洞茶"。根据《湖北茶叶贸易志》，清道光年间，广东茶商钧大福曾在

图6　古式木制茶叶揉捻机

五峰渔洋关设庄收购精制红茶，运汉口从广州出口。咸丰四年（1854年）高炳三及光绪二年（1876年）林紫宸、泰和合等茶商（均为广帮）又先后到鹤峰县改制红茶，在五里坪等地精制，通过渔洋关运汉出口，渔洋关一跃成为鄂西著名的红茶市场。这说明，渔洋关自五峰茶外销之初就是主要加工地，之后又发展成小有名气的茶叶集散地。

1911年，渔洋关码头正式启用，茶叶源源不断地汇聚渔洋关，不仅是本地茶叶，还包括邻县长阳、鹤峰、石门、巴东等地的茶叶也流入古镇，茶叶贸易到达鼎盛时期。据《中国茶讯》1950年第10—11期记载，当年的茶庄达到22家，成为鄂西最大的茶叶市场，与鄂南的羊楼洞齐名，是汉口茶市的主要供货地之一，其中的泰和合、义成生、仁华和志成等茶庄皆为汉阳人开设。鹤峰县张佐臣除了把鹤峰的红茶运到渔洋关销售，并于1932年在渔洋关开设同顺昌茶庄，年产红茶800箱。1937年，位于渔洋关的民生公司茶厂所产的"香艳牌"红茶荣获全国第二名，更是奠定了渔洋关"宜红茶"的历史地位。

1938年，省农业改进所隶属的羊楼洞茶叶改良所迁址至渔洋关，设省农业改进所五峰县茶叶改良场，兴建红石板、赵家坡、采花台、水泥司、石梁司等示范茶园，把宜都与五峰、鹤峰连成一线，形成生意兴隆的茶叶通道。据曾在源泰茶号做过茶的曹家坪村 90 多岁的尚玉珍老人回忆，民国时期，渔洋关码头来来往往有上百条商船，五峰茶叶及其他土特产被源源不断地运到宜都转运，再发往汉口和沙市等地，茶叶贸易十分频繁。

当年，五峰茶多为毛红茶，即人们常说的宜红工夫茶。外地涌入渔洋关茶市的茶叶也多是毛红，汇集于此后就地精制加工之后，一部分成品经渔洋河水路装船运至宜都商埠。据祖辈相传，当时渔洋关桥河、堂上之清水潭、州子一线有码头若干，鼎盛时期，木船多达百条，一字排开停靠在岸彻夜装船，码头灯火通明，吆喝号子此起彼伏；至黎明时分，船队披红挂绿，在阵阵鞭炮和祈福声中一并扬帆顺流而下，场面蔚为壮观。另一部分成品则由甘露骡马古道，经栗树垴入白马溪，沿渔阳河畔运至宜都清江码头，最后从长江运至汉口。由此，我们可追溯一二关于五峰茶与汉口茶市唇齿相依的紧密联系。渔洋关"春艳"牌宜红茶在 20 世纪 30 年代末期曾在全国红茶评比中斩获第二名。

中茶公司在湖北省设立汉口分公司后，于 1938 年 6 月中茶公司汉口局在恩施设立了"湖北办事处"，并设立了包括五峰精制茶厂、水浕司分厂、采花台制茶所、富足溪制茶所在内的一系列制茶机构。

据《湖北茶叶贸易志》，"鸦片战争以后、由于茶叶贸易的扩大，我省茶区曾经出现过一段比较兴旺的时期"，"驰名海内的五峰渔洋关，战前（1936 年）有茶厂 10 余家，1949 年已全部倒闭；民生茶叶公司所经营的五峰水浕司茶厂、鹤峰留架司茶厂、恩施五峰山茶厂、芭蕉茶厂，经过解放前的大肆破坏，解放时只剩些破房烂具。历史上盛极一时的大片茶园，建国前夕也所剩无几"。

《抗日战争时期宜昌人口伤亡与财产损失》一书曾这样评价："五峰虽只是小小山镇，但建制于明末清初，历史悠久，可谓雄关挺拔，街市俨然。一色的青砖瓦房，鳞次栉比；碧街石路，古香古色，既是兵家必争之地，也是商旅云集之处。'宜红茶'首盖鄂西，饮誉欧亚，七家茶号年产一百磅装两万余箱，为渔洋关经济杠杆。全镇四百五十四户，从事工商业者就达三百三十三户，占百分之七十二，渔洋关有锁山之势，更兼水路入清江直达长江，交通方便，故百业兴盛，史有'小汉口'之称。"不幸的是，由于战争，五峰渔洋关境内大批茶厂、茶园在新中国成立前夕也所剩无几，这也为当前的史料搜集带来了不小的困难。

万里茶道上的五峰茶

活跃在历史上近两个世纪的万里茶路，是重要的以茶叶为主要运输商品的世纪大动脉，它不仅仅是一条重要的商品运输交通要道，更是带动了沿途城镇商业、加工业、服务业的发展，推动了城镇的萌生、发育和成长，加强了东亚、中亚、东欧等不同地区的文明交流、碰撞与融合。汉口茶市的繁盛就得益于万里茶道上的茶叶贸易，而五峰因其绝佳的自然条件又成为汉口茶叶的重要来源地，五峰宜红茶更是在汉口茶市上大放异彩，因此，可以说，五峰可以说是万里茶道的重要组成部分。

五峰是汉口茶市的重要茶源地

自 1861 年汉口开埠起，汉口国际贸易地位日益突显，逐渐成为中国最大的茶叶集散地。清朝末期，汉口、上海和福州是全国的三大茶贸中心。1910年以后，汉口茶叶出口已占全国出口总量的一半以上，汉口汇聚南方各省茶叶，行销海外，有"东方茶港"之美誉。

吴觉农在《中国茶叶复兴计划》中，将中国外销红茶划分为五个区域，而其中的祁门红茶区、宁州红茶区、湖南红茶区和宜昌红茶区，皆以汉口为主要输出口岸。其中宜昌红茶区主要包括宜昌、宜都、五峰、长阳、鹤峰、株归和兴山等县，属于鄂西南地区，并且以五峰、鹤峰二县品质最佳。宜昌茶区转变为红茶产区，也是在光绪年间。此前，虽有茶产出，但是规模并不大，在咸丰、同治时期关于这一地区产茶的记载并不是很多。这一地区茶叶产量虽然比鄂东南和湖南少许多，但是茶叶品质较好，成为与宁红、祁红并列的名优茶叶。当地的红茶，大部分集中到宜昌后，再输入汉口。因为数量较少，在海关茶叶统计中，很少单列出来。而光绪年之后，汉口红茶出口量很大，而五峰作为优质红茶产区，虽然在量上无法媲美其他地区，但以质取胜，可以推测出，五峰也是汉口红茶的来源地之一。

19世纪80年代末90年代初，汉口茶叶市场上英商与俄商控制权逐渐过渡转换。到19世纪90年代，汉口的对外茶叶贸易则逐步转为由俄商主导，英国商人渐渐处于次要地位。1886年前后是宜红出口的最盛时期，五峰作为宜红茶的主产区之一，于光绪二十五年（1899年），英商曾在此设英商宝顺和茶庄，又有广东籍和汉阳籍茶商在此开设茶社。这些茶庄茶社所产茶叶皆是通过汉口转销国内外各大市场。

清末民初，俄商茶厂大量关闭，加之年代久远，导致相关档案资料严重缺失，现已很难找到五峰茶外运的具体资料。但据武汉黄鹤楼茶叶有限公司董事长张岳峰介绍，1996年，俄国阜昌茶砖厂阜昌砖茶厂厂主、俄国沙皇尼古拉一世姻亲巴诺夫（曾为俄驻汉口领事，居留汉口长达52年）分散在世界各地的后裔组团来武汉寻根。他亲自负责接待事宜，并从中得知，当年俄国驻汉口四大茶厂（顺丰、新泰、阜昌、源泰）所产青砖茶以羊楼洞、安化毛茶为原料，而米砖茶（即红茶末）则以五峰县渔洋关、安徽霍山县和湖南秀山县所产红茶压制而成，并大量出口俄国，深受当地人喜爱，并且米砖茶销量甚至一度超过青砖茶。这些人文史实无一不说明了五峰与汉口茶市千丝万缕的联系。

五峰茶是万里茶道的重要输出品

古往今来，万里茶道与五峰茶都有着千丝万缕的联系，从茶叶的贸易活动上我们就可窥得一二。以俄罗斯为主的万里茶道上的国家是五峰茶的主销区。

俄商在五峰开设源泰茶庄。1860年的不平等条约的签订使俄罗斯成为汉口的主要茶叶贸易国家，到1894年，俄商人控制汉口茶叶市场，1915年以后，俄商势力达到极盛，汉口市场的红茶十之七八卖给俄商。而据《五峰县志》记载，1924 年，俄商在渔洋关开设源泰茶庄，源泰茶庄是汉口四大茶号之一，当年就在渔洋关生产红茶 2866 箱，一跃成为第一茶号。当年渔洋关茶市转运的红茶达到 8868 箱。源泰洋行是汉口四大洋行之一，老板那凡生 1902 年在汉口俄租界建有那克伐申公馆。那凡生曾担任俄租界工部局主席，资力雄厚，所办茶庄在渔洋关规模最大，并在五峰、鹤峰、长阳等地设有收购点。

英商在五峰设宝顺和茶庄。据《宜昌茶业》记载，1886 年前后系宜红出口的最盛期，远销俄国、美国、英国及东欧各国，称为"贡熙"，声誉极高，每年输出量高达 15 万担之多，展品曾在万国博览会上获奖。由于茶叶品质之佳，深受国外消费者欢迎，为"宜红"茶赢得了较高的声誉。五峰作为宜红茶的主产区之一，其红茶茶业发展自然不甘其后，现存的"英商宝顺和茶庄"字号招牌可以证实英商已于 1899 年在五峰开设红茶机构。

因此，五峰茶因万里茶道的兴盛而得以快速发展进而行销世界，反之，万里茶道也因五峰茶叶的外销而得以不断地丰富和发展，尤其是在汉口茶市的形成上，五峰与五峰茶起着不可忽视的作用。可以说五峰茶与万里茶道有着不解之缘，它们相互依存、相互促进，不可分割。

五峰的万里茶道历史遗存

万里茶道在其由兴到衰的两个多世纪里，五峰渔洋关发挥着不可忽视的作用，并因此保存下来大量珍贵且可考的历史古迹。下面将简要介绍码头系列、茶庄系列和茶道系列三类历史遗存，其中五峰古茶道最为重要。

码头系列

镇江阁（王爷庙） 位于五峰土家族自治县渔洋关镇桥河居委会正街。建于清代。坐东北面西南 230 度。占地 400 平方米。斗砖砌筑。建于中码头下 50 米河坎上。原为一处供奉水神、祈福行船的龙王庙,实为镇江阁。由于中码头近在咫尺,过往船只停靠后必上岸进庙烧香拜佛,庙址中原供奉四尊龙王菩萨,"文革"时期被毁。此庙面阔三间接河沿带一小偏房,硬山,砌基脚石,青红砖混合建构,大门前有条石台阶五步。详细介绍有碑刻记载,有待后续考证。

修筑渔洋关中埠序碑 位于五峰县渔洋关镇河街。建于 19 世纪 50 年代。坐北面南 145 度。占地 15 平方米。序碑所在渔洋河段原为渔洋关中码头,是渔洋河畔的一处重要渡口。时称汉阳码头,鼎盛时日停靠船只二三十艘。50 年代末,因渔洋关下游宜都修建水库蓄水,渔洋河遂不能行船。序碑为方形记事碑,有"记修渔洋河岸次月王翁山告示"字样,小字 21 行,满行 45 字,序言八行,跋文两行,余为捐款姓名。序碑高 140 厘米、宽 62 厘米、厚 13 厘米。序碑右侧有一新碑与之并靠,内容为"修建治理河街纪念碑"。

茶庄系列

渔洋关商会(天生公司,渔洋关市苏维埃政府旧址) 位于五峰县渔洋关镇桥河居委会南北路 66 号。建于 1931 年,坐北面南,建筑面积 200 平方米。该遗址又名红六军军部旧址,1931 年 2 月 14 日至 21 日,红二军团第六军军部驻扎此屋;2 月 15 日成立的渔洋关市苏维埃政府亦设于此。旧址为两层楼房,砖木结构,面阔五间、15.2 米,进深一间、10.2 米,硬山顶。大门前有石级,门挂蓝色门牌,上书"渔洋关市苏维埃政府旧址红六军军部旧址"。

民国三十二年(1943 年),国民革命军击败日军,收复渔洋关,五峰(渔洋关)商会会长吴尊三,副会长宫子美联络宜都商人陈寿轩、陈述庸成立"五峰县天生实业股份有限公司",旨在振兴五峰茶市。选举陈寿轩为总监,宫子美为副总监,吴尊三为经理,陈述庸为副经理,所有股东为监事。聘请彭步洲为总会计,向云为出纳,每天到 4 个点上结账转账。茶号由陈寿轩负责;张远少负责收购山货、土产、药材。首次精制红茶 500 箱，在西门口码头上船，一周后转运到汉口集家嘴码头。红茶从木船卸货交到英商舰船后，运回煤油、白糖、瓷器、布匹和香烟。

源泰茶庄　位于五峰县渔洋关水田街。1924 年，俄商源泰洋行在渔洋关开设源泰茶庄，是汉口四大茶号之一，当年就在渔洋关生产红茶 2866 箱。1943 年日军入侵渔洋关，水田街所有房屋被大火焚烧，现仅存遗迹。

五鹤茶厂　1943 年，中国进出口公司在渔洋关开设五鹤茶厂，专门生产红茶出口。1974 年在原址附近筹建五峰精制茶厂，1975 年 6 月 30 日竣工生产，当年精制红茶 15 万公斤。生产用房主要由加工车间、捡茶车间、制箱车间、包装车间、毛茶和成品仓库组成，建筑面积分别是 1300.52 平方米、1082.2 平方米、646.79 平方米、553.7 平方米、1122 平方米。所提供的档案资料（中国进出口公司湖北茶麻分公司 1986 年 6 月 16 日证明函）证明，五峰精制茶厂正式投产以后，"高档碎茶、工夫茶多年来调往我公司，符合部颁标准，经我公司拼配加工出口，销往俄罗斯、波兰等东欧国家，获得外商厂家和消费者的好评。每年提供出口货源一万担以上"。民国时期的迁移恩施的五鹤茶厂制作的龙井、雨露等高档绿茶，运往恩施、重庆等地，深受外国友人和茶商的喜爱。

茶道系列

渔洋关水田街花桥　位于五峰县渔洋关镇桥河居委会水田街。建于清代。南北向 40 度。占地 80 平方米。桥中心为桥河村与曹家坪村分界点。原为木质廊桥，上盖木板，顶覆小青瓦，桥面两边均有条凳，供行人休息。1979 年改建成石桥，现为单拱石桥。桥北五步石阶，桥南两步，原为从渔洋关至县城的主要通道。通高 5 米，桥长 9.24 米，桥面宽 2.7 米。桥面为条石护栏，两侧护栏有七块条石，东侧有九块条石。龙头龙尾建桥时未设。

桥河古石桥（又名"寡母子桥"）　位于五峰县渔洋关镇桥河居委会二组

图 7　寡母子桥

洞湾溪出口原五峰造纸厂处。建于清代。为西南至东北向。占地 200 平方米。青石条块砌筑。石桥横跨在洞湾溪，其上 50 米至 100 米处为金潭和银潭。此桥相传为清代当地一寡母筹资修建，桥竣工后她将修桥未用完的金子和银两丢入两潭，遂称金银两潭。古桥主体为三拱石桥，三孔中中孔较大，两孔较小，其间有两处桥墩站立河床，桥墩侧面为尖菱形。古桥建筑材料为全石料，拱券矢高 430 厘米，跨径 210 厘米。龙头龙尾丝毫无损。桥面原为石栏杆，后用该村兴办矿石加固为水泥桥面，宽 5 米，长 30 米。拱券条石长 1.1 米，宽 4.5 米不等。

汉阳桥　位于五峰县渔洋关镇曹家坪村八组（小地名汉阳河）。建于清代。东西向 70 度。面积 100 平方米。河呈南北流向，石桥呈东西向横跨汉阳河，双拱。主拱位处河两中心，小拱位东。水流小时拱下可行人。主拱桥面略高，有五步台阶可上。桥长 24.70 米，宽 3.80 米，主拱桥面距水面高 6 米。拱洞间有石墩，墩呈分水三角形伸出。墩宽 2.90 米，伸出长 1.70 米。该桥原为长乐

图 8 汉阳桥

县主要通道之一，也是古茶道必经之路。现桥两端尚有古道可行，道宽 2 米。

马勒坡筑路碑 位于五峰县渔洋关镇桥河居委会（原桥河村）四组，小地名碑坡冲子。坐东面西，占地 20 平方米。据知情者介绍，该碑与"名垂千古"修路碑同为姊妹碑，推测为民国十五年修筑从大栗树至马勒坡路段后刻立。原为一石质小令牌碑竖立在一块青石包上。现青石包上碑插凹陷尚存，碑体被人为推倒在近房的石槽缝隙中，碑面刻字已无法辨认，唯有碑面主体上一个"福"字较为清晰，"福如"二字可以明辨，余字已无法考证。

"名垂千古"修路碑 位于五峰县渔洋关镇桥河居委会四组马勒坡。建于民国十五年，坐南面北方向 45 度，占地 20 平方米。是一块修路记事碑，单体石碑带两侧柱，正、反两面有字，阴刻。正面记述从大栗树到马勒坡路段集资修筑概略，领修人和部分捐资人姓名及银两钱数，另有"序中有由大栗树至马勒坡计程三里包工资贰仟柒佰串政令将众姓名同列于后"字样。背面均为捐资人姓名录。碑高 1.40 米，宽 0.66 米，厚 0.25 米。

图 9　马勒坡路碑

五峰古茶道　位于五峰境内。

五峰古茶道与宜昌长阳、恩施鹤峰和湖南石门等地相连，距今已有 300 多年历史。2009 年，在全国第三次文物普查中，被称为湖北十大考古新发现之一。鹤峰百顺桥和长阳星岩坪（今属五峰）至渔洋关段 300 余公里，沿线古石桥、骡马店、碑刻、摩崖石刻遗址遗迹众多。关于古茶道最早的文字记载是1693 年容美土司头领田舜年亲自撰写的《新改荒路记》，这是一处摩崖石刻，现存于湾潭树屏营，墓碑完好。碑文写道："汉土通行之难，人何故不践行履于此而走险于所谓石梁岗。"又说，"隔岩深险，万万不可行矣"。可见当初容美土司管辖的五峰区域通行的艰难。《中国茶讯》1950 年第 10—11 期则更详细地记载这条古茶道线路："由鹤峰到渔洋关 360 里，经九峰桥、垭坪、燕子坪、清水氽、岩板河、阎王鼻子、三板桥、五道河、杨柳岭、瓜楼湾、钉子铺、杨花子岩到渔洋关。沿途人烟稀少，路险道窄，骡马难行，专赖人背，每人可背百斤茶叶，往返一次需时 13 天。由五峰到渔洋关有 120 里，经香沟、

图 10　梯儿岩段古道

街店子、白鹿庄、红岩岗（垴），经千庄、荒口、洞口、长乐坪至渔洋关。途中翻十五里陡岩，时为最险，人骡经此，稍有不慎，即有摔倒岩下的危险，此路往返一次需时四天半。由长阳星岩坪到渔洋关有 240 里，经磕膝凸，下道儿拐，上得胜垭、楠木、火茂洞、沙子垭，经五峰至渔洋关原路到渔洋关，此路往返一次需九日。由湖南石门泥沙至渔洋关有 120 里，经梯儿岩即到渔洋关。道路坎坷，人行很危险，骡马更不能行，此路往返一次需时四天半。"

　　专家经过考证认定，这条古道是清末川晋入湘鄂的重要栈道，是清朝和民国时期五峰外运茶叶、山漆、药材等货物的通道，也是在原容美土司疆域内首次发现的一条保存相对完好的重要文化线路。它不仅是湖北省境内中俄蒙万里茶道的重要遗存，也为研究五峰容美土司古代经济商贸、对外交流和文化融合提供了宝贵的资料。

第七章　宜都是万里茶道和宜红古茶道的结合点

宜红古茶道的形成

湖北省宜都市地处长江中上游南岸，400公里清江从鄂西南崇山峻岭中奔涌而出，在这里与万里长江交汇；起源于湘鄂边界大山深处的渔洋河流经96公里后在这里注入清江，三江交汇之地的陆城是贯通荆南鄂西的重要门户，自古就是连通江汉与鄂西、湘西边地的水陆要冲，优越的地理位置使宜都享有"楚蜀咽喉""鄂西门户"的美誉。产于湘鄂边界大山深处的茶叶绝大多数都要通过宜都流向消费市场，特别是清光绪初年因外贸而生的宜红茶诞生后，大部分时间都在宜都县城关集散、加工、转运至汉口外销。这里是中俄蒙万里茶道连接宜红古茶道茶源地不可或缺的节点，在万里茶道上的地位和作用十分重要。

位于鄂西武陵山脉大山深处的鹤峰、五峰是中国茶叶的发源地之一，自古产茶、出好茶。历史上有名的容美茶就出产在这里。清朝末年，国门大开，外贸有了很大发展，工夫红茶的生产技术传入鄂西，产生了中国三大红茶之一的宜红茶。为便于红茶的运输外销，一条从宜都长江边上开始，连绵数百公里的，连接广大宜红茶源区的骡马驮运通道很快得到了修建，形成了今天万里茶

147

道的一部分——宜红古茶道。这条古茶道还可上溯到清朝初年，虽然当时是供毛驴驮运茶叶的小路，却也为武陵山区的茶叶输出外销发挥了重要作用。在这条宜红古茶道建成后的近百年时间里，"路上行人、骡马不掉线"，即路上后面的人总可看到前面的人，一派繁忙景象，直到 20 世纪 50 年代后，随着宜都通往五峰、鹤峰、来凤等县的公路修通，这条骡马大道才失去了它昔日的繁华。但这条通往湘鄂西的古道所发挥的巨大作用却牢牢地刻在历史的年轮上。

顾彩与湘鄂古茶道

武陵山深处的茶叶大规模地成为商品外运的记载，始见于江苏无锡著名文学家顾彩于清康熙年间写成的《容美纪游》，该书以日记的形式，记载了作者于康熙四十二年（1703 年）二月初四日从枝江县署（今宜都市枝城镇）出发，直至六月二十五日返回，前后历五月，游历容美（今鹤峰县）的全过程，为我们考察万里茶道中国西南段留下了非常珍贵的史料。（参考道光二十三年季秋《容美纪游》梁溪顾彩著）

《肇域志》载："容美宣慰司，卫东南二百二十里。领安抚司一、长官司四。曰盘顺安抚司、椒山玛瑙长官司、五峰石宝长官司、石梁下峒长官司、水经源通塔平长官司。"[①] 容美土司大致辖今湖北鹤峰县、五峰县大部，巴东、长阳及湖南石门、桑植等县一部。

顾彩一行去容美是经宜沙的南路，途经龙山坪—官道坪—薛家坪—苦竹坪—罗村—南山坡—三里坪—渔阳隘—宜沙（现壶瓶山镇）—清官渡—麻寮所—白果树—大隘关（又名咨牙关）—三路口—核桃荒—五里坪—南府—中府（又名芙蓉城、今鹤峰县城）。这条线路，历经枝江、松滋、石门三县两所（独

---

① 顾炎武：《顾炎武全集》（10），上海古籍出版社 2011 年版，第 3192 页。

图 1　宜都牌坊与合江楼

立的天平所、麻寮所）一土司，行程 575 里，他们在路上耗时 13 天。最多一天只行 60 里。顾彩一行回程是经过渔洋关的北路，经云来庄—过山坪—细沙溪—燕子坪—梅蓝坡—桦皮界—红毛尖—百顺桥—大面山—湾潭—山涛阁—石梁荒—杜鹃坪—菩提界—栗子坪—东坪—石梁司—油溪—九反坡—五峰司—五峰关—谢家坪—长乐坪—三登坡—渔洋关—白马溪—钱村—礓子坡—芭茫河—枝江县衙，共 640 里，用时 12 天。

　　顾彩一行在往返途中多次遇到了驱驴的茶帮："初八……饭两崖间古松下，有茶客数人驱驴至，亦坐憩松间。"这段话的意思是：初八，顾彩他们在两崖间古松树下吃随身带的干粮，这时有数个用驴驮运茶叶的人来了，也在这里坐下休息了一会儿。

　　"晴，乃行，路平坦，连岗舒缓，流水淙铮，多茶客。"说的是他在石梁司境内的路上遇到很多茶客。

　　"初六，至白马溪……茶客二十余人，放驴满山，余杂之共宿一店。"这段话信息量很大：在顾彩一行到白马溪客栈时已有 20 多名茶客先到，他们只好共住在一个店里。这些贩茶的，都是使用驴子驮运的，"放驴满山"虽然没有具体写多少驴，但按一个人照看两三匹牲口计算，那也有四五十匹，一头驴能

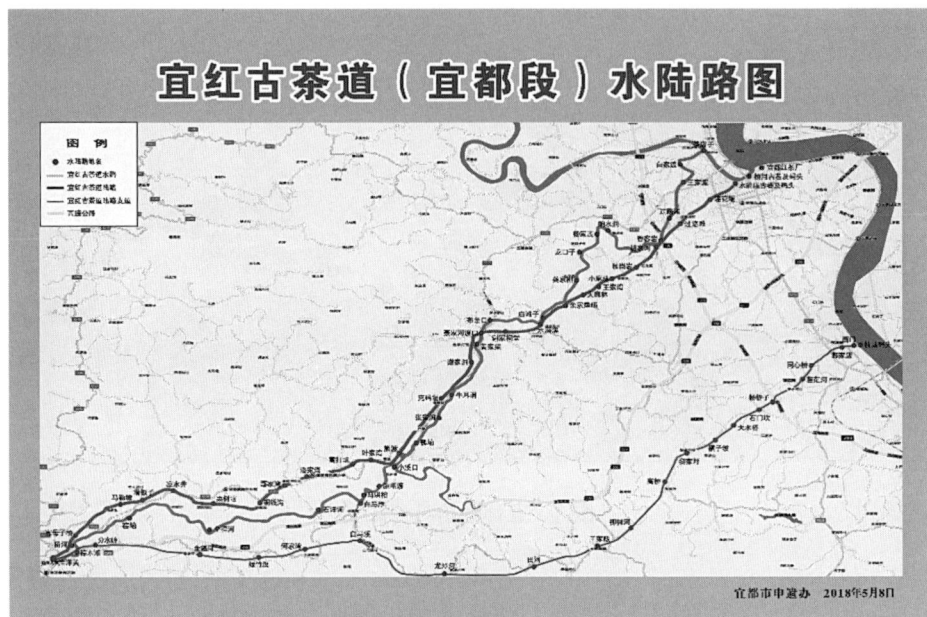

图 2　宜红古茶道（宜都段）水陆路图

驮 100 斤，这一趟可运出四五千斤茶！顾彩往返行程三次写茶客、茶帮，除了人肩挑背驮外，运载畜力都只写了驴。

顾彩的这些记录说明：当时可供大型畜力驮运的大道还没有修好，道路崎岖险要处太多，加上茶叶是泡松货，占有空间大，用骡马驮运，崎岖险要之处根本过不去。连顾彩骑马，遇到险处还得下马步行。所以运茶的牲口是以驴为主。关于道路的险峻，"纪游"中的很多词句，都能说明问题："草昧险阻""荒草茸杂""冈峦回互""荒阜连亘""硗确泥淖""如行蜀栈""乱石嵯峨""瀑布奔注""水冷砭骨""人马皆惴"等等。容美土司的重要客人顾彩走的官道、大路都只能供人和小毛驴往来，更何况民间小路了，由此便知容美土司管辖区域的道路状况了。虽然山路崎岖难行，但是多次遇到茶客，从另一方面也说明容美土司管辖之地产茶，量也很大，山区的羊肠小道已有运茶的功能，只是从茶叶中获利有限，还没有到官商拿钱修路运茶的程度。

再从长江边宜都境内 2017 年 12 月发现的大麻林修路碑，可从另一侧面证明当时通往鄂西山区的险要，1880 年前滴水崖到大麻林段的路况是"山石危，荆棘蒙。山腰凿险辟幽，因坡之崎岖，为路之曲折"。当地绅士名人胡寿轩和谢厚之等领修，当地有钱人和徽州、沙市等地的商户助修。"庚辰（1880 年）春集同事十余人，度地量工"，"凡三阅岁而告成"，即光绪九年（1883 年）才修成骡马驮运道。

从以上资料我们可以得出结论，从长江边的宜都通往湘鄂边界的道路在鄂西山区红茶产生前，即清光绪初年还停留在乡间小道的水平，仅能通行人和用小型畜力如驴子驮运货物。

宜红古茶道的产生

红茶的外运催生了古茶道

宜红茶起源于武陵山东段的大山深处，茶号在茶区组织生产的最大难点在于交通运输，因此当广东帮改制红茶成功后，建筑适宜骡马驮运的大道就成了他们优先着手解决的问题。据《鹤峰州志》记载："邑自丙子年（1876 年）广商林子（紫）宸来州，采办红茶。泰和合谦慎安两号，设庄本城、五里坪，办运红茶，先后在鹤峰进行绿改红，载至汉口兑易，洋人称为高品。"正是鄂西山区有广东商人在此将原大量生产的绿（白、青）茶改制成红茶，带来了巨大的利润，他们出资修建了鹤峰、五峰的主要骡马驮运道，"粤商林紫宸为了采购、运销红茶，捐资改修了南北镇至白果坪、大岩关、三路口、水潭子、水泛司、锅炉圈、清水佘、石龙洞、城关以及从三路口至青山坪、五里坪、南村、南渡江、三里荒、杨柳坪、城关等地的人行道为驮运路。"（《鹤峰县志》1990 年版，第 229 页）。"广东中山县林子臣（亦名林紫宸）出资修筑湾潭经九门、张家垭到南北镇至湖南宜沙（泥市）驮运道长 70 余公里和湾潭经黄家湾、将军垭、树屏营、后槽、桂枝岭、莫家溪至前坪驮运道"。(《五峰县志》1994年版，第203页)。

在五峰、鹤峰红茶源头区的骡马道修建的同时，红茶外销转运的骡马道也在加紧修筑。"汉阳张人杰出资修筑长（长乐）宜（宜都）道熊渡段。"而宜都当地一批社会贤达也积极倡修，在富人和商户们支持下修通了熊渡到聂家河经庙滩子、大麻林到长江边陆城的骡马驮运大道。其中庙滩子修路碑显示，从水磨溪桥到庙滩子是"上达鹤峰，下至宜都"的必经之路，由鲜于大雅（字颂臣，太学生）倡领修，有50多位当地官绅富人捐款相助，于光绪四年（1878年）完工建成。而据大麻林修路碑载，胡寿轩、谢厚之、胡大甲他们"庚辰（1880年）春集同事十余人，度地量工"，并得到当地有钱人和徽州、沙市等地的商户近200人资助，"凡三阅岁而告成"，即到光绪九年（1883年）终于完成了现聂家河镇肖家岗村滴水崖到姚家店镇张家冲村大麻林计4公里的骡马道修建。

虽然从宜都到渔洋关的骡马驮运道不是鄂西改制红茶的广东商人直接出资修筑，但也能找到他们的影子：在大麻林修路碑文中，我们发现在捐款人名录中有"源泰和""元泰"的商户，这与清末民初在渔洋关开茶庄的商户名称一致，不应是简单的名称巧合。清末红茶的大宗出口，客观地推动了宜都到湘鄂西边界大山深处的宜红古茶道建设。

宜都段宜红古茶道是骡马驮运大道，它的建筑标准宽度是轿马并行，或者说可达到大型牲畜如骡马驮运货物畅通无阻的要求。即一般路面宽1.5米以上，全由手工凿成的青石板铺成，上下坡的台阶一般宽0.3米以上、厚0.2米，全路段基本达到雨天不沾泥的标准。古道上每隔15公里左右，均有当地人开设的客栈并配有骡马棚，以方便往来客人、挑夫（背脚佬）、马帮等歇脚过夜。

据考证，在光绪初年，与鄂西红茶的生产相伴而生的第一批大规模修建的宜红古茶道主要路段有：星岩坪至宜沙段120公里，鹤峰县城至宜沙段120公里，宜沙至石门县城段105公里；五峰镇经星岩坪、岩板河至鹤峰县城段150公里，五峰镇经北风垭至鹤峰县城段120公里，五峰镇至采花台段60公里；

渔洋关至长阳城五河段 60 公里，渔洋关至宜沙段 60 公里，渔洋关至五峰镇段 60 公里，渔洋关至宜都市陆城段陆路 60 公里、沿渔洋河水路 68 公里。

宜都境内宜红古茶道水陆并行的唯一性

因渔洋河可季节性通行"摇摆子船"直到宜都陆城，故在五峰县渔洋关以下便产生了由水陆路并行的两条宜红古茶道的主路，这在宜红古茶道中具有唯一性。从渔洋关往下行，陆路在左，水路在右；到聂家河后，水陆交叉，水路在右，陆路在左。因此，聂家河成为这段古茶道上的一个重要集镇，聂河古渡口见证了古道兴衰的历史。在现聂家河镇肖家岗村五组河边张家屋场经滴水崖往下到大麻林上坡一段约 1.5 公里，这段宜红古茶道的水路和陆路完全平行，在陆路下、水面上的 2—3 米河岸边生长着大量的国家二级濒危珍稀植物中华文木，又成为一段特殊的景观。

从陆城清江边的桥河码头沿渔洋河到渔洋关中码头的水路共 68 公里，清朝末年仅能下行载货 2 吨的小摇摆子船，后经过疏通，特别是民国初年和 1951 年后的多次除险疏浚，行船载货能力得到显著提高，到 1957 年时下行船可载 4 吨货物。从渔洋关走陆路到长江边的枝江县城（现宜都市枝城镇）还有顾彩曾经走过的，在《容美纪游》中描写的大道，我们把它称为宜都境内的宜红古茶道支路，即经分水岭、全福河、绿竹溪、郑家湾、何家湾、白马溪、龙潭河、三义桥、兰家堰、田河、王家畈十字街、柳树河、周杨桥、高桥、黎家坪、橘子坡、大水桥、石门坎、杨桥子、芭茫河、挂榜岩、同心桥、郭家店、西门到枝城老码头。这条道在王家畈十字街分道经朱家坪、香木坪、肖家隘、望佛山、长冲、姚店到宜都县城也是大道。

宜都古茶道上的逸闻趣事

从渔洋关经水路、陆路出山，陆路上坡下岭，水路经一梁二垴九子十八滩后到宜都县城，有很多值得我们记忆的故事。

省长坐摇摆子船（据 1924 年出生，1943—1963 年在渔洋河里驾船的五眼泉镇人曹启明讲述） 1957 年 4—5 月"布衣省长"张体学率工作团在恩施专署一个多月，回程时他们一行 10 人步行 300 余公里，考察了鄂西几个县的交通、经济状况。经宣恩、咸丰、来凤、鹤峰、五峰到宜都。在五峰县城接到省政府催省长速回汉的紧急通知，张省长一行 4 人于 6 月 12 日骑马，下午 4 时左右到渔洋关，坐上等候多时的摇摆子船。船到施毛渡，天色已晚，他们配上煤气灯行船，但在熊渡沟口，一个浪花打来，灯泡破碎，虽然皓月当空，但"一等一"的驾船师傅们还是不敢大意，小船只好暂停张家涧，张省长在船上就宿过夜，13 日中午过后达宜都县城。这次考察直接影响和促进了宜都到鄂西山区的公路建设，1957 年 10 月五（峰）鹤（峰）公路动工兴建，1958 年 8 月五（峰县城）渔（洋关）公路通车，1959 年 4 月五宜（都）公路建成正式通车，不久，五鹤、鹤来（凤）公路相继建成，使这几个县的交通状况发生了根本性的变化。

庞大的红茶船队（据 1924 年出生，1943—1963 年在渔洋河里驾船的五眼泉镇人曹启明讲述） 从民国初年开始，渔洋河就是宜红茶外销转运的主要通道。1950 年后，政府雇用渔洋河的摇摆子船大量运送红茶到宜都，因宜红茶是重要的出口换汇物资，很金贵，其水运规定也十分严格：先将驾长按三等九级评选，凡一等一级、一等二级的方才有资格运红茶；二是船要新，破旧的船禁止运红茶；三是一船严格限载 1.5 吨，但按 2.5 吨的运价结算；四是每次运茶均统一集中发运 10 船，每船 3 名水手，1 名解放军战士带枪押运，船队庞大，尤为壮观。据曹启明介绍，他在河里驾船二十余年，装茶无数，没出过一次损失茶叶的事故，唯一的事故是龚家棚的刘长进驾陈家六佬的船运红茶，行经渔洋河的马芙蓉时，船底被乱石撞了个洞，他一声号子，同行的十条船都停下来帮忙，将茶包甩上岸，所幸茶叶一包都未受损。曹启明还介绍，渔洋河历史上最多有 99 艘条摇摆子船跑运输，渔洋关人向崇进打的第 100 条船，新船第一次下河后在熊渡的尿口子触礁，船毁货失人伤，此后就再也没人造第 100 艘船了。1956 年合作化时登记造册的船有 96 条。

红军烈士叶光吉 ①　叶光吉（1900—1933 年）的老家在潘家湾土家族乡将军山村宜红古茶道上的叶家湾。他幼时读过几年私塾，13 岁学兽医，1919年到渔洋关给宫福泰的商行赶骡马运货，后任骡马队长，串乡走寨，足迹遍及湘鄂川黔边十数县。宫福泰家的"源泰茶庄"是渔洋关最大的红茶庄，年生产宜红茶 2000 余箱。从湘鄂西各产区将红毛茶运到茶庄，再将精制米茶运到宜都，叶光吉的骡马队走的就是这条古茶道。1929 年 4 月，叶光吉驱骡马 24匹，运棉纱等货物前往鹤蜂，在五峰县城路遇过去的骡客贺龙，遂携物资投奔了红军，1931 年 3 月任红三军经理部部长，1932 年 11 月任红三军第七师师长，1933 年 7 月被诬为"改组派"首领，捆绑押解途中，于鹤峰县洗马坪白岩山含愤跳崖，摔成重伤被杀。

红火的铁匠铺　据现居住在宜都市姚家店镇张家冲村 4 组 1927 年出生的铁匠曾凡直讲述，姚家店镇张家冲村古茶道上的高袁冲古石桥边有个"宏发铁货老店"，红火了 100 多年。老店的第三代传人也是最后一代铁匠师傅叫曾凡直，1927 年冬月生人，打铁一辈子，直到 2000 年前后才歇业。他 3 岁时由父母送给曾庆益做义子，长大后跟养父学打铁手艺，后与养父的女儿成婚。曾庆益是当地远近闻名的铁匠，老店也开得最红火。曾庆益的父亲曾宏发是瞄学（方言，没有师傅教、自学的）的铁匠手艺，凭聪明开起了铁匠店。曾庆益和贺龙还有一段交情：当年贺龙赶骡马路过，在他店里打马掌，因曾的手艺好，贺请他修理和打做过一批老式能打独子的铁制手枪，贺因此还送给曾一件皮背褂子。

现代公路代替古茶道是社会发展的必然

宜都到渔洋关段宜红古茶道在清光绪初年建成后，发挥了重要的货物运

---

① 湖北省枝城市地方志编纂委员会编纂：《宜都县志》，湖北人民出版社出版 1990 年版，第683—684 页。

输、人员往来、民族融合等方面的作用，特别是民国以来，宜红茶的加工集散中心北移至渔洋关后，广大宜红茶产区的红茶均要通过这条水陆路运到宜都中转，再水运汉口外销。这段路成了名副其实的宜红古茶道，有力地促进了五峰、鹤峰、来凤、石门等湘鄂西大山深处的经济发展和社会进步。

（1）公路运输是社会发展的必然。"宜（都）五（峰）公路于1956年由省公路局测量设计，1958年3月20日破土动工，共用工93.79万个，完成土石方50.5万立方米，总投资63万元。1959年4月1日建成通车。途经姚家店、聂家河、王家畈、毛湖埫4个公社到分水岭进入五峰县境。"①随着五宜公路的建成通车，宜都境内的古茶道逐渐荒废，湮漠在历史中。

1959年幸福渠的修建，导致渔洋河水路段的一部分无法再行船，等到1966年全福河大坝建成，水运功能被完全废弃。

而1966年来凤公路的全线通车则标志着全宜红区的古茶道被不再发挥茶叶运输作用，正式走入历史。

（2）宜都境内现存完好的路段。宜红古茶道宜都段陆路目前保存完好的有两段，分别是大麻林段和熊渡浆踏子坡，其余路段原貌均已改变。这两段路面整齐、石板光滑，足以说明它修筑时工程巨大和所承载的客货流量。

大麻林段始于聂家河镇肖家岗村五组河边的张宗太的老屋，止于现姚家店镇张家冲村四组的牟家坳，全长5公里，从上往下依次包括滴水崖、余家老屋场、大麻林、六角井和亭、小麻林，其中石板路原样保存的是大麻林，基本处在毛竹林中，这种小毛竹过去多用于造纸，故又称麻林。这段路两端离村民居住点较近的区域，在20世纪70年代，部分石板用于打垱造田或建集体养猪场，后又有部分改修成了水泥路。大麻林石板路沿途石头上放过炮的残眼、揆撞子印、老岩台阶上的铁铣凿印等随处可见，还有两处"三寸金莲"的"美人脚印"。在肖家岗一端开始爬坡的第三级台阶边原立有功德碑，该碑高1.5米、宽0.8

①　湖北省枝城市地方志编纂委员会编纂：《宜都县志》，湖北人民出版社1990年版，第255页。

米左右，阴刻捐资修路人的姓名和捐款数，现根据五块残碑复制的仿品立于余家老屋古道边。

熊渡浆踏子坡始于原熊渡河边客栈，止于现潘家湾土家族乡将军山村二组古家，全长2公里左右，下半部分因熊渡水电站蓄水淹没，上半部分原样保存。在古家稻场坎下路边老岩上，有过去木匠记数用的"778"三个阴刻数码字，表明从河边上垴共有台阶778级。

渔洋河水路目前仅有香客岩水电站坝下到汇入清江河的刘家嘴段河道基本保持原样，但过渡、行船的滩涂痕迹已不复存在。其他地方均被熊渡、金涧、金桥、金滩和香客岩五个梯级水电站的开发和蓄水改变了原有模样。

宜都老城区是宜红茶的转运枢纽

宜都因地处进出湘鄂西山区多个县的要冲，不仅是宜红茶外销转运的枢纽，而且还是历史上的茶叶生产区。

宜都自古产茶

宜都地处江汉平原向鄂西山区的过渡地段，境内有部分武陵山向东延伸的余脉，属中国西南茶叶起源中心范围，是历史产茶区。

茶圣陆羽（733—804年）所著《茶经》在开篇中描述有"茶者，南方之嘉木也。一尺二尺乃至数十尺；其巴山峡川有两人合抱者，伐而掇之"。这里的巴山峡川就包括宜昌、恩施一带地区。据专家推算，灌木类的茶树要长到两人合抱的粗度，树龄要达上千年，这就说明2300多年前宜都就有茶树栽培生长。而且陆羽在《茶经·八之出》中还认定宜都是当时全国出好茶的地方，"山南以峡州上（原注：峡州生远安、宜都、夷陵三县山谷），襄州、荆州次，衡

157

州下，金州、梁州又下"。

宜都历史上曾经产有明月茶、洪山茶和横碛白尖茶三大名茶。"峡茶……《茶谱》（由朱权著于明正统四年，即公元1440年）云：峡州小江园、碧涧䔲（音liáo，茶名用字）、明月䔲、芳药䔲、茱萸䔲，皆茶之极品，是峡茶，旧已擅称。"①据考证，"明月茶"产于松滋与宜都交界的明月寺附近，而明月寺遗址现属宜都市枝城镇何阳店村。"洪山茶：产于海拔580米的松木坪镇洪家大岭。由于适宜的土壤、雨量、阳光等自然条件，生长的茶叶幼嫩，再经传统工艺精心制作，具有'金黄色、绿豆汤、甘凉味、芬芳香'的特点，为本县传统名茶。因品质极优，在清代曾作'贡茶'敬献皇宫"；"横碛白尖茶：我国茶叶专家庄晚芳教授曾在《中国名茶》著作中予以记载。产于姚店区横碛一带。每年清明节前后，采摘幼嫩叶芽，经杀青、揉捻、提毫、焙干四道传统工艺制作而成。……素以'汤浓、味醇、形秀、色翠、毫白'著称"②。

宜都境内流传有松木坪镇的洪家大岭、五眼泉镇的木鱼包和王家畈镇的袁家岭三个产好茶的地方。洪家大岭前文已述。木鱼包现属五眼泉镇拖溪村一组，面积约0.3平方公里，拖溪从旁流过，包顶高出四周水田30米左右，因形象庙中法具"木鱼"而得名，据当地人称，木鱼包自古就有茶园，始种植于何时尚无人考证，现有的部分茶树蔸上生满苔藓地衣，专家估计园龄肯定在百年以上。袁家岭现属王家畈镇大沟村一组，土壤属泥质岩黄壤性土，最适宜茶树生长，是宜都的历史产茶区，也是宜都境内仅有的一家行政村级的茶场。据1982年宜都县地名领导小组编的《湖北省宜都县地名志》载："袁家岭茶林场，该场系大队级行政编制，属毛湖埫公社辖，驻袁家岭村，共有3个生产队，2个自然村，240人。耕地480亩，主产茶叶及少量农作物。"该场在20世纪六七十年代，农民凭交售毛红茶的数量由国家供应相应的口粮。

---

① 《湖北通志》卷二十二，商务印书馆影印，民国十年版，第786页。

② 湖北省枝城市地方志编纂委员会编：《1990年版宜都县志》，湖北人民出版社，第187页。

唯一的峡江风貌宜都老城区是宜红茶转运的枢纽

清朝末年渔洋关开始设红茶庄，"光绪二十五年（1899 年），广东郑继庭在渔洋关办泰和合茶庄，于光绪三十年停办。后有义成生、志成、仁华等茶庄。"① 这些红茶庄生产的精制红茶均由宜都转运汉口外销。据民国二十一年（1932 年）《石门县志》水道志载：宜沙"明时置泥沙塘，附近山地故饶好茶。清末，粤商卢月池设泰和合茶号于此，建筑崇杰为全邑冠，售茶年达三十万斤，合其他各号计之可达百余万斤，为售茶之最盛时期，近来茶叶衰落，年仅达数万斤，而售茶中心地北移于鄂境之渔阳（洋）关矣"。民国初年宜红茶的加工集散中心北移至五峰县渔洋关后，宜红茶产区四县（石门、鹤峰、五峰、长阳）的毛红茶均通过背脚佬或骡马驮运到渔洋关的红茶庄精制加工，然后沿渔洋河用小摇摆子船水运到宜都集并，枯水时也由人工背负或用骡马驮运走陆路到陆城，加上在陆城精制加工的少量宜红茶，再通过大型的木帆船或小火轮顺长江运汉口外销。宜都县城成为宜红茶转运的唯一枢纽。

宜都县（市）治陆城，"自西汉置夷道县以来……一直为县治所在地，是全县政治、经济、文化的中心，公元 222 年蜀大军攻吴，吴偏将军右都督陆逊领兵抗蜀，于此筑土城，陆城因而得名。"② 经过 1700 多年的多次修筑、发展，至民国年间，陆城已拥有较为完整的桥河、临川门两个石砌台阶码头和新街、燕子岩、水府庙三个简易码头；有外地客商云聚而成立的"山陕会馆""江南宁阳会馆"；有大量较为完备的饮食、客栈、仓储等社会服务机构，成为进出鄂西南和湘西各县的重要节点城镇，是进出五峰、鹤峰最为便捷的人员往来和货物集散地。

---

① 湖北省五峰土家族自治县地方志编纂委员会：《五峰县志》，中国城市出版社 1994 年版，第 9 页。

② 湖北省枝城市地方志编纂委员会编：《宜都县志》，湖北人民出版社 1990 年版，第 58 页。

宜都市现保存较好的桥河、邻苏、燕子岩、水府庙等历史街巷与清江垂直，大量清代民国时期建设的房屋高低错落有致，具有典型的峡江风貌，在长江中上游地区现已成唯一，具有重要的保护利用、旅游开发等价值。

宜都市陆城街道现保存较完好的桥河、邻苏巷历史街区，在民国年间承担和见证了宜红茶的转运活动。其中桥河巷今属陆城街道办事处胜利社区，呈南北走向，全长150米，是陆城最完整的历史街巷之一。巷东与半边街毗邻，西背邻苏巷，巷道街面保存了明朝时期石板铺陈的显著特点。巷道两侧现存清代至民国时期建筑35栋，青灰砖墙，相间以封火墙垛，历史风貌完整。今保存较完好的历史建筑10栋。原巷道内有大信花行、鼎泰恒、茶商仓库、茶馆、餐馆等商号商铺，是鹤峰、五峰、石门、宜都等地茶商、航运和码头工人会聚的地方。

邻苏巷仍属胜利社区，是今存陆城保存最为完整的历史街巷，东与桥河巷相连，西背杨守敬故居。巷道南北走向，全长100余米。巷道以青石板铺成，巷道两边保存晚清至民国时期历史建筑22栋。巷道原有茶馆、茶叶商铺、文具店、盐局、米铺、客栈等，是清朝至民国时期陆城最为繁华的商业活动街区，当时陆城最大的茶商"同裕茶行"即位于巷道最南端，该巷是鄂西南最重要的红茶集散地，是"宜红古茶道"不可多得的物证。

民国期间宜都有专营宜红茶的机构

据考证，宜都市陆城在清末民初开始有专营茶叶的庄号，其中规模较大的有三家。

清朝宣统元年（1909年），鲜于南谷（1887—1968）在陆城燕子岩开设"福星玉茶漆行"，专作茶叶和生漆生意，民国二年（1913年）因生意日渐发达，鲜于南谷带了一个徒弟，请了两位先生，到了民国十三年（1924年），鲜于南谷已经成为宜都街上数一数二的大资本家了。他的茶漆行位于陆城清江路，坐南朝北，临西正街有三间门面，四个天井的进深，前面两个天井的房屋是两层楼房，后面两个天井是三层楼房，房子的后门在现陆城一小的大门处，该房屋因修清江路而全部被拆除。福星玉茶漆行长年雇工 7 个，其中 2 人做饭，加上老板及他的大儿子、四儿子共 10 人都以茶漆生意为主，忙时家里的女眷也做些细活。他家经营的茶叶以绿茶为主，兼营红茶和少量黑茶，货源以五峰、鹤峰、长阳为主，在当地只收明前的横碛白尖茶。每当茶叶上市时，店里的伙计就负责外出接货，近的到皂角树，远的到过路滩，为保证接货顺利，伙计们平时还要练些拳脚功夫；山里运茶多以骡马为主，运一批茶少则 4—5 匹，多时有 10 多匹牲口，每匹可驮茶叶 100 公斤左右；为方便货物运输，鲜于南谷还在唐家巷开了家骡马栈，租给聂家河邓家畈的邓长生经营。福星玉茶漆行收购的都是毛茶，行内一年四季都有人做茶，忙的时间有大半年，临时的赶茶工多在 30—40 人。精制好的茶主要批量销往上海、武汉、沙市等地，行里还经常住有买家；门市以经营当地人喜欢饮用的各种绿茶。

"1923 年春……罗享权（号镒亭），与亲友谢泽之、王达五合伙，集资二三千吊钱，租佃新街上首陈寿清的铺面一间，开办了'同裕茶号'。"这是宜都城关开办最早的茶行之一。到 1929 年茶行有了很大的发展，赢利颇多，后来股东谢泽之和王达五先后从茶行退出，自做其他生意，茶行就只有罗镒亭同儿子罗义甫、罗明五三父子经营了。因罗明五自幼读过私塾，早年在沙市的茶庄当学徒，学得一身过硬的品茶和制茶技艺，加上他为人善良义气，性情坚韧，被宜都商界人士送一雅号"罗好好先生"，生意越做越大，虽然同裕茶号只做内销茶，但其规模却占全宜都茶市的五分之二。①

宜都西正街 186 号现存一栋清末民初修建的老房子，这里在 1929 年至 1945 年间曾经开设过"天成红茶号"，是民国年间宜都城关唯一一家专营宜红茶的茶庄。天成红茶号是渔洋关最大的红茶号老板宫福泰的长子宫葆初

---

① 枝城市文史资料委员会：《枝城市文史资料》第 3 辑，内部发行，1989 年版，第 99—107 页。

（1889—1951 年）与郎舅——陆城富商敖翠凤所开，主要精制加工清江沿岸及宜都周边所产的毛红茶，处理渔洋关调运宜都的红茶业务，在水府庙设有办事处，管理宜都港口的红茶仓库、转运等工作，茶号大师傅由源泰茶号的技术骨干黄足三担任，年产宜红茶近千箱，1940 年日本占领宜昌及长江北，茶号关闭。1945 年日本投降前夕，宫葆初变卖了天成红茶号的资产，参股宜都、五峰等地商人成立的，专门精制加工生产宜红茶的"天生实业股份有限公司"，但因社会动荡，公司未运行多久就关闭停业了。

宜都红茶厂是宜红茶的加工集散中心

1949 年 10 月新中国成立后，大规模的经济建设需要从外国进口大量的工业机器设备和钢铁生产材料，1950 年 4 月与苏联签订《中苏贸易协定》之后，我国开始向苏联及东欧各国出口红茶，出口额度逐年增加，从而促使宜红茶的生产得到了迅速的恢复和发展。

宜都红茶厂是宜红茶区的唯一精制厂。

中国茶叶公司中南区公司在 1950 年度工作总结中明确指出茶叶工作的任务是："茶叶是我国对外贸易的重要产品，这次我国和苏联所签订的中苏贸易协定，关于茶叶一项，即为运苏作偿付交换机器的用途。为了赚钱完成政府给予我们这一重大任务，所以要进行增加茶叶生产，提高茶叶品质，重要的要激励茶农增产的情绪，以谋大量争取外销市场。"[1]国际市场的需求给宜红茶的恢复、发展带来了机遇，"宜都红茶厂"的成立是宜红茶进入到一个兴盛期的标志性事件。

随着红茶生产技术的快速发展，为了适应市场的变化，在 1951 年，原宜

---

① 宜都档案馆：《中国茶叶公司中南区公司 1950 年度工作总结报告》，第 2 页。

红区收购处被中国茶叶公司改
建更名为"宜都红茶厂",并由
李治平、贺发绪分别担任宜都
红茶厂的正副厂长,同年3月
在宜都县城关奠基开始建厂,
5月"中国茶叶公司宜都红茶
厂"正式挂牌成立,宜都红茶
厂厂房工程由中贸部基建处主
持,宜昌四家私商联合投标承
建,共投资8.67亿元,总占地
面积4.2万平方米,其中建筑面
积占地21594平方米,并配备
有少量的茶叶加工机械,这些

图3 中国茶叶公司宜都红茶厂厂徽

机器由华东工业部机械工业处设计,在武汉加工,主要设备为:圆筒筛机3台、
抖筛机3台、平圆筛5台、圆片切茶机1台、滚筒切机1台、风选机2台、拣
梗机14台。工厂实行手工劳作与机械生产相结合的生产方式,年加工能力为
3000担,同年9月正式投产。

　　1951年4月,经过中茶公司的同意,"中国茶叶公司宜都红茶厂泥沙手工
厂"在宜红茶的传统生产区湖南省石门县泥沙镇(今壶瓶山镇)原泰和合茶号
成立。作为宜都红茶厂的一个分厂,由宜都红茶厂领导,全手工精制,5月招
收临时工人500名,当年精制宜红茶3800担。

　　宜都红茶厂成立后,逐步建立了一个包含毛红茶生茶服务与运输收购一体
化的体系,这一体系遍布宜红茶产区。在该茶区生产的毛红茶的收购、加工、
精制和外销业务完全由宜都红茶厂垄断,没有其他的商号和公司在该产区进行
红茶收购和精制加工。宜红茶区生产毛红茶的区域在传统的五峰、鹤峰、石
门、长阳四县的基础上也有很大地扩展,形成了跨越湘鄂两省三区十六县的大
宜红茶产区,其中三个大区分别为宜昌专区,包括五峰、长阳、宜昌、秭归、

兴山、宜都；恩施专区，包括建始、利川、恩施、巴东、宣恩、鹤峰；常德专区，包括石门、慈利、桑植、大庸。种茶农户达到 5 万户，计 25 万余人。

随着宜红区毛红茶相关服务、收购、精制体系的建立，以及地方政府采取了扩大红茶生产的宣传、预付定金、不拒收限收、公平交易、打击私贩等一系列的鼓励红茶生产措施，宜红茶的生产得到了快速的恢复。据统计，在 1952 年，宜都红茶厂收购毛茶达到了 26277 担，加上泥沙手工厂的收购量，该年的茶叶产量已恢复到 1920 年 3.5 万担的历史最高水平。

各级政府采取多种措施扩大宜红茶产量。

随着市场对宜红茶需求的不断增加，湖北省政府在 1954 年决定对其进行增产。一方面，在宜昌、恩施两地区扩建和新建茶园，增购机器设备。另一方面，将原生产绿茶和白（青）茶的区域改制成红茶，并进行严格的计划管理。

一是新建规模茶园。为尽快增加茶园面积，宜红茶区掀起了大面积新建茶园的热潮。1953 年宜昌专署在宜昌县邓村新建 300 亩的示范茶园，同时加强老茶园改造，使"钓鱼竿"和"棒棒茶"茶园变为高产茶园①；同年鹤峰县国营走马茶场兴办，当年垦荒 550 亩，次年播双行等高条植茶园 220 亩。② 由于土地改革激发了农民的生产积极性，加上国有茶场的兴办示范带动，不少茶民也自发地新建了一批新茶园。到 20 世纪 50 年代末宜红区茶园种植面积达到历史最大规模。

二是初制机械化。新中国成立前，农村无动力设备和械器，红茶揉捻工艺完全由手工完成，茶叶少时用手搓成条，多时将萎凋叶倒入高 4.5 尺，直径 4.5—6 尺的木桶内，赤脚踩揉，若制茶人身轻，则常背上装有石头的背篓揉茶，直到茶叶成条、茶汁溢出，这种原始方法工效低也不卫生。1953 年 5 月宜都红茶厂长阳都镇湾茶站的刘兴汉创造了木质揉茶机，以手摇为动力，比手搓脚踩工效提高很多，且卫生干净。宜昌专署农业局技术干部翁寿楠发现后，

---

① 翁寿楠：《宜红茶史略》，《茶叶》2004 年第 3 期，第 174 页。
② 湖北省鹤峰县史志编纂委员会编纂：《鹤峰县志》，湖北人民出版社 1990 年版，第 172 页。

及时加以总结，形成"刘兴汉创造木质揉捻机"一文，在 10 月 1 日《宜昌日报》进行了报道宣传，年底，专署发文对刘兴汉进行了嘉奖，并由建设科拨出专款加以推广。1954 年在手摇揉捻机的基础上，五峰县石梁司制成脚踏揉捻机，宜昌县邓村示范茶场制成了畜力揉捻机，长阳县高桥制成了 4 台联动水力木质揉捻机。同时，中国茶叶公司给宜红茶区送了一批铁质手摇揉捻机。据统计，"1956 年 70% 以上红茶，都是用机子揉捻，炭火烘焙、室内萎凋、新办法发酵。"①后来在五峰、鹤峰等地建立了茶机厂，可以生产铁木结构和全金属的揉捻机、烘干机等各种制茶机器，分别供应宜昌和恩施茶区。随着机械制造业的发展，到了 60 年代，茶叶的初制过程实现了完全的机械化。

三是绿（白、青）改红。根据湖北省政府的"立足本省，扩大红茶货源"指示精神，宜昌、恩施两个专署于 1955 年春开始在历史上以绿（白、青）茶为主的宜昌、宜都、建始等产茶大县率先进行了红茶改制工作，由农业、商业部门抽调人员具体指导。如宜昌地区成立了由一名副专员挂帅的红茶改制办公室，专署财办、农业局等单位抽调专人组成。省茶叶公司为支援红茶改制工作，从汉口茶厂、宜都红茶厂抽调 120 多人组成若干个工作队，分散到宜昌所辖各茶叶主产县帮助指导红茶改制工作。当时湖北省茶叶公司总技师冯绍裘（1900—1987 年）先生也来宜昌主产茶区指导宜红茶生产，其中 1955 年茶季以他为主的绿改红工作队在宜昌县各茶乡、村举办上百次红茶技术培训班，对 1480 多名茶农进行了骨干培训，同时推广以揉捻机为主的制茶机械 110 余台（套）。1956 年红茶改制工作扩大到湖北全部宜红茶产区的 12 个县。②

四是茶叶统派统购。1956 年湖北省人民委员会颁发了《关于开放国家领导下的自由市场若干问题的指示草案》，将茶叶列为统购物资，生产茶叶的农业社、国营茶场、个体农户均需完成统派统购任务，除自饮外，禁止自由贩运。各地供销社代表国家行使收购权，依照国家的牌价与标准样茶"对样评茶，

---

① 湖北省茶麻分公司编：《湖北茶叶贸易志》，内部发行，1985 年版，第 132 页。

② 湖北省茶麻分公司编：《湖北茶叶贸易志》，内部发行，1985 年版，第 130—132 页。

图4　苏联专家前往宜都茶厂访问合影

按质论价"进行收购。①

通过一系列扩大出口红茶货源的工作部署与落实，宜红茶的产量和品质有了很大的提高，在20世纪50年代末达到了历史最盛期。

苏联专家三次来宜都访问。

宜都红茶厂建立后，宜红茶产区停制红茶近10年的生产得到了迅速的恢复和发展。当时我国生产的红茶主要外销苏联及东欧的波兰、捷克斯洛伐克、东德、匈牙利等国家。苏联是宜红茶最大的买主。当时我国人民对苏联人民怀着深厚的友情，苏联多次派茶叶专家、高级官员来华指导茶叶生产，并视察参观各地宜红茶的生产。1953年2月苏联茶叶专家贝可夫等3人应邀到华中农学院（现华中农业大学）作了关于苏联茶叶发展情况的报告，受到该院茶学专业学生的热烈欢迎，也坚定了学子们下乡进厂为茶叶作贡献的志向。②

宜都茶厂因是全宜红茶产区的唯一生产大厂，也是中南区茶叶公司的重点厂，于1955年4月、1957年11月和1960年5月三次接待了苏联茶叶专家和官员的考察访问。

1955年4月，正当宜都县茶农采制春茶时，苏联茶叶专家奥列尼柯夫首

---

① 湖北省茶麻分公司编：《湖北茶叶贸易志》，内部发行，1985年版，第50页。

② 翁寿楠：《宜红茶和苏联茶叶专家》，《枝城市文史资料》第八辑，第55—58页。

次来到宜都县姚店区横碛访问了茶农李守锦、吴少伯及其他茶农。奥列尼柯夫来宜都时，当时姚店横碛不通汽车，宜都县政府从邻县借来马匹供专家乘骑下乡。4月13日，苏联专家在宜都红茶厂第一任厂长、老红军李治平的陪同下来到大路湾李守锦的茶园，兴致勃勃地观看了茶农们采摘春茶，看到幼嫩整齐的鲜叶，奥列尼柯夫伸出大拇指连声赞道："顶好！顶好。"在红亮农业社还和当地的茶叶土专家吴少伯切磋手工初制红茶的技艺。（据参与接待的1935年出生的陈德富口述）

1957年11月，苏联驻华商务代表处代表、茶叶专家格尔纳色夫第二次来宜都县参观访问。说到这次访问，还有个小故事。姚店区红亮合作社在特产股长吴少伯的带领下，于1954年改制红茶成功，后来他们加强发展和管理，使茶叶种植面积的扩大速度和单位面积产量均居全省领先地位，省农业厅派茶叶专家伍凤鸣与宜昌专署农业局翁寿楠等一道，对红亮合作社的经验进行总结，形成了《宜都红亮红茶高产经验》一书，于1957年2月由湖北人民出版社出版，向全国公开发行。同时吴少伯被评为全国农业劳动模范，光荣地出席了在北京召开的代表大会，受到了毛泽东、周恩来等党和国家领导人的亲切接见，并合影留念，其红亮农业社茶叶高产的典型材料，作为湖北省送展的展品之一在北京展览馆陈列展出。当时，参观展览的除了全国劳模代表外，还有各国驻华使节。格尔纳色夫参观展览后，对吴少伯的经验倍感兴趣，赞不绝口，并说一定要找机会当面交流。格尔纳色夫这次来宜访问，于11月15日专门来到了红亮高级农业社，与久闻其名的宜都县著名茶叶模范吴少伯进行了座谈，参观了红亮农业社制作红茶的厂房设备，查看了秋冬季上了大量农家肥的全省单产最高的茶园，并和当地干部、社员们在茶园合影留念。①

1960年5月，苏联外贸部门驻武汉商务代表、茶叶专家基尔纳沙夫第三次来宜都茶厂访问。在茶厂，他参观了刚刚完工的宜红茶精制联装生产线，对该厂在较短时间就完成了从半手工半机械到全机械再到机械联装生产的进步大

---

① 据参与接待负责宣传工作的1933年出生的张宣南记录材料。

加赞扬，对茶厂过硬的产品质量表示了充分肯定。5 月 26 日，基尔纳沙夫在宜都茶厂厂长李治平、秘书科科长胡竞先和时任姚店公社多种经营办公室主任冯云以及茶叶收购员胡康民等人员的陪同下，乘坐一辆苏联产的嘎斯车来至姚店公社青连大队（现黄莲头村）茶场参观访问。大队书记高心荣、主任尤清文、会计高圣仁和管理茶叶生产的副书记肖志成以及茶场的朱裕贤、朱裕坤、杨友信等全体人员参加了接待。为接待好苏联客人，姚店公社的领导作了充分的准备，专家来之前，组织红亮、青连等相关产茶大队编写茶叶生产的典型在公社广播中播出，其中青连大队由高圣仁写的"春茶一季超全年"的稿子连续播了两天，专家来参观当天，公社还安排当时没收工商业兼地主李祥官的房屋开办完全小学——李家冲小学，五、六两个年级的七八十名学生手拿小红旗夹道欢迎，同时组织有十多名群众在茶厂赶毛茶和生产，附近的老百姓听说有外国人来参观，看热闹的不计其数，场面尤为壮观。当上午 9 时左右，基尔纳沙夫在厂门口的公路下车后，大队书记高心荣等一干人急忙上前迎接，并和客人握手，当基尔纳沙夫伸手同欢迎他的群众握手时，有的群众因第一次见到蓝眼睛的外国人，心里害怕直后退。到茶厂后，看到车间里有很多毛红茶，还有妇女们在赶茶，他就抓了一把毛红茶闻了一下，又摊在手里看了一遍，伸出大拇指，连说了几个"好"；稍微休息了一会儿，基尔纳沙夫还不顾辛苦爬上尤家坡，很仔细地观看了当地的茶园生产情况和采茶姑娘们的采茶过程。基尔纳沙夫专家平易近人，所到之处，都和当地的农民、干部亲切握手、交谈，还同大家合影留念。[①]

苏联专家多次访问宜红茶区，极大地鼓舞了茶农生产红茶的热情，促进了宜红茶的发展。一是茶农不愁销，生产多少，国家收多少；二是茶价不断提高，茶农得到实惠。三是国家不断有制茶机械装配到基层初制茶厂，提高了制茶效益。四是形成了以多生产红茶为荣的社会风气。

宜红茶成为宜都的代名词。

---

① 据参与接待 1931 年出生的高圣仁和 1948 年出生的余元荣讲述。

随着宜红茶的出口需求不断扩大，毛红茶产量的不断提高，宜都红茶厂也迎来了她最辉煌的时期。

随着市场环境的不断变化，为了更好地适应市场环境，1955 年 7 月原宜都红茶厂更名为"湖北省茶叶公司宜都茶厂"，同时进行了大量的机器更新，逐步用铁木结构机械取代比较原始的手工制茶工具。到 1957 年底精制毛红茶的生产能力超过 4 万担，在 1959 年，宜都地区精制的宜红茶出口量达到了历史新高的 37866 担。从而让宜都成为宜红茶最具代表性的精制加工出口基地，业界人士则通过宜红茶对宜都有了更深刻的了解，宜红茶也成为宜都、宜昌乃至湖北的一张靓丽名片；宜都茶厂成为当时宜昌地区促进经济发展、提供就业岗位和税收来源的重要企业。由于宜都茶厂的巨大名气，一些人士还将宜红茶误解为单纯在宜都（昌）加工的红茶。①

宜都茶厂前十年主要经济指标统计表②

年份	总产值（万元）	宜红茶产量（担）	上缴利润（万元）	平均职工人数（名）	工资总额（万元）	备注
1951	88.59	3293	37.90	278	8.00	
1952	170 11	10082	23.00	561	15.30	1. 宜红茶产量为精制的出口产品。
1953	311.29	13699	53.70	658	20.60	
1954	352.50	16990	54.10	644	19.30	2. 本表数据不含泥沙手工厂生产量。
1955	568.84	25642	26.40	628	17.90	3. 建厂前期部分毛红茶调汉口加工，不在本表产量之列。
1956	768.27	33443	31.90	660	23.40	
1957	879.49	36895	56.30	687	25.50	
1958	886.82	37688	45.90	598	20.80	4. 临时性赶茶工不在此表之列。
1959	684.72	37866	49.30	495	18.50	
1960	769.23	34198	95.30	318	14.20	

---

① 肖执正：《宜红茶的来历与品质特点》，《茶叶通讯》1981 年第 4 期，第 38—39 页。

② 湖北省茶麻分公司编：《湖北茶叶贸易志》，内部发行，1985 年版，第 50 页。

宜都成为宜红茶最大收购加工出口基地的原因

独特的区位优势

宜红茶区多在山区，有的是大山区，新中国成立初期，百废待兴，当时宜红茶区内无公路，更无铁路，只有靠水路运输。而宜都地处长江中游，境内有三条河，长江流经宜都约 90 里；清江发源于恩施黎川县境内的齐岳山，称为八百里清江，经利川、恩施、建始、巴东、长阳至宜都汇入长江，这些都是宜红茶的产区；渔洋河发源于长阳雪山及五峰清水湾一带，经渔洋关流入宜都境内汇入清江，再入长江。五峰、鹤峰都是宜红茶的主要产区，宜红茶由五峰、鹤峰及湖南省石门县的泥沙各产茶区主要是由人工背运至渔洋关，少量由骡马驮运。到渔洋关后，再用小木船运至宜都，但在河水干涸时仍需人工背运。宜都在长江中段，水量充沛，可通达小轮船，水运更加方便。20 世纪 50 年代，宜都恩施两地区从绿茶改制的宜红茶，不少是从长江运到宜都加工精制的。宜都位于三江的交汇处，独特的自然环境优势不仅在湖北是独一无二的，就在全国范围内也是罕见的。凡从渔洋河、清江运茶来宜都的木船，返回时也是满载而归，主要是运回食盐、粮食、布匹以及其他生活用品。木船上行，在清江还可摇橹，过滩时就需要船工拉纤；而在渔洋河，则多靠拉纤。因此，将宜红茶运送到宜都进行加工转运，是由宜都得天独厚的地理优势决定的。

茶厂的重要推动作用

1951 年宜都红茶厂建立之后，对发展宜红茶产业起到了重要作用，宜都红茶厂的职工团体主要分为三部分：一是军队转业干部，主要是茶厂的大小领导。如：红军老战士李治平担任厂长，而且党委书记、各科室主要负责人、各县的宜都茶办事处主任都是部队转业干部；二是新中国培养的一批科技、财会人才，宜都茶厂有 4 名大专茶叶科技干部，这在当时的地县级单位是少有的人才；三是 1949 年以前从事茶叶和机械专业的业务人才，这些人员长期从事茶叶生产加工，具有丰富的经验和技术水平，是茶厂经营的骨干力量。建厂时，全厂正式员工多达 200 余人，还有大量的临时工、季节工，高峰时，全场有 1200 余人。

1954 年，为了适应外销出口的需要，省政府决定将宜昌、恩施两地区的绿茶改制成红茶，宜昌、秭归、兴山、宜都和恩施等地大部分茶区除保留少量的著名绿茶（如远安的鹿苑茶、恩施的玉露茶）外，其他绿茶均要改制为红茶。将绿茶改制为红茶需要改变茶农多年的传统制茶方法，不仅在技术上有困难，还需要配套的机械物资。当时省茶叶公司由宜都茶厂、汉口茶厂抽调 120 多名员工，经过短期培训以后，奔赴改制红茶的第一线，帮助和指导茶农改制红茶，而宜都茶厂出人最多，达百余人。省茶叶公司还派出以总技师冯绍裘先生为首的工作组到宜红茶区指导改制红茶技术。宜都茶厂当时有 6 台白井式铁木结构的揉捻机也移交给农业部门，发放给茶农作改制红茶之用。宜昌县当时作为绿茶改制红茶的重点，宜昌专署 1954 年至 1956 年成立了改制红茶办公室，除有一位副专员挂帅之外，由当时的专署工商科、建设科、宜都茶厂、宜昌地区茶叶公司共同抽调干部组成。历时三年终于完成改制红茶的任务，在改制红茶区就地培训茶农 1480 人次，推广以揉捻机、发酵箱为主的制红茶机械 200 余台，彻底改变了传统制红茶用脚踩手搓不卫生的状况，从而提高了宜红茶的品质。

宜都茶厂不仅抽调大量职工参加外县的改制红茶，1954 年还配合农业部门开展对宜都本县的改制红茶。宜都县产茶虽少，当时比较集中的是姚店区红亮农业合作社，这里是宜都著名的绿茶产地。红亮社有 201 户、892 人、劳动力 470 人，耕地面积为 1448 亩，其中旱地及旱坡地 733 亩，在旱地上除有些旱粮外，主要是茶叶和柑橘，当时茶园总面积近百亩，成功投产茶园 31 亩，

1954 年改制红茶之前，产茶 6000 余斤，亩产茶达到 220 斤，这一亩产量在当时全省都属于高产。从 1954 年改制了一部分红茶，生产成本低，红茶售价也较高，调动了农民的生产积极性。1955 年全面改制红茶后，农业部门接收的揉捻机无偿送给了红亮社一台，有了机械，加上农业部门和宜都茶厂科技人员的技术指导，这一年红亮社生产红茶 8680 斤，平均亩产达到 280 斤，比 1954 年增产 27%。其中红亮社副社长兼特产股股长吴少伯有 1.2 亩茶园，产干茶 480 斤，亩产达 400 斤，创当时茶业新纪录。

宜都茶厂成立以来，为宜红茶区发展茶叶生产改制红茶做了大量工作，成果丰硕。与此同时，宜都茶厂加工精制出口宜红茶也是连年增长，宜都茶厂自身也得到快速发展。1957 年后，宜都茶厂建立起了宽敞明亮的大楼，上下两层可供千人工作，还扩大了精制车间，添置了先进的制茶机械设备。职工们住房也有了改善，有的干部住进了新楼房，改变了宜都茶厂建厂初期只有平房的历史。1959 年，宜都茶厂加工精制出口宜红茶 3.9 万担，这一年不仅上缴国家税收上百万元，而且本厂积累资金也达百万元，这在当时是了不起的巨额税利，创宜都茶厂的新纪录。成为宜昌地区创税利的大企业，受到宜昌专员公署的奖励，并得到了省茶叶公司和苏联茶叶专家的表扬和赞赏。

出口贸易的需求

1950 年下半年，中国茶叶公司在选择厂址时，就考虑到宜红茶的外销出口问题，那时《中苏贸易协定》已签订，从那以后宜红茶的主要出口国即为苏联。与 1949 年之前宜红茶主要出口英国不同，宜红茶出口英国时，英商成立有"泰和合""谦慎安""宝顺和"等商号，英国雇请当地茶叶经营者代理，英国人不愿长途跋涉至产茶区，所以当时宜红茶的收购加工精制设在五峰渔洋关英商是认可的。而苏联并未在宜红茶产区设洋行雇买办，许多国际贸易的事物都需要苏联人自己办理。随着宜红茶出口量的逐年增加，国际贸易事物也与日俱增。大约在 1954 年后，苏联决定在汉口设立商务代表处，主要从事宜红茶贸易。此后，苏联政府会派遣两三名茶叶专家和工作人员常驻于此。为了方便苏联茶叶专家的参观考察，体验茶区人民生活，交通不便的渔洋关不再适合。只有在长江边能通航的地方建厂才适宜。所以，宜都建厂是满足这一需求的最好选择。

1955年4月，苏联茶叶专家首次到宜都参观考察，当时苏联专家奥列尼柯夫参观了宜都红茶厂的审评室，看了几个精制好的茶样，又到茶厂精制车间参观。1957年11月，苏联专家又到宜都参观访问，到姚店区红亮农业社参观了制作宜红毛茶的加工厂，并与全国农业劳模吴少伯座谈。第三次苏联茶叶专家来访，当时苏联领导人赫鲁晓夫开始反华，撤走了大批专家。但两国人民还是友好地往来，中苏贸易仍在进行，当时苏联茶叶专家参观茶厂后，由李治平厂长陪同到姚店区黄莲头村访问。以上事实说明，将宜红茶最大的精制出口基地建立在宜都对我国国际交流和国际贸易具有很大的促进作用。

宜红茶的新成果

宜都市宜红茶协会是宜红茶区公共品牌的持有者。

在宜红茶的核心产区宜都市，于2011年由湖北宜红茶业有限公司发起，宜都市人民政府支持，联合市内几十家宜红茶生产厂家成立了"宜都市宜红茶协会"，对市内红茶的生产、销售和品牌建设进行行业自立管理。

2012年宜都市宜红茶协会受宜昌市人民政府的委托，代表宜红茶产区的茶农对产区外违规使用宜红茶品牌的行为进行法律维权，最终于2015年6月获得了成功，国家工商总局商标评审委员会撤销了外地一家公司的"宜红"商标，并明确指出，在争议商标申请注册日之前，"宜红茶"（又称"宜红工夫茶"、简称"宜红"）已成为宜都、五峰、长阳、恩施和鹤峰等县市出产的知名茶叶品牌，为宜昌、恩施两地区广大农户所普遍使用，并出口至海外，"宜红茶"已为相关公众普遍知晓的"名优茶"品牌，很多资料均有记载。因此，"宜红茶"已在相关市场成为一种较为固定的商品，其在该相关市场内的通用称谓可以认定为通用名称，而通用名是不禁止注册成某一企业的商标的。而外地公司对裁决不服，上诉至北京市知识产权法院，请求其撤销国家商标评审委员会的裁定。宜都宜红茶协会作为第三人积极应诉，以大量充分的事实为依据，最终赢得了北京市高等法院 2017 年 6 月的终审判决，驳回了外地公司的上诉请求。这表明被其注册的"宜红"商品商标失效，宜都市宜红茶协会代表宜红产区对"宜红"品牌的五年索讨之路终于走到成功的终点，宜红品牌成为真正的宜昌、恩施两地宜红茶产区的公共品牌。

目前虽然"宜都市宜红茶协会"只是县市一级的产业协会，但它实际承担着宜昌、恩施两个地区的全宜红茶产区行业管理的职责。

宜都宜红茶是中欧互换的 100 个农产品地理标志产品。

在宜红茶核心产区的宜都市，由宜都市宜红茶协会申报的"宜都宜红茶"于 2014 年 5 月获得了中华人民共和国农业部颁发的"农产品地理标志登记证书"，"产品生产总规模 7000 公顷，13000 吨／年"，"允许在农产品或农产品包装物上使用农产品地理标志公共标识"。在宜红茶核心产区的五峰县生产的"五峰宜红茶"于 2013 年 7 月通过了国家农业部农产品地理标志认定。

2017 年 6 月 3 日，欧盟公示了中国和欧盟互换认证的 100 个地理标志产品。"宜都宜红茶"作为湖北省唯一的茶叶类品牌位列其中，这充分说明宜红茶在欧洲国家有着崇高的信誉和品牌影响力，也将为宜红茶的出口增添新的活力。能够获得出口欧盟的"通行证"实属不易，是我国与欧盟历经 8 年艰苦谈判的成果。双方在 6 月 2 日签署合作备忘录，各自确定了 100 个地理标志产品互换认证，这些产品将享受与欧盟地标产品同样的高水平专门保护，并在欧盟获得了市场推广的支持。浙江大学 CARD 中国农业品牌研究中心和中国茶叶品牌价值评估课题组，2018 年度评估"宜都宜红茶"公共品牌价值为 8.45 亿元。①

湖北宜红茶叶有限公司是宜红茶区的龙头企业。

湖北宜红茶业有限公司现保存的原宜都红茶厂在 20 世纪 50 年代联装的宜红茶精制生产线，经中国农业科学院茶叶研究所研究员、茶机史泰斗权启爱考察认定：该公司保存的用 11 台农村传统风车组装的清风机是宜都红茶厂自主发明创造的，在全国独见；1949—1951 年三年间由华东工业部机械工业处设计，在武汉制造的 5 种机械，即双层风选机 6 台、圆片式切茶机 1 台、自动式干燥机 4 台、抖筛机 2 台、圆筒筛 3 台，现在机械还能运转，并有完整的图纸相互证明，弥足珍贵；还有铁木结构的 2 台平圆筛、4 个输送带装置设备制造时间更早，是国内罕见的。2017 年 12 月 10 日，中茶所副所长、研究员鲁成银，湖南农业大学茶学系主任、教授肖文军等 9 名专家考察该生产线后认定"设备保存完好，维护保养良好，至今能正常运行，是罕见的茶业活态工业遗产，对研究宜红茶生产工艺、技术装备变革、产品品质演变、提升宜红茶精制水准具有重要的参考价值"。

2017 年 9 月开始，湖北省政协人口资源环境委员会李亚隆与宜昌市农科院茶叶研究所徐小云、周颖等对湖北宜红茶业有限公司、宜都市档案馆、宜昌市档案馆和湖北省档案馆有关宜红茶的档案史料进行了系统的查阅，发现了有关宜都红茶厂的相关档案 383 卷(其中宜都档案馆 232 卷、宜红茶业公司 78 卷、省馆 73 卷)。此后，他们与宜都市农业局曹绪勇一道，整理编辑了约 100 万字的《宜都红茶厂史料选》。2017 年 12 月 10 日，中茶所副所长、研究员鲁成银，湖南农业大学茶学系主任、教授肖文军等 9 名专家认真研读《宜都红茶厂史料选》(一套四册)后，在充分讨论的基础上达成如下意见："《宜都红茶厂史料选》系统整理、挖掘的宜都红茶厂相关史料，历史悠久、延续不断、内容丰富、体量巨大、史料完整、门类齐全、真实规范。对研究与开发宜红茶具有重要的凭证作用，对研究建国初期中国经济建设、对外贸易历史，尤其是宜红茶发展

---

① 《2018 中国茶叶区域公用品牌价值评估研究报告》，《中国茶叶》2018 年第 5 期。

历史具有非常重要的史料价值，是中国茶业珍稀的档案史料。"

由宜都市文化馆申报的"宜红茶制作技艺"于 2014 年 11 月入选"宜都市第五批非物质文化遗产保护名录入选项目"，于 2015 年 6 月入选"宜昌市非物质文化遗产"；湖北宜红茶业有限公司总经理罗华和潘家湾土家族乡吕家坳村五组的宜都市永强茶叶有限公司法人代表管代益获得宜昌市级"宜红茶制作技艺传承人"。

第八章 万里茶道的水陆中枢——襄阳

历史名城襄阳

19世纪时，大量的中国茶叶从汉口经襄阳销运至俄蒙和欧洲，汉口作为"东方茶港"闻名遐迩，襄阳则是贯通这条万里茶路的重要枢纽。襄阳，因地处襄水之阳而得名，位于湖北省西北部，居于长江支流汉江的中游，毗邻鄂、豫、渝、陕，号称"水陆要冲，七省通衢"，在湖北是仅次于汉口的茶路商埠，水路南北纵横，道路四通八达。①

自古以来，襄阳就是群雄逐鹿的古战场，城墙古老坚实，保存完整。襄阳商业繁华，贾商云集，是晋商茶路的重要码头之一。春秋战国时期，襄阳是楚国和中原周天子交往的通道。两汉至隋唐时期，从京城西安、洛阳经襄阳到荆州的驿道，是沟通南北政治、经济的大动脉，加上长江最大的支流汉水在此与唐白河汇合，襄阳就成了"南船北马"的会集地。盛唐诗人张九龄写道："江汉间，州以十数，而襄阳为大，旧多三辅之家，今则一都之会。"杜甫的"即从巴峡穿巫峡，便下襄阳向洛阳"，白居易的"下马襄阳郭，移舟汉阴驿"，生

---

① 刘晓航：《穿越万里茶路》，武汉大学出版社2015年版。

动地描绘了襄阳"南船北马"、交通便利的繁荣景象。

　　襄阳自古分为襄城和樊城，二城隔汉江相望，1949 年以后才将两城合二为一称襄樊市。2010 年，襄樊市正式更名为襄阳市。《襄阳区志》载："春秋战国时楚在汉江南岸设北津戍，始为军事重镇，从此为兵家必争之地。汉时置

图 1　襄阳城门

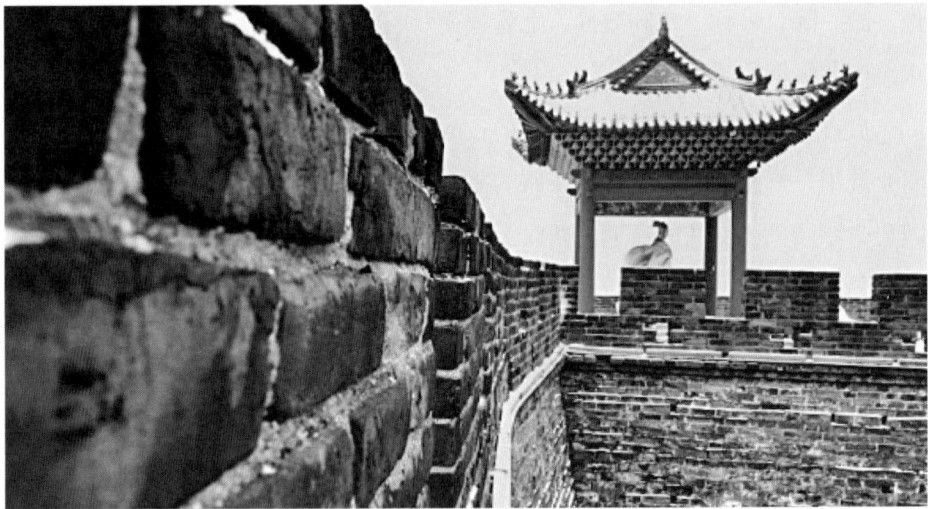

图 2　襄阳古城墙

县，三国时置郡，此后历代为州、郡、府、道、县治所。城垣始筑于汉，初为土城墙。唐宋时改为砖墙，增设垛堞，加建城楼。明洪武年间重建，并在城的东北角新筑一段城墙，取名新城。"襄阳已有2800多年建制历史，是楚文化、汉文化、三国文化的主要发源地，历史文人骚客荟萃之地，素有"铁打的襄阳""华夏第一城池""兵家必争之地"等称号。

在文化上，襄阳具有南北文化交汇的特点。上古时期这里融合了中原文化"文王化南国"的与"听歌知近楚"的南方文化风俗。东汉末年，北方士人集团大量流落襄阳，与本地的乡绅集团相结合，形成了一次以政治为中心的思想学术与文化高潮，出现了一大批以诸葛亮、庞德公为代表的政治、军事、文化人才。唐以后，襄阳"往来行舟，夹岸停泊，千帆所聚，万商云集"，以至骚人墨客，纷至沓来，流连忘返。著名诗人李白、杜甫、王维、欧阳修、苏轼等，都曾游历襄阳，留下贤达雅士的足迹和传诵千古的诗章。

襄阳市，人文荟萃、灿若繁星，市域内现已查明各时期的文化遗址200多处，在1986年成为第二批公布的中国历史文化名城之一。

名人笔墨下的襄阳茶

襄阳产茶历史悠久，茶文化底蕴深厚。襄阳茶产地正好居于"神农"出生地随县和"神农"架梯采药的神农架林区之间，是神农氏活动的中心地带，"神农尝百草，日遇七十二毒，得茶而解之"，对社会作出了巨大的贡献。中国最早的茶叶加工文字记载于《广雅》中："荆、巴间采叶作饼，叶老者，饼成以米膏出之"，其中的"荆"即楚文化发源地荆山山脉，主要分布在襄阳南漳、保康等地，襄阳是中国最早发现和利用茶叶的地方之一。

诸葛亮，三国时期蜀汉政治家、军事家，在隆中隐居时，就常与豪杰持杯饮茶，纵古论今，并对种茶技术和茶叶功效颇有心得，被后人称为"茶神"。

传说诸葛亮带领蜀军进入云南境内，南征大军路过西双版纳时，将士们遇到大山中的瘴气，很多人水土不服、中毒染病，诸葛亮便命人采摘茶树叶煎服，茶到病除，士气大振。后来为保持部队战斗力，发展边疆经济，诸葛亮察民情、扶民心，传农耕技术，赠茶籽诸礼，深受欢迎，发展生产，广植茶园，并把烹茶技艺传授给当地人，共谋生计，促进了滇西南茶叶种植面积。至今云南的少数民族仍称大茶树为"孔明树"，古老的茶山叫孔明山，在云南茶农心中，茶是圣物，特别是少数民族，每年都有隆重祭祀"孔明树"，烧香磕头，顶礼膜拜，把茶树王视为诸葛亮的化身，敬仰之。

陆羽，世人尊之为"茶圣"，在《茶经·一之源》中载有："茶者，南方之嘉木也。一尺二尺乃至数十尺，其巴山峡川有两人合抱者，伐而掇之"，峡川就是湖北西部的统称，襄阳的保康、南漳属于荆山山系余脉，也峡川范围之内。"山南茶以峡州上，襄州、荆州次，衡州又次。"该书将全国划分为八大茶区，其中山南茶区为首，明确把浙东茶区的上等茶余姚小叶种、剑南茶区的上等茶彭州茶、浙西茶区的上等茶湖州天目山茶和淮南茶区的舒州茶，比作与襄州茶品质相同，可见襄阳的茶品质上乘，富有特色。

无论是在历朝文人笔墨下，还是在历代的传说逸闻中，襄阳向我们展现了厚重的茶文化，在茶历史上留下了辉煌的篇章。

水陆中枢襄阳

自古以来，由南向北的漕运①便是由汉水经襄阳北上的。元代，京杭大运河开通后，华东到华北有了大通道，但是京杭大运河是皇家官道，承担着朝廷

---

① 漕运，我国历史上一项重要的经济制度。用今天的话来说，它就是利用水道（河道和运河）调运粮食（主要是公粮）的一种专业运输。

图 3　英国画家笔下的樊城和汉水

漕运与盐运及各省铸币的铜运，河道狭直，水流不丰沛，完全依靠各处船闸的定时开启来放行，河道堵塞，船行不畅，费时冗长，而茶叶是鲜货，非常讲究季节，必须在较短的时间日夜兼程运往销售地。敢为天下先的晋商敢于冒险，另辟一条前所未有的由长江、汉水逆水行舟的北上水运路线，穿越中原，经过山西，再往北方草原，一直到蒙古高原，横亘西伯利亚，再通往俄罗斯西部和欧洲。此后，襄阳的水运一直长盛不衰，"北聚川西、陕西、豫西南之舟，南汇江湖，湘沅之殇的主要商埠"，襄阳的汉江两岸尽是泊船的码头，最盛时有49 座码头。

　　茶马互市时期，襄阳以其"川陕咽喉、七省通衢"的优势，成为万里茶道的必经之地和转运中枢。在将南方产茶运往新疆、蒙俄地区时，存在三条商路：两条经洛阳中转，一条是从樊城上岸直接走旱路到洛阳；另一条是在樊城卸货，换体积小的船，驶入较窄的唐白河，到河南的社旗上岸奔洛阳；第三条是继续往西到老河口，顺汉江到丹凤，再走陆路运至泾阳。茶商们不论从哪条

图 4　停泊在襄阳汉江码头的茶船

线走，都会路过襄阳。襄阳成为"万里茶道"绕不过去的点，在 200 年来的中俄茶叶之路上留下了不能磨灭的印记。①

《襄阳府志》载："襄阳为楚北大郡，上通关陇、下连吴会、北控宛洛、南达滇黔，汉晋以来，代为重镇。"作为南北交通要冲，襄阳具有水陆交通条件兼备的优势。襄阳与北方的交通联系方式是水陆兼济，以古夏路、秦楚大道、汉水谷道陆路为主，辅以汉江、丹江、淅水、唐白河等水路。与南方的联系以水路为主，由汉江进入长江。襄阳汉水两岸分布着火星观码头、大码头、公馆门码头等 20 余座码头，从码头数量和规模可以看出，襄阳是汉水航道上南北商货的转运枢纽。

襄阳分布着 3 座城镇：汉水南岸的襄阳（今襄城）、汉水北岸的樊城及汉水东岸的老河口。从运转的方式和运转的数量来看，襄阳在万里茶道上的作用和地位不容小觑。当年，携货北上的茶商们，离开汉口，溯汉水而上，一批在

---

① 萧雨林：《万里茶道申遗——襄阳一定不能失之交臂》，《襄阳日报》2015 年 12 月 10 日。

图 5 襄阳纤夫

樊城卸货，换小船北上，驶入唐白河；一批在老河口卸货，顺丹江至商洛的丹
凤龙驹寨，上岸后用马车继续西进至西安北部的泾阳县，在此地加工制作砖
茶，再转运至兰州，销往大西北的宁夏、甘肃、青海、新疆等地（这是安化红
茶输往大西北各省的线路）。因而襄阳成为万里茶道名副其实的水陆转运点。
俄国商人从汉口经襄阳销运至西伯利亚及蒙古的茶叶，运量巨大。据 1892—
1901 年《通商华洋贸易总册十年报告》记载，1871—1894 年，晋商经襄阳转
运的茶叶占总量的 15.9%，最高年份占 64.7%。俄商利用襄阳港转运茶叶数十

图6 如今的陈老巷

年，大批茶叶在襄阳换装，运茶后南归的大车和骡马载回北方物产，又成为南来茶船的回程货源。南茶北运和北货南运给襄阳港带来了一批可观的货源。地处汉江中上游地段的老河口码头是汉江流域的重要商埠。此地店铺林立，沿江码头常停泊舟船数百只，是不可多得的内河良港。到民国初，襄阳仍保留有依街而建的上大码头、龙王庙码头和太平街码头等20余个码头。

    会馆是明清政治、经济及社会变迁的产物。最初是各地商人为了维护同籍商人的利益、方便商品集散和商贾往来而建立的，类似近代的商会。襄阳地区主要有樊城山陕会馆、樊城中州会馆、樊城湖南会馆、樊城江苏会馆和樊城三义庙等。来自河南、陕西、山西、四川、湖南、浙江、江苏、武汉、黄州的商人们，纷纷在此建立会馆。① 其中，山陕商人经营范围广，他们在行商之处捐

---

① 　陈文华：《湖北在万里茶道中的地位与品牌复兴的路径选择》，《决策与信息》2016年第6期。

建山陕会馆。清朝中叶以后，襄阳的茶市已经形成了规模，许多山西商人在襄阳开设茶店。会馆不仅丰富了襄阳古代的商业文化，对促进民族工商业发展起到了一定的作用。

有人曾评价襄阳为"南船北马，汉水中枢"，汉水连接长江与黄河，贯通北方与南方，而襄阳正处于汉水中心点。因此，万里茶道选择襄阳，绝非偶然。

探寻万里茶道在襄阳的遗踪

循着当年的茶路旧迹，依稀寻得过往旧影。襄阳古城四座城门，经历代修

图7 抚州会馆

图 8　黄州会馆

建，仍保存完好。包括整座城墙，还在守卫着原来的疆域。瓮城的石板路上，当年车来车往留下的辙印尚在。

史载樊城当年"九街十八巷"有 21 个码头，沿江一字排开，帆樯如林。挨着江，堤岸上一条繁华路，商行、货栈、银楼、店铺、手工作坊林立。如今仅剩下一条巷——陈老巷，作为国家历史文化街区保留了下来，其余都是民居。

历史上，从汉口到襄阳的汉水航线是推动襄阳经贸发展的动脉，山西商人从汉口将茶叶运来，刺激了襄阳 17—19 世纪的繁荣。从全国来的商人在襄阳建了多座会馆，包括武汉商人在内，这些做着长途贩运生意的各地商人，于清康熙、乾隆、嘉庆年间，在襄阳兴建了山陕、福建、河南、浙江、徽州、湖南、武昌、黄州等 21 座会馆。如今这些襄阳会馆现存的仅有 5 座。除山陕会馆保存最为完整以外，另4座：抚州会馆、黄州会馆、江西会馆、江苏会馆，大多在违章建筑的包围之下，年久失修，岌岌可危。

在众多会馆中，最著名的当属山陕会馆。1939年，苏军少校库里申科率领飞行大队驻扎襄阳，当地安排他们住在山陕会馆。

一到驻地，官兵们惊讶得不得了，以为到了"皇宫"。襄阳山陕会馆建于清康熙五十二年（1713年），原占地数千平方米，有殿阁楼堂百余间，大部分毁掉了，现在剩下的，算是几个构件残片。当时晋商在襄阳有七十余家商号，另有十多家当铺，他们集资建造的这座会馆，是襄阳规模最大、建筑最精美的会馆。史料中描述的3米高的关公像等，已经不在。现在前后殿地面上最显眼的，是两侧墙边一座座两三米高的石碑。石碑多刻有历次会馆修建文字，上面有捐资者的商号，"永兴合"等茶商商号隐没其中，共有17块这样的石碑。年代最早的一块，落款康熙五十二年，也就是会馆兴建的那一年。

武昌会馆位于樊城中山后街中段，是当年武昌商人集资兴建的。清代武昌府辖一州九县，即江夏、武昌、嘉鱼、蒲圻、咸宁、崇阳、兴国州、通城、大冶、通山。晚清民国时期，是"武帮"商人的兴盛期，不少钱庄、票号、商铺地产为武昌人经营，为长江、汉水沿线各路商人提供金融和商业支持，财力雄厚。武昌会馆内供奉楚国三闾大夫屈原，故又名"三闾书院"。

武昌会馆的建筑别具一格，有江南民居风格兼西洋风味；会产很多，围周呈"王"字形状的三街一巷，都属于它。当年有民谚称，"山陕会馆是金銮宝殿，武昌会馆是三宫六院"。《襄樊市房地产志》记载了武昌会馆最后的消失过程，武昌会馆"甲等房，一栋15间、450平方米，清乾隆年建。1956年，

图9 山陕会馆

图 10　山陕会馆近图

图 11　武昌会馆

因房屋倒塌有危险，市政府拆除 3 间。1980 年，市广播事业局新建楼房拆除 3 间，1984 年拆除 4 间，尚存 5 间 150 平方米……"襄阳收藏家施锦华收有武昌会馆的铭文砖 4 款，一款上有"三间"二字，另三款分别为"武""昌""馆"。汉水靠近襄阳这一段，唐白河有 300 米宽；老河口的汉水宽度，已经像一个湖，约有 2 公里，汉水如长江中游一般宽阔。

当年老河口至汉水，河床宽、水势稳，往上走水急滩险，由此，它成为万里茶道分货西行的中转站。水运是最省力、最便宜的运输方式，当时，汉水的可利用性超过了黄河和长江。"光绪年间，码头周近有商铺一千两百余家、外商几十家，老河口闻名全国。"汉水靠近襄阳这一段，唐白河有300米宽；老河口的汉水宽度，已经像一个湖，约有2公里，汉水如长江中游一般宽阔。万里茶道东来襄阳所经过的诸多浅滩，已经都没有。"那些弯弯曲曲的河道，也已经被扯直了"，"老河口的旧码头、驳岸，都在水底下"。①"天下十八口，除了汉口是河口。"提到过去的老河口，当地人一再引用这句谚语。21个

图12 武昌馆遗存

图13 武昌馆遗存

码头，如今都淹没在水下。十里江面六七千条船，早已经是传说，淹没在历史的深处。傍晚，暮色苍茫，呈现在眼前是一片像湖一般的空茫茫水域。

兴也水运，败也水运。1906年京汉铁路通车，贯通南北，把老河口这个发达的水运城市变成了交通的死角。但老河口与汉口的联系还在延续，直到现在，生意人还是喜欢到汉口打货。茶路没有了，茶文化留下来了，沿河沿街，吃晚茶生意火爆，老河口人喜欢这种热闹，喜欢吃完了饭喝喝茶，一起聚谈到很晚。

———————

① 根据老河口人、湖北玉皇剑茶叶有限公司董事长张于学的讲述。

第九章　万里茶道的当代价值

万里茶道与"一带一路"

1689 年中俄签订了《尼布楚条约》，该条约不仅确认了两国东段边界及其走向，而且开启了两国的商贸往来，1716 年俄国来华商队开始成交茶叶，茶叶逐步成为俄商队采购的重要商品。1727 年中俄签订了《恰克图条约》，进一步确定了两国的边界线，丰富了清王朝与俄国的贸易形式。19 世纪中叶，中俄的茶叶贸易进入了辉煌时期，形成了著名的"汉口—乌兰巴托—恰克图—圣彼得堡"中俄万里茶道，中国对俄茶叶出口量很快超过棉布、丝织品等跃居第一位。茶叶在这个过程中不仅仅是商品，更是一种文化，潜移默化地影响着俄罗斯人（包括蒙古和中亚的人们）的消费方式和生活习惯。而今辉煌的历史在万里茶道上留下了大量文物遗迹及风土人情，它们是珍贵的经济文化资源，见证了近两个世纪的中俄蒙之间不同文化的交流与融合。

"万里茶道"是一条文明交融之路。"万里茶道"时空广阔，具有地域连贯性、商道的传承性、经贸的外向性、人文的包容性，是东西方文明互动的典范，在世界上极为独特和重要。

万里茶道是产生于 18 世纪，从中国南方茶产地，经中原、华北至北方草原，深入蒙古高原和西伯利亚腹地乃至欧洲的古代交通大动脉。"万里茶道"作为一条专用于茶叶运输的道路是由晋商所开辟。在恰克图开市之初，当时已经垄断了中国西部地区商贸的山西晋商纷纷前来开办分号，最繁荣时一度多达 120 家。运茶的商队从福建崇安（即今天的武夷山市）东南的下梅村的当溪出发，顺梅溪西入崇阳溪，一路北上达崇安城；之后沿古驿道过分水关，到达江西铅山河口镇；商队在将茶货装大船之后再沿信江经弋阳、贵溪、饶州府安仁（今余江）下鄱阳湖，后经江西湖口入长江；进入长江水道的商队再经九江、瑞昌向西北方向前行，经湖北的黄梅、广济（今武穴）、蕲州（今蕲春）、蕲水（今浠水）、黄冈、兴国州（今阳新）、大冶、武昌、江夏抵达被称为"九省通衢"的华中商贸集散地汉口；之后商队再顺着汉水西上，途径蔡甸、汉川、沔阳州（今仙桃），过茶圣陆羽的故乡天门，经潜江、钟祥、荆门出汉江北岸的樊城；商队随后在樊城换乘小船，顺唐白河抵达河南社店（今社旗）；再从社店出发，一路经过豫西的裕州（今方城）、鲁山、宝丰、汝州、登封、偃师，抵达黄河南岸的孟津渡口；此后会有一少部分茶叶转道洛阳，经西安与兰州运往西北边疆，而其余的大车队则在渡过黄河之后经河内（今沁阳）进入太行峡谷，后经凤台（今晋城）、长治、子洪口进入晋中谷地；在祁县、太谷等地的晋商大本营中休整换车之后，商队继续北上，经徐沟（今清徐）、太原、阳曲、忻州抵达代县雁门关；之后除一部分人马沿走西口的路线去往呼和浩特与包头方向外，主商队会经应县和大同抵达张家口。在张家口出关的商队会贯穿蒙古草原，经库伦抵达位于当时中俄边境（今俄蒙边境）的商贸之城恰克图。之后商队将横跨西伯利亚针叶林荒原，再翻越乌拉尔山脉，后经莫斯科抵达"万里茶道"的终点圣彼得堡。这条中俄间"万里茶道"的起点后来因为受到南方各地太平天国起义的影响，而于咸丰年间由福建武夷山移至湖南的安化，并由此大大缩短了从产地到终点之间的运输距离。时至清同治年间，"万里茶道"的起点又转为湖北蒲圻（今赤壁）的羊楼洞。1905 年，西伯利亚大铁路建成通车，陆上茶叶之路被一条更新、更快的通道所代替：来自汉口的茶叶，经长江水运至上海，再通过定期海运至海参崴，然后，由西伯利亚大铁路送到俄国全境。

万里茶道上的茶叶贸易的发展与繁荣带动了沿线城镇的兴起，加速了中国近代化的进程。由于茶叶贸易的兴盛，沿线地区一大批城镇兴起和发展起来。其中，位于茶叶主产区的有福建武夷山、江西九江和铅山、湖南安化和聂家市、湖北的赤壁和五峰；位于沿线运销节点的有福建福州、湖北汉口和襄阳、河南社店和孟津渡口、山西长治和晋中、河北张家口、内蒙古的呼和浩特和二连浩特（古伊林）、蒙古的乌兰巴托（古库伦）、俄罗斯的恰克图、伊尔库茨克、新西伯利亚、叶卡捷琳堡、喀山、莫斯科和圣彼得堡等。受茶叶贸易的影响，至今仍有许多地方的地名还沿用着过去的商家字号，在蒙古草原上尤其明显。万里茶道的贸易发展与繁荣引发了深刻的产业连带效应，茶产区的种植业与加工业、沿途的水陆运输业、沿线城市的商业与工业都因之繁荣，无数的劳动力被动员，大量的商人发家致富，政府税收"滚雪球"似的增加，"万里茶道"可谓是推动亚欧大陆经济发展的"世纪动脉"。典型代表如有"东方茶港"之称的汉口，自1861年开埠后，一批批俄国茶商前赴后继地到此设立砖茶加工厂，如顺丰、阜昌、新泰等近代制茶工业，他们率先将蒸汽机引入湖北，砖茶制作由手工转变成机器生产，这些砖茶厂就是湖北第一批近代化产业，促使湖北跻身于近代中国三大工业基地之列；茶叶等货物的转口贸易还使汉口的金融业发生了质的改变，英俄等国的外商在此设立洋行，直接刺激了湖北近代银行系统的产生，至20世纪初期，汉口的洋行已逾百家，逐渐发展成中国仅次于上海的全国第二大金融商贸区①；对俄茶叶输出的增长使汉口成为华茶输出的中流砥柱，地位大幅度提升，同时，随着汉口商贸地位的重要性不断凸显，大量外商在此兴修码头，进一步增强了汉口的国际辐射能力，使其逐步发展为具有国际影响力的近代都市。

万里茶道是亚欧大陆间不同国家和地区的农耕文明、工业文明与游牧文明相互碰撞、交流与融合的纽带，维持了中俄蒙长期的和平相处、互利共赢的关系。从南方产茶区茶叶的种植和加工上，鄂南羊楼洞作为唐宋元明"茶马互市"

---

① 刘晓航：《世纪动脉——中俄万里茶路的历史价值与当代意义》，《农业考古》2015年第5期。

的茶源地之一，进入清代，由于晋商的涌入和国际茶叶贸易的发展，茶叶的商品经济得到较大发展，茶叶制作开始由小型的传统手工作坊逐渐过渡到资本主义机器生产和雇佣劳动的较大规模的工厂，使其成为湘鄂赣三省交界区域的茶叶集散地及加工中心，这推动了当地工业的整体发展以及行业、地区之间的社会分工与生产专业化，加快了当地及周边地区的近代农村工业化和城镇化进程。① 从交通便利的茶叶运输节点城市上，汉口茶市对外开放，无论是早期的晋商对茶叶的商业运作，还是后来大批涌入的英俄等国的外商，汉口茶市的商业资本已从简单的商品流通转向工业资本主义，刺激了汉口运输业、金融业、建筑业及市政建设的突飞猛进，形成了商帮文化、租界文化、民俗文化多元交融的码头文化。从茶叶贸易的输入地上，边境地区恰克图的国际茶叶贸易改变了俄国西伯利亚地区的面貌，来自欧洲腹地的大量民众，在西伯利亚乃至远东边境进行经济大开发，带动了俄国自西向东以及与中国交界的边境地区一批批城镇的发展与繁荣，推动了华夏文明与欧洲文明的交流与融合。

　　"万里茶道"是一条文化传播之路。茶叶在万里茶道上的传播，不仅改变了当地的饮食结构及生活方式，更是对当地社会文化的一种重构和变革。

　　茶叶作为有着社会生命的物，在其向外传播的过程中，也是对当地现有文化的一种再塑造。以俄罗斯为例，茶叶在俄罗斯的传播大致经历了三个阶段：第一阶段是神话阶段。据俄罗斯史料记载，1638 年，俄国贵族斯塔尔科夫携带大批贵重礼物出使蒙古的阿勒坦汗，后者回赠了沙皇锦缎、毛皮等许多礼品，其中有几包"干树叶"。这是沙皇第一次品尝到中国茶的芬芳。俄罗斯人对茶叶的最初认知，首先是与锦缎、毛皮等珍贵物品共同来自中国皇帝的赠礼，因而也是一种沾上了皇权的尊贵之物。之后由于偶然的因素，茶叶治好了沙皇的肚子，因而它又被看作是一种来自非本土的"药物"。而对来自非本土的事物的崇拜、敬畏，并以之为尊贵象征，则是人类社会的普遍现象。这源自人们总是倾向于将无法解释的神秘力量与来自于域外的"陌生人"和"他者"

---

① 　刘晓航：《东方茶叶港——汉口在万里茶路的地位与影响》，《农业考古》2013 年第 5 期。

联系在一起，并产生的一种"他者为上"的普同心态。统治阶级通过将来自于"他者"的神秘力量内在化于自己的身体中，来彰示自己与普通百姓的不同之处，并以此彰示其统治地位的合法性。因此，茶叶最初流入俄国，是与遥远的东方、可医治身体的草药以及神秘的力量联系在一起的，是一种来自于异邦的"神话"。第二阶段是传说阶段。从茶叶在俄罗斯的传播过程来看，其最先正是通过对味觉的直接刺激，激起了身体的积极回应，从而最初是在上层社会中建立起了一种有关身体的美学系统。在这个美学系统的源头，沙皇的身体既是被物质所操纵者（客体），又是刺激物质消费与传播的制造者（主体）。由于茶叶对沙皇的身体带来的这种神奇效果，在17世纪的很长一段时间里，俄国上层社会都将其作为一种能够"醒脑"的药物和彰显贵族之气的奢侈品看待，茶叶并与精美的中国瓷器、丝绸和古董等一起，形成一股席卷俄国宫廷和社会的"中国风"。而仅就一美学系统中的饮茶风气而言，茶叶是否真的具有醒脑或对身体的治疗效果并不重要，重要的是上流社会认为它具有这种效果，并将之作为一种身体审美的符号标签。一旦贴上这个标签，身体就会被东方化、精致化、美化。第三阶段是历史阶段。如果说茶叶在俄罗斯上流社会的风行与身体美学的建构有关，那么饮茶风气在一般民众中间，尤其是西伯利亚边境的广泛传播则与其地域环境和人们的饮食结构有关。其对身体的作用由一种符号性的装饰，逐渐向改善和提高身体机能的功能转化。贝加尔地区往北往西延伸的西伯利亚高原是茶叶之路的纵深地带。这里地处高纬度地区，蔬菜供应极少，人们的饮食结构以肉食为主，因此化油脂的中国茶叶就成了这些游牧族群的日常饮食必需品。中国茶叶在俄国的传播历经了由沙皇、贵族到普通民众，由神奇药物、奢侈品到日常饮品，由权力象征、身体美学到平衡饮食结构的不同功能变化，体现了茶叶背后蕴藏的茶文化对人们的生活方式、精神世界以及社会风貌产生的巨大变革性的作用。①

① 肖坤冰：《帝国、晋商与茶叶——十九世纪中叶前武夷茶叶在俄罗斯的传播过程》，《福建师范大学学报（哲学社会科学版）》2009 年第 2 期。

"万里茶道"是一条思想交流之路。万里茶道不仅仅是一条绵延万里的欧亚经济大走廊，更是一条折射出"茶路精神"的中西文化交流大通道。

晋商作为活跃在万里茶道上的一大主体，在与俄罗斯贸易的过程中，晋商精神也随着茶叶传播在了万里茶道。在前资本主义社会中，连接外部需求与内部的生产者之间的是商人及其经营机构。他们为这个很少联系的世界构建了桥梁，这样一个以商人为中介，连接生产者与消费者的典型例子在商品发展的历史中贯穿始终。从武夷山出产的茶叶，经船运、车队、马帮、驼队几次变换交通工具，先经水路，随后又翻越深山、穿越草原，最终抵达中俄边境恰克图。这在缺乏机械化的交通工具，全靠人力和畜力承载物流的前工业社会有着难以想象的艰苦，如果没有雄厚的财力、严密的组织管理和协调运作能力根本就无法办到。而在 19 世纪中叶以前，这条绵延数万公里的茶叶之路的贸易一直由晋商所主导。关于晋商在国际商贸上的成功，学术界的讨论可谓汗牛充栋，而从民间草根性的角度来看，晋商的性格特点可简单概括为三个方面：一是不畏艰险，有吃苦耐劳的精神；二是头脑聪明，善于经营；三是重诚信，一诺千金。从茶叶的自然属性来看，茶给人的味觉刺激一开始并不是甘甜的、讨人喜欢的。然而，只要经过几次饮用习惯了以后，会饮茶的人就会渐渐地从苦涩中品味出香醇，越发地喜爱这种苦中带甘的清香。晋商在一百多年前曾被喻为"海内最富"，这并不是因为山西物产丰饶，相反恰恰是因为黄土高原的土地贫瘠，不足以维持生计。因此必须通过"走西口"走出来与其他省份贸易而维持生计，艰苦的自然生态环境铸就了山西人勤俭吃苦、坚忍不拔的性格特征。就这点来看，茶叶所表现出来物质性与晋商依靠艰难打拼而获得成功的经营历程有着同样的意蕴所指，因此正是文化距离上的接近，而非空间距离的便利将二者捆绑在了一起。①

"万里茶道"的演进与古丝绸之路休戚相关，如今又将成为"一带一路"倡议的重要组成部分。②

---

①　来玉英：《论晋商精神与武夷山茶礼文化》，《农业考古》2012 年第 2 期。

②　刘再起、钟晓：《论万里茶道与"一带一路"战略》，《文化软实力研究》2016 年第 2 期。

与古老的丝绸之路一样，中俄万里茶道也是横跨亚欧大陆的东西方经济文化交流的一条重要的通道。著名的陆上丝绸之路是汉代张骞出使西域时首次"凿空"从西安至中亚的通道，在汉唐时期开展以丝绸、玉石、珠宝等奢侈品为主的贸易，安史之乱后沿线茶马贸易逐渐盛行，到元代之后它更多地承载着宗教信仰及其他文化交流的功能；海上丝绸之路是古代中国与外国交通贸易和文化交往的海上通道，隋唐时运送的大宗货物主要是丝绸，宋元时期逐渐变成瓷器，并输入香料等商品，因此又有"海上瓷器之路""海上香料之路"之称，后因明清的海禁政策而走向衰落。万里茶道则是陆上丝绸之路淡出与海上丝绸之路受阻后，主要由晋商开辟的对外贸易线路。明洪武四年（1371年），晋商开始向北方的居庸关、大同等边关要塞运送粮食，并取得合法买卖官盐的资质，之后又跨越长城，远达中俄边境城市恰克图，并在西向的丝绸之路中断后，凭借卓越的经商能力，成功开拓出由北部通向欧洲的以茶、丝为主要的出口货物的"万里茶道"。万里茶道贯通了中蒙俄三个国家，最远抵达欧洲，沿线城镇之间的商贸活动持续了数百年之久，被誉为东西方国家与民族间经贸往来的"世纪动脉"。国务院发展研究中心李泊溪研究员指出，万里茶道主要是指陆上通道，它是丝绸之路的北亚通道，与丝绸之路的中亚、西亚、南亚通道相互连接形成网络，且与海上通道部分城市也有衔接，自古就是丝绸之路的重要组成部分。

历史上的"丝绸之路"也包括茶叶贸易，"丝绸之路"实质上是"丝茶之路"。如今，万里茶道的海陆线路又与"一带一路"海陆两部分高度重合，陆上"万里茶道"从汉口北上河南、山西、河北等省份，穿过蒙古国，抵俄罗斯境内，这包括在今天的"新丝绸之路经济带"上，海上"万里茶道"从汉口出发，由上海或广州出洋，经新加坡、马来西亚、南非等地，抵达英国，也是海上"丝绸之路"的重要组成部分。

因而，开展万里茶道研究，将蒙古国草原之路、俄国欧亚经济联盟与中国"一带一路"倡议共同纳入统一框架下协同运作，是历史和时代的共同选择。在2014年9月的中俄蒙三国元首会晤中，习近平主席提出将"丝绸之路经济带"对接俄罗斯欧亚大铁路与蒙古国草原之路，并倡议共建中蒙俄经济走廊。其中，蒙古国草原之路就是我们所说的"万里茶道"。这就赋予了这条具有悠久的历史渊源、深厚的文化底蕴和坚实的经济基础的"万里茶道"新的时代内涵和使命。2016 年 6 月，在塔什干举行的上合组织成员国元首理事会第十六次会议后，中蒙俄三国元首就《建设中蒙俄经济走廊规划纲要》达成共识，明确了经济走廊建设的具体内容、资金来源和实施机制，并商定了 32 个重点合作项目。这些合作项目和规划中的中蒙俄经济走廊与过去的万里茶道联系在一起，特别是 2013 年中蒙俄提出万里茶道共同申遗，更加彰显了万里茶道在促进中蒙俄对接"一带一路"倡议，开展深度合作的重要意义。

　　充分挖掘万里茶道的历史文化价值是实现"一带一路"民心相通的重要内容。茶文化是世界物质文明与精神文明高度和谐统一的产物，集中体现了东方的生命伦理和生态哲学，是中华文化中最有影响力的软实力之一，同时也是中国一个能见度很高的国际话语权体系。弘扬万里茶道的文化精神，特别是以晋商为代表的诚信合作精神，对"一带一路"建设有着重要的助推作用，尤其是在文化软实力方面。此外，万里茶道作为以茶为主要贸易商品的经济文化通道，沿线拥有大量的茶文化历史遗存。2014 年《中俄万里茶道申请世界文化遗产武汉共识》的签署，第一次把中俄万里茶道的申遗工作提升到国家层面。这不仅将促进万里茶道沿线国家和地区之间开展万里茶道文化旅游交流，夯实中蒙俄互联互通的社会和民意基础，还将推动中蒙俄文化廊道的建设，以茶为纽带，扩大对外开放、深化交流合作，推动三国关系的长远发展。经过数百年的历史积淀，万里茶道又将在人类历史上谱写出新的篇章。

湖北在万里茶道的角色定位

万里茶道是一条反映了沿线不同地区交互式的、动态的和演变的人类不同文化的联系过程，并且展示了不同的人群对于人类文化遗产多样性的贡献的文化线路。文化线路遗产的时间性和空间性是遗产价值构成的横坐标和纵坐标。中俄万里茶道始于 17 世纪终于 20 世纪初，一般认为 1689 年中俄签订《尼布楚条约》是万里茶道形成的标志，1929 年晋商茶号"大盛魁"倒闭以及 20 世纪 20 年代恰克图买卖城火灾是万里茶道终结的标志。湖北段的起始时间要推后到 18 世纪，终止时间为 20 世纪初，并且在湖北，有"东方茶港"之誉的汉口是世界茶叶贸易的中心，赤壁羊楼洞是万里茶道上青砖茶和红茶的主要茶源地，宜昌五峰是万里茶道宜红茶的重要茶源地和核心产区，襄阳是万里茶道水陆联运的中枢城市。因此，湖北在万里茶道的地位非常特殊。

万里茶道（湖北段）东起咸宁地区，由潘河经长江至汉口，之后再顺汉水西上，途经蔡甸、汉川、沔阳州（今仙桃），过茶圣陆羽的故乡天门，经潜江、钟祥、荆门出襄樊汉江北岸的樊城，随后顺唐白河抵达河南省境内。万里茶道在湖北境内沿线留存下大量宝贵的文化遗产资源，茶行、茶山、茶碑、古道桥梁关隘、仓库、码头、洋行、会馆、教堂、海关、银行等相关文化遗产在茶道沿线及各个文化节点区域都有留存。遗存类型大体以茶叶贸易为主线，以茶的产、运、销为基本结构，涵盖了以五峰古茶道为代表的茶叶原产地，以羊楼洞为代表的茶叶加工地，以襄阳码头、大智门火车站为代表的茶叶运输设施，以江汉关、汉口俄商近代建筑为代表的茶叶贸易机构。这些遗产点在体量、规模上的突出，与湖北在万里茶道上的历史地位是相匹配的，最终确定的万里茶道申遗名单还需作进一步的研究。

湖北省既是重要的产茶和制茶区，也是重要的集散点和运输通道，是万里茶道重要遗迹遗址的重要保存地，也是中俄蒙文化交融区域，是万里茶道不可或缺的重要组成部分，如今还是"长江经济带"和"一带一路"的重要区域。因而，研究湖北省与中俄万里茶道的内在联系与发展历程，不仅有助于更深入地了解这一段历史，也可以为湖北省在当下发挥自身应有的作用提供一点启示。

万里茶道沿线总共经过 8 个省区，均涉及"一带一路"、京津冀协同发展、

"长江经济带"三大战略。从陆路上看，万里茶道的线路则对应着"一带一路"上新亚欧大陆桥和中蒙俄经济合作走廊。"一带一路"规划明确提出："依托长江中游城市群、成渝城市群、中原城市群、呼包鄂榆城市群、哈长城市群等重点区域，推动区域互动合作和产业集聚发展，打造重庆西部开发开放重要支撑和成都、郑州、武汉、长沙、南昌、合肥等内陆开放型经济高地。"在当前国家积极推行"一带一路"倡议的背景下，湖北省更应借助这一发展机遇，着力推动"万里茶道"研究与申遗，促进其与"一带一路"在湖北的对接，并进一步推动其与"长江经济带"融合，形成以湖北省为中心的"十"字形联动发展。

（一）作为万里茶道申遗的"牵头省"，加大万里茶道历史文化遗存在湖北段的研究和保护

万里茶道是"一带一路"倡议和线路的重要组成部分，更是特殊的历史文化遗存。对湖北段"万里茶道"历史文化资源的挖掘和品牌的打造，将夯实湖北省的历史文化软实力，将是湖北省融入"一带一路"倡议的重要突破口。湖北省拥有汉口、赤壁、襄阳和五峰四处万里茶道的节点城市和重要的遗存点，武汉又是万里茶道申遗的牵头城市。因此，万里茶道的申遗是湖北省面临的千载难逢的历史机遇。首先要统筹规划，按照国际原则和标准，将申遗事业与沿线城市文化定位协同发展。制定万里茶道沿线城市申请世界文化遗产的联合工作机制。依托各地成立的申遗工作小组开展遗产清理、申遗规划、专家审定等工作，及时共享工作成果，共同推进申请世界文化遗产工作的顺利开展。其次要健全完善跨省市、跨区域的沟通协调机制，各节点城市求同存异，达成基本共识，加快申遗点资源调查及确认、推荐步伐，携手合作，力争2018年纳入国家申请世界文化遗产预备名单。再次要打造万里茶道展示典范，结合万里茶道遗址与武汉近代工业遗址群，对万里茶道文物建筑进行分类管理和保护，实施定期、定级的修复、维护制度，并依托万里茶道遗址筹建万里茶道博物馆。最后要加强对万里茶道的研究。利用湖北省科教大省的学术优势，整合国内外万里茶道研究资源，对万里茶道进行科学、有序、系统的研究。利用大数据，积极加快万里茶道的数字化建设，筹建万里茶道电子数据库。积极编辑出版研究著作，推进研究成果的转化与普及。

（二）振兴历史传统产业，打造湖北茶叶地域品牌，建设茶叶强省

湖北省产茶历史悠久，茶叶品质优良，一直以来都是中国茶叶大省。然而，省内部分茶企仍停留在作为外地茶叶品牌的原料供应商上，使得本省的茶叶资源优势并未转化成整个茶产业的优势。借助万里茶道申遗形成的良好声势，湖北省应充分发挥其在茶业特殊地位的优势，加强湖北地域品牌的宣传工作，打破以往"名优茶多、品牌茶少"的茶业格局，将茶叶大省转变为茶叶强省和茶文化强省。具体来说，重振湖北省历史品牌，积极推动湖北青砖茶、宜红茶、荆襄茶、恩施茶的发展壮大；打造湖北省时代品牌，着力打造"赤壁砖茶"和"五峰宜红"两个公共品牌和地域品牌；发展湖北省强势品牌，对茶叶品牌明确权属、授权使用，真正解决市场品牌使用混乱无序的现状；加快整合全省茶业资源，营造"政府指导，企业为主"的产业发展格局，发挥龙头企业的辐射和带动能力，减少省内茶叶企业之间的恶性竞争，实现产业共赢；进一步重视茶叶技术人才的培养，支持五峰等地申办"茶叶职业技术学院"，充分发挥学院的作用以储备和招揽专业技能的人才，为湖北茶叶产业的创新提供有力的保障。

（三）深入挖掘万里茶道的文化资源，打造茶文化产业链条

"万里茶道"作为目前文化旅游产业发展的合作平台，集合了巨量的文化资源和发展潜力。因此，湖北省应当借助这一优质平台，弘扬和传播湖北丰富的茶文化，通过万里茶道申遗推动文化线路的保护与开发，打造茶文化基地，大力发展文化创意、文化休闲、文化体育、文化旅游、文化会展等新兴文化产业，打造集生产、供应、销售、运营、交流、体验、娱乐、服务于一体的文化产业链条。一是建设生态茶庄园。可选择在连片面积较大、生态较好、文化较

厚的地域，采取本土民族建筑风格设计茶园，保留旧作坊、老民居等历史遗迹和原生态环境，突出湖北茶文化的深厚底蕴，打造宜居、宜业、宜商、宜游的现代山水茶乡。二是开发衍生产品。建设特色茶馆、茶楼、茶餐厅，研发花色多样的茶食品、茶饮品；开发茶家庭旅馆、茶文化主题酒店；建设茶专业村、茶博物馆、茶艺馆等；配套建设茶叶批发市场、茶叶诚信品牌店、茶叶精品街等，研发美观、小巧、便于携带的茶保健品和茶制品；开发传统特色与现代气息相结合的茶文化产品，如茶歌舞、戏剧、影视、文学、书画、摄影等。三是开展节庆活动。举办茶文化节、全民饮茶日、茶产业发展论坛、文化技术培训、茶道茶艺表演、制茶斗茶大赛、康体赛事、主题摄影等茶事及相关活动，拓展观光、休闲与鉴赏功能，宣传茶与健康、茶与修身等茶知识。参加博览会、展销会、推介会、洽谈会、招商会等活动，展示湖北茶文化，不断提高湖北茶的知名度和美誉度。

（四）加强区域联动，推进"两圈两带"协调发展

湖北在万里茶道近二百年的历史演进中起着举足轻重的作用，万里茶道在湖北沿线覆盖面积大，各地区的经济发展水平却参差不齐，因此，要增强万里茶道沿线区域的联合机动能力，推动武汉城市圈和鄂西生态文化旅游圈协同发展，促进长江中游城市群、汉江生态经济带的长足发展，充分发挥"一主两副多极"中心城市的辐射带动作用。实施路径上，以湖北省作为万里茶道重要茶源地的特殊地理区位和文化资源以及联合申遗牵头省份的优势，打造以汉口为中心，以五峰和赤壁为支点的湖北省境内中俄万里茶道经济文化旅游路线，在湖北境内率先开通武汉到赤壁、襄阳、宜昌（五峰）的万里茶道历史遗存的观光旅游专列，发展区域间的合作文化旅游开发新模式；积极推进武汉开展全面创新改革试验，加快推进襄阳、宜昌等国家创新型试点城市建设，加快推进武汉国家技术转移中部中心和襄阳、宜昌分中心建设，使其成为中部地区战略性新兴产业发展先行区、传统产业向中高端转型升级示范区，为促进区域协调发展提供支撑；对以五峰为代表的山区少数民族贫困县，按照因地制宜、体现特色、提高质量的要求，结合落实新的"五大发展理念"，实施县域特色产业集群培育工程，发展以茶叶为中心的绿色生态产业，整合茶叶资源，拓展茶产业链，促进茶叶外销、茶文化旅游和其他创意产业的发展等，提升县域经济发展水平，促进五峰等地的精准脱贫；加入万里茶道沿线国家和地区的协作发展，密切与国内"茶道起点"福建、"水路江关"江西、"三湘茶韵"湖南、"九省通衢"湖北、"水陆中原"河南、"晋商故里"山西、"塞外商埠"河北（张家口）、"草原驼铃"内蒙古等省份的合作，并外延到"戈壁驼道"蒙古国和"欧亚茶程"俄罗斯，从而实现沿线国家和地区之间基础交通的完善、经济往来的加强、文化交流的增进。

（五）建设武汉内陆城市开放新高地，搞好湖北自贸区建设，打造湖北对外开放新格局

"万里茶道"的申遗与"丝绸之路"的申遗成功，对促进湖北融入"一带一路"倡议，加快武汉内陆开放高地建设，实施湖北自贸区建设，构建湖北对外开放新格局，提升湖北对外开放水平都有着积极意义。应积极开展国际产能合作，以对口援疆地区为桥头堡，以新疆周边的上合组织成员国或观察员国为重点，如利用上合组织的多边合作机制，在俄罗斯、哈萨克斯坦等国开展产能合作，并逐步建立国际工业产业园区；搭建湖北"一带一路"贸易平台，整合区域内贸易资源，形成合力，输出湖北汽车、船舶、桥梁制造等高新技术产业，构建湖北对外开放的新格局；加快建设武汉内陆自贸区和武汉新港综合保税区，争取国家金融政策支持，搭建湖北"一带一路"建设金融支持平台，为企业"走出去"开展国际产能合作及项目建设服务，降低企业成本和经营风险；争取在湖北和武汉设立更多领事馆，加强对外交流与合作，特别是推动俄罗斯驻武汉领事馆的开馆，扩大与法国、美国、英国、韩国等国家在城市可持续发展领域的合作，加强与俄罗斯伏尔加河沿岸联邦区、美国密西西比河流域的合作，推动与英国、韩国在智慧城市、文化体育等领域的合作，打造湖北特别是武汉对外开放的新高地，加强制度创新，促进湖北的全面深化改革。

附　录

宜都红茶厂档案中的宜红

李亚隆，经济学硕士，原宜昌市政协主席、湖北省人口资源环境委员会副主任。曾先后担任宜昌市西陵区区长、区委书记，宜昌市市委常委、秘书长，孝感市市委副书记、纪委书记，宜昌市市委副书记等。

2017年9月开始，宜都市组织对湖北宜红茶业有限公司、宜都市档案馆、宜昌市档案馆和湖北省档案馆有关宜红茶的史料的系统查阅，在湖北省、宜都市档案馆和湖北宜红茶业有限公司发现了有关宜都红茶厂的档案383卷（其中宜都档案馆有232卷）。此后，整理编辑了《宜都红茶厂史料选》。2017年12月10日，宜都市政府召开"《宜都红茶厂史料选》评审会"，中国茶科所副所长鲁成银等专家认为，《宜都红茶厂史料选》是中国茶叶珍稀的档案史料。

《宜都红茶从史料选》（以下简称《史料选》）共选入宜都红茶厂从1951年成立至1961年的企业档案，和中国茶叶总公司中南区公司同时期有关宜都红茶厂的档案共181卷（其中宜都市档案馆108卷、湖北省档案馆73卷），约100万字。

2018年6月5日，著名茶学专家、中国工程院院士陈宗懋为《史料选》

作序。他认为《史料选》的收集和编纂，使宜红茶研究得以进入文献研究层面。《史料选》材料的真实可信、内容丰富程度，为宜红茶的研究提供了珍贵的参考资料。

他指出，"《史料选》推动了宜红历史考证进入新阶段。宜红茶是中国历史名茶，其学术研究由于史料缺乏，因而未能进行深入研究。由于缺乏资料可资查考，如对宜红起点的认识上、对宜红创始人上也争论不断。此外，对宜红'外贸茶'这个本质属性的发现，使我们认识到，宜红的产生不是某个人的技术创新，也不是某个人的艺术邂逅，而是国际茶业贸易对中国传统茶区茶叶加工结构的调整。因此宜红溯源考证应该有别于其他茶叶，需从何人转向何因。"

《史料选》提供了新中国茶叶史研究的新视野。对中国历史名茶的研究，过去基本是围绕创制产生、工艺特色和文化基因展开的。宜红茶从清末到新中国成立之初，历经三个阶段。第三阶段之初的宜红发展，为我们研究新中国成立之初中国茶叶生产的调节方式、运输体系、科技创新等提供了更为广阔的领域。"

宜红是"万里茶道"罕见的"外贸茶"

宜都红茶厂是 1951 年 5 月 1 日，由原中国茶叶总公司中南区公司五峰收购处（以下简称"五峰收购处"）改组成立的。从 1950 年开始，五峰收购处即开始对宜红茶区进行调查，后宜都红茶厂又不断深化，先后于 1950 年形成《1950 年宜红区茶业情况》，和 1952 年形成《宜红茶区概况》等两份调查报告。1951 年 10 月 20 日，中南区财委会派出中南产业调查组鄂西小组，形成《五峰长阳石门茶区调查报告》。这三份报告是关于宜红茶历史最为重要的史料。首先，是调查的严肃性。这些调查不是简单的学术调查，而是为了发展新中国成立之初对外贸易的主要产品——茶叶。其次，是调查的早期性。最早关于宜红茶的调查，抗日战争时期国民政府湖北省有关机构曾经简单做过，由于当时的动机和条件制约，那次活动未能成为有价值的调研。新中国成立之初的这三份报告是关于宜红茶最早的调研报告。第三，是调查的系统性。调查涉及：历史概况、茶区分布、产量统计、毛茶储藏、收购价格、运输路线、运输里程和时间、运输价格等。这样系统的调查此前没有，此后也没有。

1950 年，中国茶叶总公司中南区公司明确，宜红茶区包括五峰、鹤峰、石门、长阳四县。[①] 1951 年，宜红茶区调整为五峰、长阳、宜昌、秭归、兴山、宜都、建始、利川、恩施、巴东、宣恩、鹤峰、石门、慈利、桑植、大庸等两省、三专区的十六个县。[②] 显然，宜红茶区是我国的历史茶区，也正是《茶经》指出的"山南以峡川上"的地方。这个茶区历史上是绿茶和白茶产区，为什么变成了红茶产区？

首先，宜红茶是因为外贸而创制的。光绪年间，广东茶商带来大批江西制茶技工，到此地开设茶号生产红茶。第一个设立茶号的为钧大福，次为林志成、卢次伦，再次为本地人开的义成生、人华、志成等六家。到民国初年，本地人陆续设厂制茶的又有源泰、源太恒、忠信昌、忠信福、福来成、兴泰、裕隆、恒信、成记、云孚、华明、兴记．降记十三家，前后共计十九家。宜红茶区所产的毛红茶绝大多数经五峰县渔洋关集中精制，运往宜都转运汉口。其中顶好的精制米红茶，有英国怡和、太平、杜德、天祥四个洋行和美国美丰银行、德国兴成洋行收购，次等的红茶最初由俄国顺丰、兴太、毕昌、源泰等四个洋行收购，后来由苏联国营的中央协助会收购。再次等粗老红茶则销往内外蒙古和西北各省。[③] 可见，宜红茶不是为中国市场生产的红茶，而是鸦片战争后因为国际市场对红茶需求的激增，由部分商人在鄂西、湘西茶区推动"白茶改红茶"和"绿茶改红茶"而形成的。由于这个茶区茶叶品质好、产量高，使得宜红茶迅速赢得国际声誉。至 1920 年达到最盛期，仅五峰、鹤峰、长阳和

---

① 《宜红茶区收购处 1950 年上半年度工作总结》。

② 《宜红茶区概况（1951）》。

③ 《1950 年宜红区茶业情况》。

石门四县就生产宜红茶 32500 担。①

其次，宜红茶是因为无外贸而衰落的。抗日战争前，五峰县渔洋关精制茶厂仍有六七家，共有工人两千余人，年产精制红茶七千余箱。抗日战争全面爆发，红茶失去销路，各茶号便先后停业，至 1940 年全部停闭。抗日战争胜利后，由于各茶号厂房被日寇破坏殆尽，宜红茶销路没有恢复，1946 年天生茶厂开业，经营不到一年也歇业了。宜红茶区的茶叶分红茶、白茶、绿茶三种，抗日战争前，红茶最多，白茶较少，绿茶最少。新中国成立时，白茶最多，红茶最少。②

第三，宜红茶又是因为外贸而复兴的。1949 年 7 月 16 日，宜昌市解放。同年 10 月五峰渔洋关解放，当时镇上仅有 1300 余人，没有正式的工商业。宜红茶区没有私营茶商，各县商店也无收购茶叶。③1950 年 2 月 25 日，中国茶叶总公司中南区公司在渔洋关组建宜红茶收购站，在宜都成立转运站。当时宜红茶区尚有小部国民党溃军和土匪，各茶叶收购站的茶叶运输还用武装保护。④在这样的条件下，为什么国家如此重视这个区域的宜红茶生产？中国茶叶总公司中南区公司明确指出茶叶工作的任务是，"茶叶是我国对外贸易的重要产品，这次我国和苏联所签订的中苏贸易协定，关于茶叶一项，即为运苏作偿付交换机器的用途。为了赚钱完成政府给予我们这一重大任务，所以要进行增加茶叶生产，提高茶叶品质，重要的要激励茶农增产的情绪，以谋大量争取外销市场。"⑤新中国成立后，由于《中苏友好同盟条约》的订立及各种贸易协定的签订，宜红茶在苏联重新获得地位，在其他东欧社会主义国家也颇受欢迎。⑥1957 年苏联专家格尔纳色夫、1960 年苏联专家基尔纳沙夫先后考察宜都红茶厂。

综上所述，宜红茶从清末诞生，历经清末"一夜成名"、民国时期"一落千丈"、新中国初期"一马当先"（《五峰长阳石门茶区调查报告》分别称之为

---

① 《宜红茶区概况》。
② 《1950 年宜红区茶业情况》。
③ 《1950 年宜红区茶叶情况》。
④ 《宜红茶区收购处 1950 年上半年度工作总结》。
⑤ 《中国茶叶总公司中南区公司 1950 年度工作总结报告》。
⑥ 《五峰长阳石门茶区调查报告》。

全盛时期、没落时期和复兴时期），根本的原因在于外贸。宜红茶与其他茶叶不同，不是从国内市场走向国际的，而是因外贸而生，也因外贸而衰，更因外贸而兴！2017年6月2日，宜红茶被纳入欧盟公布的与中国互换的100个地理标志产品清单，其在国际上的影响力远远超过国内。宜红茶是地道的"外贸茶"，这样的茶叶在"万里茶道"上是罕见的！

实物期货贸易贷款是宜红茶生产的调节方式

宜红茶的"外贸"属性，使得宜红茶叶的生产体系不同于其他茶叶。宜红茶从清末到新中国成立之初，历经三个阶段。第一和第二阶段，生产体系基本相同，即"洋行＋茶商＋茶农"。新中国之初宜红生产进入第三阶段，其生产体系调整为"国家茶叶公司＋茶农"。但这两类体系在茶叶生产的调节方式上是非常近似的。

宜红茶区的五峰、鹤峰、石门、长阳地处武陵山区，茶农一般不靠茶叶为生，种地、收桐子、割生漆是其主要的生活来源，做茶主要是为了换取盐、油、土布和粮食。由于交通限制，这个地区商品流通不畅，茶农希望用茶叶直接换回所需要的物资，这使得宜红茶的收购方式是以实物交易为主。又由于宜红茶生产的扩大是对原有白茶或绿茶生产的调整，茶农对红茶炕房设备投入和红茶市场风险存在诸多担忧和实际困难，故这三个阶段宜红茶收购都实行了茶叶贷款。抗战前，茶农可先向茶号支款，买油、盐、粮食和土布。①

1950年初，五鹤这个因红茶著称于世的产茶名区，在历经十年摧残，茶树大都荒废，生产红茶的炕房久已废除，年老的红茶师傅大都去世，年轻的茶农已做不好红茶，且有天时和价格的顾虑，加上解放不久，政治尚未开展，新

---

① 《宜红茶区情况》。

币尚未下乡，一部分地方匪特溃军尚未完全肃清，普遍的春荒严重，粮食极为缺乏。于是国家实施了茶贷政策。五峰收购处根据中国茶叶总公司中南区公司的宜红茶收购方针，于当年在五峰建立了五峰城、水尽司、采花台、富足溪、岗坪收购站，在鹤峰建立了鹤峰城、留驾司、五里坪收购站，在石门建立了泥沙镇、深溪河收购站，在长阳建立了城五河、星岩坪、都镇湾收购站，在宜都建立了宜都城收购站共计 14 个收购站。在地方政府的支持下，依靠当地农会进行宣传，推动了农民茶叶贷款的积极性。五峰收购处考虑到当地政府无粮可拨，而且当地粮食也无牌价，若采取货币方式放贷，不仅无折合成粮食的价格依据，且可能对当地货币信用带来影响，于是决定以食盐作为主要的物资，代替粮食贷放。贷款和回收概按食盐牌价结算。五峰收购处委托宜昌专署贸易公司代购了 1 亿元的食盐，在宜红茶区当年春茶上市前发放到茶农手中。五峰水尽司是第一个发放贷款的地方，一日即贷出农户 200 多。1950 年 3 月至 5 月，五峰收购处共投放茶叶贷款总额 2486059940 元，其中投放物资总值占 40.39%。投放的物资为：食盐 120946 市斤，计币 393747320 元；苞谷 445472 市斤，计币 237736000 元；布匹 15181 匹，计币 372655797 元。[①] 茶叶贷款极大调动了茶农的积极性，当年完成宜红毛茶收购 12659.91 担，超过抗日战争前生产水平。

至 1950 年底，中国茶叶公司中南区公司将宜红茶增产贷款作为工作的首要任务，形成较为完备的工作体系。一是制定了《红茶生产贷款暂行办法》；二是宣传红茶生产的重大意义。中国茶叶公司中南区公司的中苏友好协会支会与中苏友好协会武汉分会，通过印发宣传材料、在报纸电台宣传、召开群众大会等方式，充分阐发《中苏贷款协定》中"以茶运苏"来交换工农业机器的要点，说明了茶叶生产的重要性。三是建立了工作方式。各茶区茶贷以村为单位，经过规定的有关会议后，由各地各有关机构联合组成茶贷委员会，并组织茶贷小组负责办理。茶贷会初步审核贷款申请书后，即送当地政府再行查核，即将申请书加具考语送交工作站复核。工作站转交该地茶叶机构和人民银行组成的茶

---

① 《宜红区收购处 1950 年上半年度工作总结》。

贷工作队，进行实地调查后核定贷款数额。四是明确了贷款对象。贷款分为冬耕施肥贷款和春茶采制贷款。贷款仅限于贫农和中农。贷款一律不收利息。五是明确了放贷标准。在原有红茶区是每生产毛茶一市担，贷放大米 6 斗；在新试制红茶区，每生产毛茶一市担，贷放大米 8 斗。也可以依据当地实际情况，折发人民币或其他实物。①

　　茶叶增产贷款中实物发放的核心是合理确定比价。1950 年初，宜红区毛红茶收购价格是以中国茶叶公司武汉分公司指示确定的，五峰渔洋关以每市担毛红茶合大米 3 市担作为基本标准，外区根据运费、管理费、税收、损耗适当修正。因为宜红茶区不生产大米，于是比照政府征收公粮大米每市石折合苞谷 225 市斤，折合出毛红茶与苞谷的比价是每市担毛红茶的价格折合苞谷 675 市斤。茶农曾经反映比价不合理，以当时宜都的米价和渔洋关的苞谷价计算本币，每市担毛红茶相差 15.6 万元。五峰收购处为照顾茶农生产利益，区分茶区远近，按原价增加最高 20% 的加价。另一方面又要求各工作站开展民主评议，由区长、村长、农会主席、农民代表、茶农、茶贩、学校校长和工作站人员等共同评定。五峰水浕司评定毛红茶一市担为苞谷 400 市斤，低于收购处定价 50 斤。石门深溪河评定毛红茶每市担为苞谷 450 市斤，低于收购处定价 30 斤。说明收购处确定的价格照顾到不同地方的茶农利益。②

　　符合实际的收购政策，使得宜红茶区包括五峰、鹤峰、长阳、宜昌、兴山、恩施、秭归、宜都和石门的茶叶产量实现了快速发展，1950 年茶叶总产量超过历史达到 17700 担，1951 年实现翻番达到 38172 担，1952 年 38810 担，1953 年 41500 担；其中红茶收购 1950 年 12768 市担，1951 年 19990 市担，后两年与其基本持平。宜红茶收购均价，1950 年为每市担 212993 元，1951 年为每市担 401764 元，1952 年为每市担 585801 元，比 1950 年增长 175%。茶叶收购价格的增加，不仅促进了茶叶产量的增加，而且推动了茶叶品质的提

---

① 《中国茶叶公司中南区公司 1950 年度工作总结》。
② 《宜红茶区情况》。

升，1953 年收购茶叶的品质较上年提高 20%。宜红茶与其他实物价格相比，一担红茶，1950 年可换土布 6 匹、大米 184 斤、食盐 46 斤，1951 年可换土布 10 匹、大米 295 斤、食盐 155 斤，1952 年可换土布 10 匹、大米 457 斤、食盐 231 斤，1953 年可换土布 13 匹、大米 540 斤、食盐 260 斤，茶农生活得到明显改善。宜都红茶厂借势推行中耕施肥贷款，改变了宜红茶区不善中耕的旧习。①

采取实物贸易贷款和收购，还有一个原因。刚解放的渔洋关工商业极为凋敝，宜红茶贷款和收购，正值人民币在茶区的发行，为了防止物价猛涨，经与宜昌专署工商科洽商，五峰宜红茶收购处在宜昌贸易公司购盐，在宜都县商店购土布，运到渔洋关后再转运各收购站，按商店牌价付给茶农。这一办法不仅促进了宜红茶生产，还起到了平抑物价的作用。②

1951 年，宜红茶区扩大到湖北宜昌专区的五峰、长阳、宜昌、秭归、兴山、当阳，恩施专区的鹤峰、利川、恩施巴东、宣恩、建始，湖南省常德专区的石门、慈利、桑植、大庸等两省、三个专区、十六县的范围，茶区人口 5 万户、25 万人。③

宜红古茶道是综合的交通运输体系

宜红茶区是"万里茶道"上范围最大的茶源区，茶号在茶区生产组织的最大难点在于交通。宜红茶生产的交通运输可以分为"生产性运输"和"转运性运输"。在宜红茶发展的第一、第二阶段，茶号组织农户在当地生产毛红茶，再将毛红茶运到五峰渔洋关和石门泥沙镇进行精制加工，这段运输可以称之为

① 《1953 年宜都红茶厂工作报告》。
② 《中国茶叶公司宜都红茶厂 1951 年度工作总结报告》。
③ 《宜红茶区概况（1952）》。

"生产性运输"；从渔洋关和泥沙镇将精制好的红茶运往汉口等地可以称之为"转运性运输"。

　　1950年中国茶叶公司中南区公司五峰收购处成立，延续了历史上宜红茶的生产组织方式，在五峰渔洋关设立收购机关和精制厂。渔洋关收购处与其所属收购站的距离是：鹤峰城360里、留驾司320里、五里坪270里、岗坪270里、星岩坪240里、采花台240里、富足溪180里、水㳇司150里、五峰城120里、泥沙市120里、城五河120里、深溪河90里、都镇湾90里。五峰收购处把各地生产的毛茶集中到渔洋关，进行精制加工和标准化包装，再进一步转运到武汉等地出口。这样的"生产性运输"是一个复杂的运输体系。[①]

　　宜红茶"生产性运输"早期是靠骡马运输实现的（1951年后，为防止运输对茶叶的紧压而增加了人力运输）。解放前因为宜红茶基本停产，所以"生产性运输"体系也被破坏殆尽。1950年中国茶叶公司中南区公司五峰收购处一成立就着手恢复，通过每匹骡马先贷20斤川盐的办法，在五峰、鹤峰、石门、长阳、松滋、枝江和宜都七县动员了骡马492匹、人力1000余人，形成了从工作站至收购处的运输能力。[②]

　　"生产性运输"的价格，是根据各工作站的远近，以市担为定量，并以川盐为单位来决定的。如鹤峰城距渔洋关收购处360里，按日行60里计，往返需12天，另加落雨或其他原因走空1天，共计13天；骡马日食苞谷3升，每升1000元，计3000元，13天共39000元；骡马每日吃草住店需川盐10两，计2500元，13天共32500元；骡马往返一趟，应换脚掌一次，需5000元；骡马租金每日川盐20市斤，每市斤4000元，13天计40000元。马夫日食两餐，需盐一斤半，计6000元，13天共78000元；马夫每日零用计500元，13天共6500元。以上共计人民币201000元。按五峰食盐牌价，每斤4000元，共合川盐50斤，收购处按此确定往返运输价格。表面上看，农民运输红茶是平

①　《宜红茶区收购处1950年上半年度工作总结》。
②　《宜红茶区收购处1950年上半年度工作总结》。

账，因实际驮运不止 100 斤，一般为 100—150 斤之间，所以参加运输者十分踊跃。①1950 年 3 月，五峰收购处至各站往返驮货运价为：鹤峰城川盐 50 斤、留驾司川盐 46 斤、五里坪收购站川盐 38 斤、岗坪收购站川盐 38 斤、星岩坪川盐 34 斤、采花台川盐 34 斤、富足溪川盐 26 斤、水浕司川盐 22 斤、五峰城川盐 17 斤、城五河川盐 17 斤、泥沙市川盐 17 斤、深溪河川盐 17 斤。②

宜红茶"转运性运输"分为两条线。主线是渔洋关—宜都—汉口，辅线是泥沙—津市—汉口。宜都红茶厂成立后，渔洋关—宜都段运输变成"生产性运输"。因为不久在泥沙成立了宜都红茶厂泥沙手工厂，所以辅线基本没有变化。

渔洋关—宜都段运输共有两条茶道，一为旱路，一为水路。解放初期，渔洋关仅有运船一艘。从 1950 年 3 月起，实行每船贷苞谷 1000 斤，很快修复木船 40 余艘。木船运价计算比较简单，下水每市担按苞谷牌价 40 斤，上水折半计算。③

渔洋关—宜都水路为渔洋河，120 里滩险难行，只能走小船，运价为每市担 21000 元。泥沙—津市水路，较渔洋河更为凶险，洪水期只能走大船，达到装载 200 箱以上；枯水期又只能走小船，装载在 50 箱以下。这 360 里的艰难水路，1951 年运输宜红茶最长的一趟达 46 天。这段运价每箱约 3 万元，以里程计算，较渔洋关—宜都段为低。④

宜都—汉口，运输为木船自放，涨水时 5 天即可，枯水时也不超过 10 天。津市—汉口，其运输方式一般为拖轮，其运价比宜都至汉口为高。⑤

安全是交通运输的命脉。而宜红茶的运输安全建立了两个独特的体系。一是武装押运。新中国成立之初，1950 年 4 月 7 日，五峰县采花台发生土匪围

---

① 《宜红茶区情况》。
② 《宜红茶区收购处 1950 年上半年度工作总结》。
③ 《宜红茶区收购处 1950 年上半年度工作总结》。
④ 《中国茶叶公司宜都红茶厂 1951 年度工作总结报告》。
⑤ 《中国茶叶公司宜都红茶厂 1951 年度工作总结报告》。

攻区政府。当时，五峰、鹤峰匪特多次密谋、贴出标语要破坏茶厂。因此，五鹤360里茶道上，运输全部采取武装保护。[1]1951年，长阳星岩坪曾多次有匪特化装成商贩，拟对星岩坪收购站先抢后烧，幸被部队及时抓获。[2] 二是防水防潮。宜红茶运输的高峰期正是宜红茶区的雨季，为防止骡马长途运输茶叶含水量超标，建立了分批分装、多层防渗等包装制度。如用于外包装的油纸，1951年初投入4000张，至当年底完好的只剩不到600张，多数被茶道上的树枝挂坏。1951年运输中曾发生事故3起。特别严重的是7月，一批宜红茶待天雨涨水从泥沙起运。原预定木船20艘，结果只到了11艘，为赶任务11条船装载了七成货物，违背了"船轻是宝"的原则，结果船在泥沙至津市途中触礁两艘，浸湿茶箱300多。[3]

宜红茶道是万里茶道上茶源区运输极为艰险复杂的综合性运输体系，由于运价政策的正确制定，加上运输管理的严格有力，宜红茶道运输保证了大批货物安全准时地调运。所以，《宜红茶区收购处1950年上半年度工作总结》兴奋之情溢于笔端："陆上运输，骡马力夫，满山遍谷，震惊了山谷的人民。水上运输，四五十艘，接连上下，震惊了两岸居民，也兴奋了工商事业。这于刺激生产，奠下了伟大基础。"

宜红生产线是中国茶叶精制加工的活态遗产

1950年，中国茶叶总公司中南区公司五峰收购处成立后，即对宜红茶传统生产工艺进行了调查。渔洋关张协壹老人有四十多年的精制宜红茶生产经

---

① 《宜红茶区收购处1950年上半年度工作总结》。

② 《宜都红茶厂为星岩坪站发生匪特数度意图放火抢劫经过即成立情形》。

③ 《中国茶叶公司宜都红茶厂1951年8月份工作总结综合报告》及《中国茶叶公司宜都红茶厂1951年1月至10月工作总结报告》。

验，他介绍精制宜红茶有 60 多道手序。

其毛红茶的制法是：1.萎凋。将鲜叶翻晒，至叶片卷曲为止。太阳大时两小时左右；2.踹条。将萎凋的叶片放进木桶，用脚踹成条索，也需两小时左右；3.发酵。将踹好的叶片放在桶里发酵，需 2—3 小时。过长泡水成黑色，过短叶片带黄白色，品质均不好；4.吐气。将发酵好的叶片出晒一小时左右；5.成型。把吐完气的叶片装进口袋，放进木桶内，边扳边踹，使叶片又细又紧；6.晒干。最后晾晒干，拣出叶梗老叶。

其手工精制的工艺是：1.干燥初筛。将毛红茶下火打炕，干燥后用中雨筛筛，晒面留下的为毛茶头，筛落的为毛茶底；2.小雨筛筛。将毛茶底抓烂，用小雨筛筛，晒面留下的为毛茶珠子，由好女工摘去梗子。筛落的如抓尾，分一、二、三、中身、下身；3.风车扇清。将抓尾一、二、三、中身、下身，用风车扇清，第二口出的子口茶用女工摘去黄叶、梗子，分三次摘清；4.小雨筛筛。子口茶用小雨筛只筛不摘，晒面留下的为毛片子，筛落的为毛花香，分一、二、三、中身、下身；5.再过风车。将毛花香再过风车，第二口出的茶花花香，毛片子则用手抓成末子。以上是毛茶头的制作过程。6.窝筛分筛。毛茶底分为闹头，用涡筛分为一、二、三、四茶，此四茶底为粗尾；7.平筛分筛。将粗尾用平筛筛，筛面为鸭尾，筛落的再用平筛筛为生末，又用平筛筛为铁砂，筛落的为花香面，筛面的为一、二、三、四茶，称为元生。再经正压筛筛，筛落的为清茶头；8.正雨筛筛。将清茶头下火打炕后，用正雨筛筛，筛落的为青茶抓尾，分一、二、三、中身、下身，由女工拣去黄叶。筛面为青茶珠，用木磨碾细后，用平筛分一、二、三、中身、下身。这时中身即成米形，下身较细。将一、二、三用三把闹筛筛，筛面为头闹，筛落的为元生。9.三把闹筛筛。将闹头用布袋装好下炕后，倒入大簸箕铺好，用平脚踢匀，经三把闹筛筛后，即成为米形红茶；10.下炕关堆。将压货茶下炕后放在上层，元生茶放在下层，这样一层一层堆好后，用钉抓抓匀装箱。[①] 这是目前发现的关于宜

---

① 《1950 年宜红区茶业情况》。

红茶传统工艺最为详细的记载。

五峰收购处奉命接管湖北民生茶叶公司后，发现该公司仅有的五峰水㳇司和鹤峰留驾司两处工厂已被国民党军破坏。五峰收购处在组织茶农恢复红茶生产的同时，即着手恢复红茶精制加工。1951 年 5 月 24 日，宜都红茶厂在石门泥沙的手工精制茶厂正式投产，厂房是利用原泰和合茶号的，工人招了近 500 名，形成每月生产精制茶 7 万斤能力。① 同时，在宜都开始建设精制茶厂。历史上宜红茶的精制基本是手工，中国的其他红茶生产也大体如此。中国茶叶公司中南公司曾于 1950 年对手工和机器加工红茶的效能做过分析，在新化茶厂对滚切、圆切、干燥、圆筛、抖筛、风选、拣梗等方面的机器与手工效能进行了比较性试验，发现机器效能明显高于手工。② 因此，中国茶叶公司中南公司等上级机关决定将五峰收购处迁往宜都，于 1951 年 5 月 1 日正式成立中国茶叶公司中南区公司宜都红茶厂，并决定将该厂建成宜红茶机械化精制加工厂。

宜都红茶厂厂房工程由中贸部基建处主持，宜昌四家私商联合投标承建，共投资 8.67 亿元。1951 年 9 月 15 日，全部基建竣工，机器也安装就绪。机器是由华东工业部机械工业处设计，在武汉加工的。其主要的加工设备为：36 揉捻机 1 台、解块机 1 台、干燥机 7 台、圆片切茶机 1 台、滚筒切机 1 台、抖筛机 3 台、门机 5 台、圆筒筛机 3 台、风选机 2 台、拣梗机 14 台、手摇揉捻机 30 台等，在宜都组合成红茶精制的生产流水线。宜都红茶厂红茶生产线的建成，不仅极大提高了宜红茶精制加工的能力，更为重要的是它推动宜红茶生产进入了一个标准化的时代。③

在对宜都红茶厂史料的整理过程中，我们发现了一个长期被视而不见的宝贝：就是这条历经 67 年风雨、还在生产的加工线。尤其是其中的风选机，是由 11 架木制的传统家用风斗组合，实现了无级变速的精致化风选。中国茶科所副所长鲁成银、湖南农业大学茶学系主任肖文军等专家认为，这条红茶生产

① 《中国茶叶公司宜都红茶厂 1951 年 5 月份工作总结报告》。
② 《中国茶叶公司中南区公司 1950 年度工作总结报告》。
③ 《中国茶叶公司中南公司宜都红茶厂 1951 年工作总结报告》。

线是中国茶叶罕见的活态工业遗产。目前，宜都红茶厂还保留着这些设备的设计图纸共 78 卷。

宜都红茶厂的这些老设备能够运行几十年而不损坏，除设备设计的先进性外，还有一个重要原因，就是职工不断的技术革新。如 1953 年技术员周慎发明木制鼠笼式铝箔剪切机，将原两人一天同时操作可裁切铝罐 220 个，提升为一人操作可裁切 4400 个，提高功效 20 倍。当年工人们共实现技术革新 6 项，促使减少人力 59.9%，提高生产效率 13.53%。[①] 正是这些不断的技术革新保证了生产线的经久活力。

---

① 《中茶公司宜都红茶厂 1953 年工作总结》。

后　记

"万里茶道"在中国乃至在俄罗斯迅速成为一门显学，是近几年的事。

2013 年 4 月，习近平主席首访俄罗斯，在俄罗斯著名的外交部国际关系大学发表演讲，首提"万里茶道"是中俄间的世纪工程，在中俄历史上的经济文化交流中发挥了重要纽带作用。从此，沿中俄万里茶道的各省区纷纷挂出"万里茶道研究院"，进而从民间到官方，从地方到中央，各种"万里茶道"申遗活动此起彼伏。

更早些时候，中俄"万里茶道"则鲜为人知。

记得 2003 年 12 月，我应俄罗斯外交部外交学院院长巴让诺夫教授邀请，在俄驻亚太地区国家部分使节座谈会上作了《中俄关系的历史与未来》的演讲，提到中俄交往近 400 年，除了 20 世纪 50 年代的中苏"蜜月"，中国与沙俄的交往也有温馨的一面，那就是中俄历史上的茶叶贸易。著名的中俄万里茶路，由中国山西商人和俄罗斯西伯利亚商人共同开辟，中国江南的茶叶及饮茶文化同俄罗斯的饮食习惯较好地结合起来，掀开了两国交往史上辉煌的一页。可惜的是，当时在座的俄罗斯人知道中俄万里茶路的并不多，应者寥寥。那时，对于这条茶路，中国知识界的情形并不比俄罗斯人强，大家几乎都没有什么了解。

习近平主席访问俄罗斯后，中俄"万里茶道"迅速进入两国人民的关注视野。我有亲身经历。

2014年7月，我应武汉市《名家讲坛》栏目邀请，做《中俄关系两个新起点》讲座，提到两个新起点。一是1861年汉口开埠，其优越的地理位置和湖北人民勤劳、智慧及包容之心，使汉口迅速成为著名的"东方茶港"，成为中俄万里茶道新的伟大起点，由"汉口—恰克图—圣彼得堡"构成的新的万里茶道陆上线路形成，影响巨大。第二个新起点是1894—1895年中日甲午战争，由于中国战败，中俄迅速走近，于1896年签署了共同御敌的《中俄密约》，开始了中俄第一次结盟。这次结盟的时间不长，结局也不美（1900年俄军率先攻入紫禁城慈禧太后的寝宫抢走条约原件），但客观上促进了中俄贸易的发展。

2014年10月25日，在汉口举办"中蒙俄万里茶道沿线市长峰会暨国际学术研讨会"（主办方为武汉市人民政府与俄罗斯驻华大使馆），唐良智市长和杰尼索夫大使亲自主持会议，国家文物局领导出席。本人很荣幸作为特邀嘉宾发表《汉口在中俄万里茶道的作用》的演讲，会议结束时中蒙俄万里茶道沿线城市的市长们签署并发表《万里茶道申遗武汉宣言》，宣布正式成立"武汉市申遗办"，武汉市当仁不让成了"万里茶道"申遗的牵头城市，湖北省成为"万里茶道"申遗的牵头省份。

2016年，湖北省社科联主办的"湖北省发展论坛"在宜昌市的五峰土家族自治县召开，会议主题是"万里茶道 '一带一路'与五峰茶"，由此开启了五峰、鹤峰、宜都、石门的"宜红古茶道"参与申遗的序幕。在湖北省文物主管部门、当地政府和与会专家学者的支持下，"宜红古茶道"是中俄万里茶道的组成部分，逐步成为共识，上述地区成为中俄"万里茶道"的重要茶源地。

湖北省、武汉市在中俄"万里茶道"中占有极为重要的、特殊的地位。马克思提到"汉口—恰克图"的茶叶贸易使得千里之外的中俄边境小镇恰克图成为"沙漠上的威尼斯"。从地域上讲，湖北省有"九省通衢"之称，是长江流域产茶省份茶叶的集散、加工、出口地，湖北省在"万里茶道"申遗点中有较多的节点入选，比如汉口、赤壁、五峰、宜都、襄阳等地。湖北省还是"万里茶道"沿线各省份中输俄（欧洲）茶叶的历史较长（时间跨度较大）的一个省份。20世纪50年代中苏关系友好时期，中南局、湖北省特别整合"宜红"茶产区，在宜都市成立专门的"宜红茶"生产厂家，把"宜红"作为战略物资输出到苏联，直至 60 年代中苏关系彻底破裂。

讲清楚"万里茶道"的中国故事，离不开湖北。湖北省、武汉市、武汉大学在"万里茶道"的研究和申遗中有着不可或缺的使命。故此，写一部湖北省与"万里茶道"关系的专著，就成了我们的使命。

本书能与读者见面，首先要特别感谢一批老领导、老专家对该项工作的大力支持。例如，叶金生（原武汉市政协主席）、袁善腊（原武汉市常务副市长）、李亚隆（原宜昌市政协主席）、刘经南院士（原武汉大学校长）、武汉大学人文社科资深教授冯天瑜等老同志，他们既是热心支持者，也是研究茶文化和"万里茶道"的专家。李亚隆同志对家乡的热爱和对"宜红古茶道"的执着精神，使得我们不忍心抛开其大作，故特意将其收录在本书最后，以表敬意。

非常感谢湖北省社科联、武汉市、宜昌市、五峰县、宜都市、三峡大学等单位的领导和专家学者，没有他们的大力支持和参与，湖北省与中俄"万里茶道"的研究将大为逊色。宜都市的曹绪勇先生为本书的写作提供了大量素材。

中共五峰土家族自治县县委书记陈华同志、县长万红同志，县政协的文牧主席、李平副主席、县文体局的张定乔局长；中共宜都市委书记罗联峰同志、市长谭建国同志、常务副市长陈道坤同志，市委常委宣传部长陈珊珊、市文体局陈微局长、申遗办的陈玲玲主任等为我们提供了大量的支持，正是他们的鼓励和坚定的支持，促使我们的研究工作日新月异。

江汉大学"武汉研究院"的领导，江大前任校长杨卫东同志和该院其他专家为本书的写作提供了诸多支持。

需要感谢的人很多。王曼莉、封立涛、钟晓、王亚男、张霞、李峥等同学。我的家人雷晓菊、刘伊科、廖悠悠，他们都为本书的写作做了大量的资料收集整理等工作。

在本书即将付梓之际，我还想特别感谢山西文物局，感谢刘正辉局长的大力支持。历史上，汉口是除北京之外，晋商较为集中的地方；也是除北京以外，俄商、俄国人最集中的地方。也许是晋商与"万里茶道"不朽的历史情缘，机遇巧合，本人也在承担"晋商在万里茶道与'一带一路'中地位与作用"研究的课题，此书也可算为"开盘"的成果吧。

感谢武汉大学人文社科院、武大经管院的领导对本书出版工作的支持，感谢人民出版社崔继新主任、曹歌同志的大力支持，希望该书的出版能为"万里茶道"的研究和申遗工作起到应有的作用。

湖北省文联主席，著名作家、诗人、书法家熊召政同志百忙之中为本书题写了书名，我们要特别感谢。

刘再起

2018 年 8 月于武昌珞珈山

责任编辑：崔继新

封面设计：肖　辉　王欢欢

版式设计：庞亚如

责任校对：刘　青

图书在版编目（CIP）数据

湖北与中俄万里茶道／刘再起 著 . — 北京：人民出版社，2018.10（2021.4 重印）

ISBN 978 - 7 - 01 - 019775 - 3

I.①湖…　II.①刘…　III.①茶叶 - 中俄关系 - 贸易史 - 湖北

　IV.① F752.658.2 ② F752.751.2

中国版本图书馆 CIP 数据核字（2018）第 215342 号

湖北与中俄万里茶道

HUBEI YU ZHONG E WANLI CHADAO

刘再起　著

人民出版社 出版发行

（100706　北京市东城区隆福寺街 99 号）

北京中科印刷有限公司印刷　新华书店经销

2018 年 10 月第 1 版　2021 年 4 月北京第 2 次印刷

开本：710 毫米 × 1000 毫米 1/16　印张：16.25

字数：237 千字

ISBN 978 - 7 - 01 - 019775 - 3　定价：58.00 元

邮购地址 100706　北京市东城区隆福寺街 99 号

人民东方图书销售中心　电话（010）65250042　65289539